U0565151

神似祖先

郑也夫 著

上海三联书店

静看蜂教诲，闲想鹤仪形。　　　　　　　　　——刘禹锡

　　柏拉图在《斐多篇》中说：我们"想象的理念"来自预先存在的灵魂，而不是来自经验。然而预先存在的是猴子。——达尔文

目　录

初版前言

　　我正儿八经地、批量地阅读生物学著作，是从 1997 年开始的。在日后出版的拙作《信任论》（中国广播电视出版社，2001）的前言中，我记录着自己阅读历程中的那一重要开端："阅读洋人有关信任的著作时，与生物学的思想不期而遇。我扔掉了其他书籍，一连阅读了 30 本生物学著作。自然，生物学的思想在拙作中留下了深深的印迹。"

　　那是一段难忘的阅读时光。急切地寻觅读物，而后便手不释卷，读罢继续寻觅，寻后继续阅读，如此周而复始。那是一段通常只属于少年人的狂热与欢愉。我真的没有想到，在我 47 岁的时侯，还能迎来如此激情。而且这种热情居然长久不衰。

　　读到 50 本的时侯，我心中陡然升起一种愿望，想去班门弄斧一番。大约是 1999 年，北京大学社会学系刘世定先生帮助搭线，我去北大生物学系做了一次演讲。这愿望实现了。但这愿望后面的愿望——促进社会学界与生物学界的交往——却未能实现。这之后我没有发现我的同仁去读生物学的书，也没有发现生物学系的学生来敲社会学的门。壁垒依然如故。

　　2001 年岁末，《书摘》杂志邀请我在 2002 年为他们写一年的书评专栏。我已经多年不写专栏了。但是当即同意，因为我当时正有不吐不快之感。所吐者正是我所阅读的生物学著作。在那一段时间中，生物学著作仍然是最令我激动的读物。我先后写了 15 篇，其中 3 篇超过了《书摘》限定的篇幅，送给了《博览群书》。

书评写到一半的时侯，我又膨胀起一个新的欲望：为研究生讲一门课：生物学对社会科学的启示。很快拟出了一份还算令自己满意的提纲。毫无疑问这是很富挑战性的。因为每周两课时、持续一个学期的课程是要填充进大量内容的。于是我被自己逼迫得开始了新的阅读和紧张的备课。课程自 2002 年 9 月开张。第三次上课的时侯，教室爆满，以后更换了教室，而那两节课我和很多站立听课的同学一起在热浪中度过。全课程都做了录音。

本书的章节题目，正是我授课时每一讲的题目，是事先通盘考虑的产物，也就是说，不是即兴而是一种逻辑的思路。而写作的路数则经由两途，大部分是在书评的基础上加工而成的，小部分是根据同学的录音整理加工而成的。

其实，当下我还在阅读之中。我又找到了一批书目。生物学的巨大创造力将使得这一阅读（即使只限于我这样的业余爱好者能读懂的范围）永无穷期。谨将这本札记当作个人阅读旅途中的一座渺小的里程碑。

感谢刘彤、车韵飞同学帮助整理录音。

期待着专家与业余爱好者们的批评和指正。

郑也夫

2004 年 1 月 7 日

再版前言

本书是 2004 年出版的《阅读生物学札记》的修订本。

内容的增添和观点的变化都是相当可观的。

《阅读生物学札记》共 16 章，《神似祖先》共 21 章。《神似祖先》添加了以下章节：

第 6 章　狭义利他的生物学基础

第 7 章　交换的进化

第 9 章　美感

第 13 章　沉溺快乐与追求伟大

第 15 章　感官、情绪、理性

《阅读生物学札记》的字数按照电脑计算约 13 万字，《神似祖先》18 万字。

《阅读生物学札记》的参考书目包含 80 多种作品，《神似祖先》130 余种。

观点上也有重大变化。主要体现在对人类本性是利己抑或利他的认识，对遗传与环境对人类性格和行为的影响的认识。

《神似祖先》还呈现了一些笔者的独家观点——这当然是最令我引以为傲的——火与人类语言产生之关系的猜想，同性恋的根源，笑的功能，追求舒适与追求伟大之间的张力，是其中较大的火花。

我正儿八经阅读生物学自 1997 年始。一晃 12 年过去，竟然一发不止。现在生物学的著作已经成为我最着迷的阅读领域。我很难想象，没有了这类阅读，我的智力生活状态将低迷几何。生物学诱惑着我智力上的求索，照耀着我的思想之旅。

我从2002年开始讲授课程"生物学对社会科学的启示"。今年秋季将是第五轮。这门课程吸引着多个学科的同学。他们热忱的目光和咄咄逼人的提问迫使我不能驻足，只好前行。这是最令我亢奋的教学经历。而本书是教学相长的证明和结晶。

陈心想同学从我这里开始接触生物学，田方萌同学在与我的交流中进一步痴迷生物学。这些年来我们的互助已经发生了逆转：他们给我的生物学信息超过了我给他们的。我曾在一篇文章中批评时下同学们的厌学，说在共同兴趣上读书超过我的同学我只看到一位。某日田方萌在一封邮件中问我，那人是否指他，我答正是。他回复说，他生物学的阅读量恐怕没有我大。我是觉得他俩在视角宽阔和阅读广泛上，已经超过我了。

我一向说："外奖"（工作的报偿和奖励）是次要的，"内奖"（工作给你带来的乐趣）才是重要的。阅读生物学的"内奖"主要在过程中。但是，本书的完成，一些天才少年从我这里走向一个伟大的学科，都是颇令一个侏儒亢奋的"内奖"。

我会继续阅读和思考下去。希望与追随过我的同学成忘年之交。希望他们不断回馈和反哺这位日渐落伍，却对新知向往如初的长者。

"神似祖先"，是近年来我不断鼓吹的一套思想中的关键词。其隐含的主语不是身体，而是行为。就身体而言，没有疑问，我们绝对的形似祖先。因为在进化的长河中，夏商周时代的先人与我们的距离尚且太近，遑论元明清。祖先的身体是穿越了自然选择之剪刀的适者。因此我们在行为上唯有相似祖先才能获得健康的身心。而生存方式是不可逆的，行为上的形似是不可能的，因此，应该和可以追求的唯有神似，比如狩猎已成往事，跑步却适宜今时。这一词汇是我的专利，是生物学思想向一位痴心阅读和思考它的高龄学生馈赠的礼物。我将之视为上苍赋予我的通灵宝玉，嘱我传谕众生的不二法门，故以之命名本书。

郑也夫
2009 年 6 月 15 日

三 版 前 言

我阅读生物学著作的历程在以上两篇前言中已做交代。

这本书的初版（《阅读生物学札记》）和再版（更名为《神似祖先》）均系于与中国青年出版社一位编辑的缘分。我还记得 2002 年他读罢《阅读生物学札记》书稿后的亢奋。他效率高，书很快出版。但销售与他的评价和期待相距甚远。当然这是国营老社的通病，宣传与销售均乏力，大有皇帝女儿不愁嫁的派头。

而因同学们的欢迎，"生物学对社会科学的启示"这门课已成为我授课中的保留曲目，每年讲授一次。在教学相长中，我读了更多的生物学著作，完成了更多的思考和联想，授课中增添了更多的内容。2009 年初我告诉那位编辑：我已完成《阅读生物学札记》的修订稿，增添了很多内容，更名为《神似祖先》；我知道《阅读生物学札记》销售不好；如果你不愿意接受《神似祖先》的书稿，我联系别的出版社；如果愿意，你有优先权。他当即表示：我来出版《神似祖先》，这本书的读者要慢慢培养；没卖出去的《阅读生物学札记》我们自己找出路，大不了造纸。编辑工作交给了另一位编辑，但背后的推手还是他。

鉴于上次销售的失败，《神似祖先》问世后我写了多篇介绍文章发表在大小报刊上，乃至该书很快重印。但不久就打回原形。强力宣传导致各地书店订书，但进入市场后发现卖不动。

首印和重印的图书都久久卖不出去，甚至返回出版社。几年后，在我几乎忘记了这本书的时候，中青社通知我该书重印了。以后差不多每年都会重印。这完全不是宣传和促销的结果，而是在读者们的口耳相传中，本书慢慢地被人们接受了。当然也离不开一个大的形势，就是生物学的世纪不可阻挡地来临了，国内读者对生物学思想的兴趣与日俱增。《神似祖先》一共印制了六次。这期间当年操办这本书的两位编辑先后离开了中青社，中青社便想不起脱销后重印。这当口发展出版社诚恳邀请，故有了本书的第三版。

时光荏苒。掐指算来我批量地阅读生物学已有 20 年了。生物学的思想不知不觉地与我脑子中的其他思想发生了融合。它反映在我日后的著述中。比如《吾国教育病理》（2013）的第九章"知情智"、第十章"兴趣"、第十一章"创造力"和附录"精英史观与平等追求"。又如《文明是副产品》（2015）的第一章"外婚制的起源"、第二章"农业的起源"、第七章"文明与副产品"。

因患眼疾，本书这次再版时笔者无力修订。

谨借这篇序言敬告读者。因眼疾笔者弃笔从声。我在喜马拉雅的音频节目《杂交的文明》即将播出。这个节目将历时一年，共 150 期。其中最前面 20 多期的内容大致取自本书。因为本书完稿于 2009 年，音频始做于 2017 年末。后者不乏对前者内容的发展和补充，它们主要不是来自新材料，而是产生于再思考。我惊异地发现在自己搭建的平台上思考下去，在广度和深度上竟然也是没有尽头的。这个音频节目中的内容更多地体现了笔者在耳顺与心所欲不逾矩之间的一种贯通的追求。

我希望眼疾能好转，来日继续阅读生物学，能再次呈现本书的修订版。

写于 2017 年 11 月 12 日

北京板井村住所

第 1 章

阅读生物学的意义

一、一个伟大学科的两种影响

大约在 36 年以前，就是我 17 岁的时候，读过一本书《比一千个太阳还亮》（容克，1966）。这本书讲述的是原子弹问世的过程。书中的一个情节令我记忆犹新。原子弹的产生有赖于 20 世纪二三十年代理论物理学一连串的重大突破。那是物理学如日中天的时代。该书讲述了这样一个真实的故事。一位天分很高又酷爱哲学的年轻人碰到了一位物理学家，物理学家听说他要学习哲学后，轻蔑地说道："在当今这个时代，不懂物理学还能搞哲学吗？"以后那个年轻人真的皈依了物理学。我没有缘分学习起码的物理学知识，哲学或许可以算个半吊子，但是上述那个段子不知为何深深地刻写在我心中。

无独有偶。在我 30 余年后开始阅读生物学的时候，又读到了一个段子。一个早年笃信人类天性利他的年轻人接触到了威廉·D. 汉米尔顿的思想。汉米尔顿是最先提出系统的"亲缘选择"理论，并否认无条件利他存在的可能性，在探讨人类天生是利己还是利他问题上作出了杰出贡献的生物学家。这个年轻人企图驳倒汉米尔顿的思想，但找到的都是相反的证据。最后这位纯真的年轻人皈依了汉米尔顿的思想，开始与汉氏的合作。但或许是心理深层的感情冲突从来也没有平复，几年以后他自杀身亡。（Ridley，1996：19）我被这一凄美的故事深深地感动。

这两位不同时代的年轻人之所以分别皈依了物理学和生物学，在于这两个学科方法论与哲学观上的征服人心的伟大力量。

我以为，一个伟大学科之所以伟大，在于它拥有两种影响。第一种影响源于它自身的内容，即它对世界的某一方面的认识。第二种影响源自它的方法论和哲学观，它将极大地改变我们的世界观。物理学曾经是这样的伟大的学科，而生物学正在取代物理学曾经占有的万流归宗的地位。一切迹象说明，这个世纪将是生物学的世纪。生物学将改变这个世界，改变人类的身体，同时它的深层的哲学观也将极大地改变我们的思想方法。

二、生命科学与社会科学的相似特征

说到底，人不是天使，是动物；不是机器，是生命。人类的这种本质特征决定了，生命科学将比一切非生命的科学给予社会科学更大的启示。物理学曾经对人类的思想方法产生了最大的影响，只是因为物理学是科学中的先行者，人类对物理现象的探讨曾经领先于对生命现象的探讨。

举个例子。什么是个体？这个概念对于每一个搞社会科学的人，乃至于每个社会生活中的人都是非常重要的基础概念。可是我们该怎样定义它呢？我们所看到的很多东西能叫个体吗？比如螺丝钉能叫个体吗？我的答案是不能。因为螺丝钉是模子造出来的，每一个都一样，这不能叫个体。个体应该是有个性的，所谓个性就是各自的特点，没有个性的东西不可以叫做个体。个体不是物理现象，所以物理学在认识和定义个体上面很难帮我们的忙。

个体是一种生命现象，是有性繁殖的产物。有性繁殖导致了子代中的成员既相似又不同。个体的最基础的特征是这种繁殖方式注入的。个体是唯一的、独自的，正如同出生是唯一的、独自的，死亡是唯一的、独自的。关于个体的这些特征及其与生殖的关系，我们将在第八章中专门讨论。在此只想指出，只有生物学的思想能够帮助我们深入认识社会生活中的一个司空见惯的概念。

生命与非生命是如此不同。生命的世界有着非生命的世界决然不具有的如下特征：有序、组织、整体性、机遇、偶然性、自我复制、自我调节、历史。这些内在的特征使得生命科学与社会科学天然地联姻，成为密切联系的姊妹学科。

三、学习生物学思想的社会科学家们

生物科学家与社会科学家的相互学习开始于两个学科的奠基之时。这可以从这两个学科的奠基人身上清楚地看到。植物分类学之父林奈（1707—1778）将他的巨著冠名《自然的经济体系》（1749）。他把生态比作经济，他认为上帝是设计了地球大家庭的超级经济师，他使大自然中的生产和效率最大化。

林奈和他以后的生态学家一直将生态比作经济，并一直从经济学中获取营养。这几乎令今天的社会科学家大为吃惊，因为自然科学似乎早已走在了社会科学的前面。

几乎同样令人吃惊的是，不仅可以称做近代经济学之父，而且可以称做近代社会科学的主要奠基人之一的亚当·斯密（1723—1790）曾经是林奈的门徒。斯密的两部巨著中都没有提到林奈，但是看不见的手所操纵的市场经济和上帝（其实还是看不见的手）所操纵的大自然简直就是天造地设的对偶。斯密究竟从林奈那里获得了什么思想，绝对是学术史上一个极富魅力的问题。

自然，两学科相互催化的最大佳话是马尔萨斯《人口论》启发了苦苦思索中的达尔文，完成了他的进化论。

作为一名社会科学家，笔者打算花费更多笔墨去叙述我们营垒中的先驱和同仁从生物学思想中获得的营养和借鉴。

堪称社会学教父的孔德在其著名的学科划分中自下而上列出的是：数学、天文学、物理学、化学、生物学、社会学。生物学和社会学比邻而居，且处于最高的位置。

斯宾塞比孔德更重视社会与生物体的对比。他提出了社会进化论，即后来声名狼藉的社会达尔文主义，还提出了社会有机论的理论。他认为社会与生物体有五个共同点：随着生长，二者的复杂程度都在增长，功能都在分化，各部分相互依存，各部分自成一体，整体死亡后部分还存在一段时间。

杜尔凯姆是最强烈地意识到要为社会学争取独立地位的社会学奠基人之一。他执意从社会因素去解释曾经隶属于生理学家的自杀问题。但是杜尔凯姆同样没有忘记人类与动物的对比，没有忘记从中获得灵感。他在《社会分工论》（1893）中提出：猩猩头盖骨的最大体积和最小体积相差 200 立方厘米，近代成年人的最大头盖骨和最小头盖骨相差 600—700 立方厘米；越是发达的民族比起落后民族，其内部成员服饰上的差距越大。杜尔凯姆由此概括：越是进化，物种内部从体质到文化的离散就越大。显然，他是看重人与动物的最基础的比较的。

美国城市社会学之父罗伯特·帕克身后留下的最有生命力的概念大约要算 urban ecology 了。这是什么意思呢？帕克的学生和后来人根据城市不同地段的不同功能提出了同心圆、扇形、多中心三种模式。中国老一辈社会学家由这三种模式推测，将帕克的那个关键词 urban ecology 翻译成了区位。最初我很难理解 urban ecology，于是觉得城市区位学翻译得真好，可是还是不能理解为什么帕克要用 ecology 这个词。直到后来知道当时芝加哥大学校园中社会学家与生物学家、生态学家的密切交往，才明白这个词汇的产生，以及区位学的误译。当时世界生态学的研究中心刚刚从哈佛大学转移到芝加哥大学，生态学的思想和词汇，诸如群落、食物链、生态位、共生、依存，等等，极大地影响了社会学家和人类学家。1941 年 9 月在芝加哥大学召开了社会科学家和生物学家共同参与的题为"生物系统和人类系统融合的层次"的学术讨论会。出席大会的社会科学家有帕克、雷德菲尔德、克鲁伯等人。与会者一致认为：有机体和人类社会不仅类似，简直就是同一种现象。帕克比以往的社会科学家受到生态学更深刻的影响，所以他提出 urban ecology 是顺理成章的事情。（参阅帕克，1987；沃特斯，1994：380—383）

1978 年获得诺贝尔经济学奖的赫伯特·西蒙是当时最重视从

生物学中获取思想营养的经济学家。他在1983年在斯坦福大学所作的演讲《论事理》（这篇演讲收录在中译本《现代决策理论的基石》中）集中地体现了他对生物学思想的全面借鉴。他讨论了适应、生境、利他、社会的进化、文化的进化、理性的进化，努力融合经济学与生物学的思想。他可以称为当代经济学家中迈向生物学的先驱。他同帕克一样不是满足于借助生物学作生动的表达和肤浅的类比，而是真正吸收生物学的本质思想。

在被称为保守主义经济学的《圣经》的《财富与贫困》一书中，吉尔德也作出过杜尔凯姆式的比较生物学的表述。我们索性引用一下。他在推崇资本主义冒险精神时说："千百万个精子中只有一个精子孕育这个生物学上的要点，说明摸彩是生命的首要事实。就我们生命的基础脱氧核糖核酸来说，我们从一开始就是千百万分之一机会的彩票中奖者。即使一切学科中最具宿命论特点的生物学，在论述人的形成这个最深刻和最具有决定性的问题上，也认为那是一种偶然的随机现象。……只有在漫长的人类冒险活动中才能看出机遇的作用。事实上如果理性地计算个人的利益将首先怂恿个人躲开风险，寻求安全。"（吉尔德，1981：401）

哈耶克也没有忘记阅读和借鉴生物学。他在1988年出版的《致命的自负》的第一章"在本能和理性之间"，讨论了自组织、自生长、秩序的扩张这些贯穿于生物的世界和人类的社会中的现象。

在对当下正在发生的事物作出深入思考的思想家中，我很偏爱两个人。一个是罗伯特·弗兰克。在其1995年出版的《赢家通吃的社会》中他从正在发生的事情中提炼出令人惊叹的一番又一番的道理。这以后我开始阅读生物学。而当我在 2002 年读到弗兰克 1998 年出版的《奢侈病》的中译本时，发现他已经开始大量地参考和引用生物学的知识和思想。

我偏爱的另一个当代学者是福山。我们曾经共享两种学术兴趣：对经济学帝国主义和理性观的批评，对信任的研究。他的信任研究做在我的前面，而我的生物学阅读在他前面。我的《信任论》里面已经大段地讲述生物学的思想。那时候他的著作里还没有生物学的痕迹。但是以福山的智慧，当然可以敏锐地感知生物学对这个世界的冲击。他在其 1999 年出版的《大分裂》中已经开始借鉴生物学的思想。2002 年他的《后人类未来：生物技术革命的后果》问世。果然这本书更属反省生物技术的后果，而不是借鉴生物学思想的著作。但是福山显然开始大量阅读生物学了。

社会科学家们一百余年来不绝如缕、愈演愈烈地阅读生物学的轨迹，昭示着一个重要的事实：生物学对社会科学家的巨大的吸引力。我们无法拒绝新知，无法拒绝一个最富创造力的学科理论上的召唤。

四、意义与趣味

说到根本，人类学、社会学和当代生物学中的一些重要分支都是研究行为的。生物学家有一句名言：事实比想象更离奇。其他生物不计其数的行为机制和行为方式为人类的研究提供了无比丰富的参照系和最可宝贵的借鉴。这些思想资源当然不能代替社会科学对人类的解释，但是忽略了它们几乎将陷入坐井观天的地步。

社会生物学的教父爱德华·威尔逊的话咄咄逼人，却无法反驳："一种题材的法则对于其上位的学科（社会科学是生物学的'上位学科'——笔者注）来说是必要的，因为那些法则可以激起挑战，并逼使心智形成更为有效的重组。但是它们对该学科的目的而言则并不充分。生物学是解开人类本性之谜的一个关键，如果忽视了它所提供的那些快捷有效的原则，其损失之大就不是社会科学家负担得起的了。"（威尔逊，1978：13—14）

而除了意义之外，笔者在这一节要对读者们说的最后一句话是：生物学的思想趣味无穷，阅读生物学根本不是工作，而是一种智力上的享受。

第 2 章

达尔文其人

一、达尔文的学术地位与贡献

千年之交为媒体提供了若干契机，譬如做一点富有历史感的智力游戏。其中的一个游戏就是请学者们为一千年中最有影响的十余名思想家排序。流行的版本大多将马克思和爱因斯坦排在一二。笔者对二翁深为钦佩，但还是以为他们都排不了第一。历史将嘲笑世纪之交的这次投票排序，因为评选者漠视了达尔文的存在。

爱因斯坦的理论其实没有走出物理学界。就理论高度而言，他无疑开辟了与牛顿有别的另一个物理学时代。但是就对知识界乃至公众世界观的影响来说，他肯定赶不上牛顿。而对一个思想家之影响力的判定，应该更取决于对社会而不是学科专业的影响。

我确实以为在社会科学家中马克思的影响无出其右。但是如果与自然科学家中的思想家对比，他只好屈居达尔文之后，名列第二。马克思的贡献在三个方面。其一是唯物主义。固然这是一个争论并未平息的领地。而达尔文刚巧也是一个唯物主义者。马克思的唯物主义旗帜鲜明，锋芒毕露。达尔文的唯物主义则是包裹在他的思想深处，但是可能更具颠覆性。马克思唯物主义思想的提出是从哲学（辩证唯物主义）和社会学（历史唯物主义）的视角出发的。而达尔文的唯物主义则是从科学，从生物学出发的。马克思明察这一点。他在写给恩格斯的信中说："它（《物种起源》）为我们的观点提供了自然史的基础。"在赠送给达尔文的《资本论》的扉页上题道：他是达尔文"真诚的钦慕者"。其二是阶级斗争的学说。这是解释社会生活与历史的非常重要的维度之一，但绝不是唯一的维度，而马克思自觉不自觉地拒绝了其他一些解释。其三，社会主义理论（包括他对资本主义的批判）。我并不以为社会主义思潮会随着其运动与实践在 20 世纪后半叶的失败而埋葬，我以为它将同资本主义思潮共始终，但是马克思对社会主义制度彻底取代资本主义制度的分析，大概是过于偏颇了。无疑这会削弱其影响和解释力。

我赞同恩斯特·迈尔的认识："哲学家 Passmore 近来指出，历史上只有一次知识革命被赋予在词尾缀上'主义'的殊荣，这便是由达尔文发起的知识革命，被称为达尔文主义。对比之下，并没有牛顿主义、马克斯韦尔① 主义、普兰克② 主义、爱因斯坦主义，或海森堡主义。由于达尔文革命是人类历史上最伟大的知识革命这一论点难于驳倒，所以这一特殊荣誉便无可挑剔。"（迈尔，1988：159）"在所有的知识革命中，影响最深远的就是达尔文革命。……达尔文所策动的知识革命超越了

---

① 马克斯韦尔（1831—1879），英国物理学家，经典电动力学创始人，统计物理学奠基人之一。又译为"麦克斯韦"。
② 普兰克（1858—1947），德国物理学家，量子论创始人。又译为"普朗克"。

生物学领域，颠覆了他所在的时代的多数概念。……无论是科学界还是科学界之外，谁也没有这个维多利亚时代的人对我们现代世界观有这么大的影响。"（迈尔，1991：2，iv）达尔文的"共同祖先说"不仅颠覆了神创论，而且颠覆了每个物种是被单独创造出来的学说。进化的思想不是自达尔文始，但是因达尔文得到了最大的光大，而达尔文的划时代的创新是为进化的机制提出了新的解释——自然选择。生存竞争的思想同样，虽早已存在，却因成为达尔文思想体系的组成部分而光大。一度，进步的观念如日中天，这观念似乎理所当然地以达尔文的进化论为基石；而当进步的观念日趋衰微的时候，研究者才发现，达尔文提出的其实是"适应"，不是"进步"，达尔文是完美的最坚定的反对者。两个时代的强音都从一个人的思想中寻求根据在人类历史上几乎绝无仅有。固然前者其实是误读，但这也间接说明了达尔文的无与伦比的影响力。

达尔文的影响不仅在其思想的具体内容，还在于他的方法论。他改变了基督教-牛顿的决定论思想，把或然和偶然的思想带到科学的世界。他改变了物理学为代表的"普遍"的观念，将有性生殖所造就的"独特性"引入现代世界观。由于生物的世界与物理的世界截然不同，生物进化完全是偶然的，达尔文否定了进化可以预测，从而在生命、社会、历史的领域中打消了"预测"的狂言，提升了"解释"的地位。达尔文对超长时段的研究还使人们认识到，对知识的进步，观察与实验同样重要。而实验曾经被物理学为代表的科学视为压倒一切的手段。

达尔文的思想拥有最大影响力的另一个指标是，今天他的思想仍然活着，不断被发展和移植，先后走进了心理学、伦理学等学科。达尔文所奠基的生态学更是早已启发和催化了城市生态学。

二、生平、重大事件与背景

1809 年 2 月 12 日达尔文出生于英国施鲁斯伯里镇。父亲是医生，医术高明。祖父是医生、作家和科学家，在 18 世纪末提出地球上生物同源的观点和粗略的进化思想。达尔文似乎不可能不受到祖父进化思想对他的影响，但是以后几乎没有提到这一点。达尔文 8 岁的时候母亲去世。他是在几个姐姐的照顾下长大的。

自幼年起，达尔文就对大自然表现出浓厚的兴趣，搜集贝类、昆虫、鸟蛋和矿石。8—16 岁 (1817—1825) 在私立小学读书。15 岁时学习射击和打猎。16—18 岁 (1825—1827) 被父亲送到爱丁堡大学学医。但是达尔文对医道毫无兴趣，他的志趣在博物学和地质学。

1828—1831 年 (19—22 岁) 父亲知道他学不成医，把他送到英国剑桥大学学习神学。这绝对是更大的误会。有好一段时间达尔文的主要兴趣是打猎，读这段史料甚至给人以纨绔子弟的印象。然而天造地设，达尔文不期然进入的竟是当时博物学和地质学最发达的学府。迈尔告诉我们：当时英国所有的博物学家都是牧师，同时也是剑桥大学的教授，或教授植物学，或教授地质学。达尔文最钦佩的两位教授亨斯洛和塞治威克，刚巧一个是植物学家，另一个是地质学家。兴趣激发了达尔文的学习兴趣。最终在178名毕业生中，他的成绩名列第十。

1831年8月，达尔文毕业不久，接到亨斯洛教授的信，教授提供了一个随皇家海军周游世界作博物学考察的机会。这机会一度几乎失去，因为父亲不赞成。父亲只给他留下一线机会：有一个父亲信任的人赞同就同意。于是有见识的舅舅促成了这次伟大的旅行。当时英国的海军考察往往兼顾博物学，这工作通常由随船医生负责。达尔文加入的是贝格尔号双桅帆船，船长30米，船上74人，目的是改进海军的航海图。当时英国社会生活中沿袭的是严格的等级制，贵族与平民生活上不往来。贝格尔号船长菲茨罗伊是查理二世后裔，在这船上他是唯一的贵族，他只是想找一个陪自己吃饭和谈话的贵族伙伴。船上原有一个非贵族出身的医生兼博物学家，因为达尔文的物质条件大大优于他（自备了枪支、显微镜、望远镜、指南针、解剖工具、标本储存盒、地质锤，等等），且达尔文有钱游历海岸并雇佣当地采集者，又是船长的私人朋友，而这位医生兼博物学家的工作又逊色于达尔文，于是他自觉无趣而告辞了。事实上那个时代的科学几乎都是贵族从事的。

达尔文从1831年12月到1836年10月，乘贝格尔号持续旅行考察了将近5年时间。他独自穿越了阿根廷草原，跨过了安第斯山。考察巴西雨林时，在一天的时间里他捉到了68种甲虫，射中了80种鸟。大英帝国遍及世界的殖民地是他的强大后盾。经由殖民地的管理者，他将大量标本寄回伦敦，并与亨斯洛等学者频繁通信。亨斯洛等人不断将他的考察成就发表。这样，达尔文还在贝格尔号上就成了名人。当然特别要说到的是加拉帕戈斯群岛（处于现在的厄瓜多尔，岛名是西班牙语海龟的意思）。贝格尔号在这一群岛考察了一个月。群岛的副总督事先就告诉达尔文：岛与岛之间海龟的甲壳形状各不相同。达尔文自己为群岛上物种的差异找到了更多的证据，并大为惊异。他在航海日志中写道，这些"变异将破坏物种的稳定性"。暮年达尔文在自传中说："那是我所有观点的发源地。"那里每个岛上相似而又相异的海龟和鸟类，引起达尔文长久的思考，并最终敲开了自然选择的大门。

达尔文《物种起源》的发表震惊了菲茨罗伊。他出席了1860年著名的牛津辩论，并有失态的表现。他因为认定是那次旅行引发了达尔文的异端思想而极度内疚，5年后自杀身亡。达尔文与这位虔诚的教徒在船上单独相处了5年。他曾因与达尔文在奴隶制看法上的分歧而暴怒。斯蒂芬·古尔德说："怀疑的种子一定是在贝格尔号航行的寂静时光中萌发滋长。……他5年来每一天都与一位无法与其争论的、威严的船长共餐。谁知道5年来连续的高谈阔论会使'寂静的炼金术'如何冶炼达尔文的大脑呢？"（古尔德，1977：19）自然，达尔文的异端思想是否并如何被一位正统者的思想所磨砺，是永远无法解开的谜团了。

航海5年的成果达尔文整理了整整10年。他一直在思索的当然是加拉帕戈斯群岛上的生物给他留下的疑问。这之中发生的两件事情催化了他的思考。

1837年3月，鸟类专家约翰·古尔德为达尔文在加拉帕戈斯群岛上搜集的鸟类作出了鉴定。达尔文以为它们差异极大，属于不同科别。古尔德告知，它们的关系非常密切，是鸣雀的不同类别。这使达尔文大为震惊，最终得出这样的结论：它们都是来自南美大陆，经过世代的繁衍，在适应群岛不同的生态的过程中，进化成几十种不同的新种类。4个月后他开始了第一次物种进化的写作。此时他已确信物种在适应环境中发生的变化，他所不解和思考的是进化的机制。

　　1838年9月28日（29岁），达尔文阅读马尔萨斯的《人口论》。他思考已久的理论在一瞬间成型了。达尔文暮年在自传中写道："在我进行了15个月的系统探索后，为了消遣，偶然阅读了马尔萨斯论人口的书。这时，通过长期对于动植物习性的观察，我已经可以接受无处不存在着的生存斗争的观点了，我突然想到，在这种情况下，有利的变异会得到保存，不利的变异会遭到淘汰。于是我至少得到了一种用来说明原理的理论。"他的日记显示，打动他的其实是一句话："可以有把握地认为，如果人口不受限制的话，每25年就会翻一倍，或者以几何速度增长。"外行会以为似乎马尔萨斯更智慧，其实他从来就没有进入变异与演化的思路，作为人口学家他自然也无须进入。他促进了达尔文思考的只是一点：物种内的斗争比物种间的斗争更激烈。达尔文与马尔萨斯的本质区别是：马尔萨斯只看到了"量"的变化——生存竞争过程中的数量淘汰，短时段中也确乎不可能有"质"的变化；达尔文则洞悉了这一过程中的"质"的变化——漫长的淘汰过程将导致物种的质变，这远比物种间的斗争在进化的问题上更具意义。

　　1839年1月（30岁），也就是形成了进化论思想雏形的第二年，达尔文结婚。他们夫妻二人都从父母处获得了大笔钱财，以致可以高枕无忧。同年10月在他们第一个孩子降生后，达尔文第一次犯病。以后疾病一直缠绕着他。有时一天只能工作2—3小时，有时整天都不能工作。这个一直不能确诊的疾病引起达尔文研究者们的浓厚兴趣。精神病专家兼达尔文研究者科尔普认为，内心的冲突和恐惧是主要病因。什么冲突？恐惧什么？那就是世俗舆论与他的思想发现间的水火不容。他的夫人爱玛最早了解丈夫思想上的异端，她深爱达尔文却恐惧其异端。她在婚前给达尔文的一封信中说：她非常害怕两人会在天堂永远分离。达尔文一直把这封信带在身边，他后来写道：他无数次狂吻这封信，为之哭泣。达尔文比任何人都清楚自己在异端的道路上走出了多远。近年来出版的达尔文笔记披露出这位旷世异端的思想轨迹："柏拉图在《斐多篇》中说，我们'想象的理念'来自预先存在的灵魂，而不是来自经验——然而预先存在的是猴子。"（古尔德，1977：9）"一个了解狒狒的人，对形而上学的贡献会超过洛克。"（克罗宁，1991：475）达尔文关于道德问题的手稿放在一个大口袋中，题目是"关于道德感和某些形而上学的陈旧而无用的笔记"，他意识到公之于世将带来太大的震撼力。这之中当然有性格问题。达尔文在异端的道路上走得与马克思同样遥远，但是在性格上他毕竟不是马克思。同时这也不完全是性格问题，两个学说的迥异的性质也对提出者的心理产生了截然相反的影响。马克思的学说指向人的解放，可以帮助他在内心占据道德优势。而达尔文的学说将人类打下神坛，相当程度上回归禽兽，他难以从中找到马克思振奋自我的精神资源。从这个意义上，也可以说，达尔文的学说在离经叛道上超过了马克思的学说。主客观的条件都使前者比后者更感觉到，他在冒天下之大不韪。饶有趣味的是这两位旷世异端在英国的居住地相距仅 16 英里，他们去世也仅相隔一年，生前从未谋面。

1842 年达尔文迁居伦敦郊区，躲开了喧闹的伦敦学术界和社交界，与前者保持着恰当的联系。1839—1843 年出版了航海期间动物志。1842—1846 年出版了航海期间地质学。

1842 年完成了关于进化与自然选择的 32 页的概要。1844 年完成了 231 页的论述。将之寄给胡克，胡克读后相信其正确。但是达尔文不想公开发表。

1846—1855 年整整八年，他在研究藤壶（一种海生甲壳动物，成体一般有石灰质壳板，头端朝下固着在岩石、船体或海草上，种类上千）。当代一位学者说：直到今天达尔文关于藤壶的研究仍然是这个领域中的权威著作。他的房屋中曾经挂满了从世界各地搜集到的藤壶，他的孩子们是在藤壶中长大的。一个朋友听到过他的孩子问自己的玩友：你家的藤壶在哪里？当代科学史的研究者好奇：他为什么将他的划时代的进化论研究搁置起来，研究藤壶？传记作家鲍尔贝引述过达尔文与胡克的一次交谈。胡克对一位法国博物学家略有微词，认为他没有专长。而听者有心，达尔文认识到自己也在作着物种的宏观思考，却没有对某一特定物种有所研究。一年后他开始了藤壶研究。还有一些科学史的研究者认为，达尔文想要在公布进化论之前更牢固地建立自己的学术地位。藤壶的研究终于以 1855 年出版的皇皇四卷而告终结。

1855 年，赖尔、胡克等了解内情的朋友催促他发表进化论。达尔文又继续写作进化论著作。

1858 年 6 月 18 日，达尔文接到正在印尼和马来西亚从事科考的英国年轻博物学家华莱士的来信。信中附有华莱士的论文。文章的观点与达尔文的进化论极其相似。达尔文深深地陷入苦恼之中。他只好求助赖尔和胡克。二人商定在不久举行的林奈学会上同时宣布华莱士的论文和达尔文一年前寄给格雷的论文摘要及 1844 年的部分草稿。这件事情最终成为科学史上一项美谈。华莱士没有因优先权与达尔文发生争执，很高兴论文的同时发表使自己迅速成名。以后他也甘居进化论思想的第二位人物，他甚至将自己日后的一部著作冠名为《达尔文主义》。

　　达尔文无法再停顿和搁置了。第二年，即 1859 年《物种起源》问世。这部数百页的著作其实只是他计划中的巨著的摘要。而科学史上的一个最大的谜团就是达尔文为什么将他思考成型的理论搁置了 20 年？多数学者认为搁置的原因同他患病的原因近似，源自他的恐惧加慎重。为了应付预感到的滔天洪水般的批驳，他在永无休止地加工着这一理论，从来没有觉得已臻完善。他已经把手稿托付给妻子，一旦他突然死去一定将之交给科学界同事。他没有生前发表的强烈愿望。而对自己学说的不断的质疑和加工，使得达尔文在思想深刻与广博上远非华莱士所能匹敌。他大大地超越了他的时代，很多思想隔代才引起回响。

　　1860 年围绕进化论举行了著名的牛津大辩论。

　　1882 年达尔文去世，享年 73 岁。死前叮嘱：做一具朴素的棺木。后由于要入葬西斯敏教堂的墓地，不得不改做一具豪华的棺木。

三、硕果探因

在本章最后一节，想讨论一个科学社会学问题，就是达尔文为什么能取得如此辉煌而丰硕的成就。

家庭富有应该是起始原因。不然他一开始就不会进入剑桥大学。中途不会随同贝格尔号去考察，因为考察必须自费配置昂贵的设备。最终如果没有家庭的遗产他不会安居伦敦郊外，放弃任何职务，专心自己的科学思考。

其二是很多偶然的因素辐辏在一起：自幼喜好博物学，歪打正着进入剑桥大学学习神学，因极其偶然的原因随同贝格尔号考察，而后进入漫长而安静的冥想空间，乃至华莱士的论文率先寄给了达尔文。

其三是贝格尔号将近 5 年的考察。这是他的 5 年的"研究生期"。这 5 年中，他摆脱了一切俗事，像出家的修道者一样专注。几乎只是在"面壁思考"与"观察大自然"这二者中转换。与此同时，他还占有了大英帝国的"殖民主义红利"，可以同伦敦学术界保持通信联系。

其四，还在船上的时候他就成了名人，他极其迅速地进入学术界。这种轻而易举使他没有为此分心，同时也没有滋长他的功利心。

其五，疾病。疾病实际上帮助了达尔文。疾病使他远离社交界，使他龟缩在象牙塔中，不耗费时间和精神，特别是后者。疾病当然应该也有其不利的一面。如前所述，达尔文有时被迫停止工作，有时一天只能工作 2—3 小时。那么为什么他还完成了如此辉煌、丰厚、令人不可思议的学术成果呢？结论只能是：时间的干扰其实并无大碍，研究工作是带有创造性的，不可能全天候进行；精神的旁骛，也就是分心和分神，才是最大的破坏。疾病其实构成了一个屏障，守护着一个伟大思想者的精神空间。

第 3 章

自 然 选 择

一、自然选择与用进废退：对进化的两种解释

达尔文的理论异常丰富。如迈尔所说，它包括五部分：进化，共同祖先，渐变，物种增多，自然选择。达尔文主义并不是单一的理论。比如，你可以相信进化却不相信自然选择，或是相信共同祖先而不相信自然选择。事实上很多早期的达尔文信徒，只是接受了部分的达尔文理论。甚至今天很多自称相信达尔文学说的人只接受了达尔文学说的皮毛，并没有理解其本质特征，他们接受了进化，接受了共同祖先，却没有理解因而也无从接受自然选择。原因是自然选择其实更异端，在人类思想库此前的全部储备中，没有类似于自然选择的思想。这便注定了自然选择是最难于被理解的。

说自然选择是达尔文主义的核心，第一，在于那是达尔文的独创。进化的思想在达尔文之前已经被很多人提出：布丰，拉马克，钱伯斯，还有达尔文的祖父。自然选择理论则非达尔文莫属。第二，或许比第一更重要的，在于那是达尔文全部思想理论的基础。比如，通过自然选择可以解释进化，通过进化是解释不了自然选择的；同理，通过自然选择可以解释渐变，

渐变的由来却不独属自然选择。因为自然选择是进化的机制。也就是说，试图解释进化的理论不止一个，而达尔文以自然选择的理论来解释进化。

在反对神创、提出进化的思想以解释生物世界这一点上，与达尔文祖父年龄相仿的拉马克（1744—1829）与达尔文没有差别。但是拉马克认定的是另一种进化机制，即"用进废退"。拉马克原为神职人员，后做过政府官员，再后成为皇家植物园的植物学家，最后转攻动物学。拉马克认为，环境作用于生物，使它们产生某种需求和行为，这些需求和行为促使有机体改变和创造一些器官。众所周知的例证就是在没有牧草的土地上长颈鹿被迫去吃树叶，因而脖子越来越长。拉马克的提法日后导致了一项争论，就是"后天的获得性"可否遗传，生殖细胞能否随体细胞的变化而变化。拉马克对此根本未作论证，他并没有感到有专门讨论的必要，因为当时的所有人都同意这一点。

甚至连达尔文都没有反对这一点。达尔文的区别只在于，他认为在不同的进化方式中，有一种具有特别的重要性，那就是自然选择，而不是别的。他甚至愿意兼容拉马克的思想，用它帮助解释变异的产生：某个器官被频繁地使用，这个器官可能会变异。当然达尔文解释进化的主导机制毫无疑问是自然选择，这是他的划时代的贡献。是另一位进化论的伟大理论家魏斯曼在1883年彻底否定了"后天获得"的遗传性。魏斯曼做过一个著名的实验，他连续切除了22代老鼠的尾巴，发现老鼠后代的尾巴丝毫没有缩短的趋势。魏斯曼将拉马克的理论清除，纯洁了达尔文主义。

二、什么是自然选择

什么是自然选择？尼斯与威廉斯举过一个例子来说明。英国下风区的蛾子本来是浅色的。工业革命发生后，烟囱的浓烟将树枝熏黑，浅色的蛾子在树丛中显眼而容易被鸟捕食。这时有一种数量很少的突变蛾种，具有与树丛接近的颜色，因而避开了捕食的鸟嘴。当树丛颜色继续变黑时，黑色翅突变基因迅速传播开来，并大大地取代了浅色翅基因的蛾群成为优势蛾群。（尼斯，威廉斯，1994：13）

当生存的环境中的温度降低时，如果某动物群体中刚好有少数成员因基因的突变能忍耐低温，则它们可以生存繁衍，久而久之，耐低温的成员在群体中占了压倒优势。当水源中出现某种毒素时，如果某动物群体中刚好有少数成员因基因的突变而具有抗毒能力，则它们可以生存和繁衍，久而久之，具有抗毒能力的成员在群体中占了压倒优势。

诱发达尔文提出自然选择理论的加拉帕戈斯群岛上发生的事情是，鸣雀与海龟因偶然原因从南美大陆来到群岛。它们在群岛的各个岛屿上相互隔绝，各个岛屿的自然状况又有所不同。各岛屿选择了它们不同的特征。最终，它们分道扬镳。

达尔文在《物种起源》中说："保留有利的变异，淘汰有害的变异，我称之为自然选择。"但是什么是"有利"？光说有利于生存是模糊甚至误导，到位的说法是有利于生存和繁衍，而生存要最终落实到繁衍。因为如果个体生存得挺好，但繁衍效果不佳，则该个体的特征不会在群体中扩大。威廉斯认为，造成此种误导的是斯宾塞："其名言'适者生存'被广泛地认为是对自然选择过程的高度概括。然而实际上这种提法引起若干错误的理解。首先生存本身并不重要，这就是为什么自然选择造就了鲑鱼和一年生植物这样的生物，它们只繁殖一次就死去。生存增加适合度（fitness），也只在它增加生存以后的繁殖时才得以体现。降低生命期中的繁殖率的基因，肯定地将被自然选择所淘汰，即令它能使个体的生存期延长。"这样，穿越自然选择的剪刀的，将是两种品性。一种是综合能力好，因此繁衍的效果也很好。另一种是专门能力好，即具有性吸引力，因此繁衍的后代也很多。前者是最初意义上的自然选择。后者最初被达尔文称为"性选择"，后来也被现代达尔文主义者纳入自然选择的范畴中。我们将在下一章专门讨论性选择。

从上面的例证可以看到达尔文与拉马克的本质区别。拉马克认为低温或有毒素的环境会促使个体慢慢增长耐低温或抗毒素的能力，并将这种变化传递给后代，逐渐增加这一方向上的积累。现代达尔文主义则认为，环境消灭了不适者，选择了适者，最终适者的后代成为种群中的多数，从而达到了普遍的适应。直到今天，公众仍然会对这两种截然不同的思想发生混淆。

迈尔将达尔文的自然选择解析为一种两步过程中的第二步。第一步是每一世代中产生变异，也就是产生可以作为选择材料的多样性。若个体完全都一样，也就没有选择的余地和可能了。变异和选择的实际过程无关，但是它是选择的前提条件。达尔文并不知道变异是怎么产生的，但是他充分承认变异的存在。了解变异是怎么产生的不是认识自然选择的必要前提，承认它却是必要的前提。达尔文强调两点：永远都有似乎是无穷无尽的变异的存在，任何新变异的产生都和生物有机体的需要无关。对于建立自然选择理论来说，这就够了。

迈尔还将自然选择的解释模式分解为五个事实和三个推论。第一个事实是群体潜在的指数增长，即繁殖过剩。第二个事实是种群的稳定性。第三个事实是资源的有限性。由这三个事实完成了第一个推论：个体间存在着生存竞争，这一推理是马尔萨斯完成的。第四个事实是个体的独特性。第五个事实是大部分的个体变异是可以遗传的。达尔文由第一个推论加上第四个事实和第五个事实，作出了第二个推论：差异存活，也就是自然选择。并由此得到了第三个推论：如此经过很多世代，发生了进化。（迈尔，1988：126；迈尔，1991：81）一言蔽之：达尔文将极大的生殖力和个体的独特性合二而一，为一种全新的理论奠定了基础。

达尔文说，自然选择就是保留有利的变异，淘汰有害的变异。他坚信变异的存在，但是变异是如何产生的却是他无力解释的，这也是他愿意兼容拉马克理论的原因。达尔文并没有开拓出生物学的另一分支——遗传学。这一分支的产生是他的同代人孟德尔（1822—1884）的贡献。达尔文倾向于混合遗传理论，他认为子代是父母的混合，好像红色和白色混合成粉色。而孟德尔发现了遗传中异常重要的东西，"遗传中有一些结实的、不可分的、量子化的、颗粒化的东西"。（里德利，1999：43）这就是后来被称作的基因。孟德尔揭示出两性繁殖可以造就多样性，多样性正是自然选择的基础。但是他仍然没有解释出变异的由来。重组毕竟不是变异。直到1927年穆勒用大剂量的 X 射线轰击果蝇，第一次诱发出变异。这一实验使得穆勒成为分子遗传学第一人，也为自然选择理论做实了最后一块基石。

三、自然选择的机会主义性质

"目的论"是有神论的世界观中理所当然的重要概念。思想的转型其实远比想象的更为艰难。人类在有神论的世界观中生活得太久了，当我们从前门逐出了有神论，往往又会从后门迎接着目的论。这也正是达尔文的自然选择理论的遭遇。

达尔文以自然选择说取代了神创论。但是其核心词中的"选择"似乎仍然为目的论者留下了想象的空间：选择还能没有目的吗？物种的目的是什么？就是进化。大自然的目的是什么？就是拣选好的。这却绝对不是达尔文的思想。所以迈尔说：使用了"选择"一词是不幸的，它促进了误解。但是我们又有多少绝对"中性"的词汇可供挑选呢？我们的整个的话语曾经是浸染在有神论－目的论的世界观中的。

法国生物学家蒂利耶（P.Thuillier）的说法其实更准确："选择"这一词汇只是一个简单的比喻。达尔文的《物种起源》是从讨论"人工选择"开篇的：人类通过耐心的选择，从信鸽、绵羊和郁金香中获得了若干新的品种。在达尔文的理论阐述中，自然选择是在做过了人工选择的铺垫后才出场的。他是担心读者难于理解自然选择的意思，而通过类比开始其阐述的。或许他以为，自然和人的差别足够大了，就像自然和神的差别足够大了一样，可是目的论的偏爱者偏偏照样可以将神的逻辑（神创论）移植于自然，将人的逻辑（人工选择）移植于自然。

达尔文的本意，即自然选择的含义中，没有任何计划、目的，也没有任何方向。说到底，进化是偶然的，是没有方向的。因为基因的突变是偶然的，环境的变化也是偶然的。基因的突变不是为了物种周围的环境而故意发生的，相反是偶然拥有与环境相适应的基因的成员繁衍开来。比如说，流行着这样一种范式误解是：北极的雪地导致了熊进化出雪白的皮毛。真实的情况却绝对不是这样的。环境没有对基因突变的影响力。首先，置身于（或迁移到）一个变迁环境中的物种有可能适应这一环境，也有可能不适应这一环境。物种灭绝的情形不绝如缕地发生着，灭绝就是不适应。如果环境一直在催化着基因的突变，如果基因一直在朝着这一召唤努力，就不该有灭绝的发生，至少灭绝应该是稀少的。然而"适应不是必然会出现的事情。……灭绝的危险并不导致种群中的某个部分采取紧急措施"。（威廉斯，1962：25）现实的情况是地球上存在过的物种99.9%已经灭绝。其次，留存下来的物种与其环境一定适应，但是适应的方式很多，决不限于一种。比如北极熊，如果说黑色的皮毛过于暴露，从而为捕食带来不便，那么昼伏夜行的黑熊也可能在北极获得优势。无论如何，北极的白雪是呼唤不来熊体的白毛的，伦敦的烟囱是呼唤不来蛾体的黑色的。换句话说，熊的毛色在北极进化为雪白纯属偶然。另一位老资格的生物学家洛伦兹曾生动地区别目的与原因："我曾驾着旧车去远镇作演讲，途中，我沉思着这辆车子的效能。它的机件是多么好地为我的目标服侍着，以至于使我得意忘形地以为这些贡献全部是为了达到我旅行的目的。突然车子呵了一两声停下来。在这期间我才痛苦地意识到我旅行的目的并没有促使车子能够行使。这时我才了解到目的或目标并不就是原因。于是，我才能排除一切，专心地找寻车子行驶的自然的原因。"（洛伦兹，1966：240）为什么人类从科学的领地中驱逐了有神论，却没有驱逐目的论，因为二者其实都是人的特征的折射。人是有意识的，人做一些事情，特别是一些比较大的事情时，是有目的的，于是人以为宇宙中充斥着目的，但是宇宙中的无数的活动，无论是有机的世界还是生物的世界，都没有目的和方向。

一方面，如上所述，突变是无目的的，它盲目地产生出很多"备选基因"；另一方面，明明是一种行之有效的方式，却可能产生不出来。威廉斯告诉我们：南美洲有一种猴子可以用尾巴抓住树枝。这种本领肯定对于非洲猴子也大有用途。但是仅仅因为没有这种运气，非洲的猴子没有产生出这种技巧。这是何种运气？基因突变的运气。如果非洲的猴子也有一两只产生了此等突变，这一生存优势很可能会造成繁衍上的优势，从而最终成为主流特征。但是如果非洲猴子的种群没有获得这一基因，就只好徒呼奈何。选择是彻头彻尾的偶然。

人们对自然选择的另一个误解是它可以造就完美。完美的观念同样是神创论的遗产。它同变化、竞争、偶然性、机会主义这些现象天然地不相和谐。达尔文在《物种起源》中说："自然选择只是倾向于使每个生物有机体和同一地区的并必须与之进行生存竞争的其他栖居动物同样完美或略较完美。"凯恩说："他（即达尔文）和欧文在评估动物的不完美，也就是它们不适应各自生活方式的程度，所投下的功夫，真是好几个世纪以来都无人能及。"

四、选择的对象

自然选择的选择对象是什么（有些学者的命题是"选择单位"是什么，迈尔坚持认为使用"单位"一词不合适，叫做选择对象或选择靶子更妥当）？对这一问题有三种回答：基因，个体，种群（或群体）。我们且分别讨论。

基因选择的说法，最早由威廉斯明确提出，但是威廉斯的主旨是反驳群体选择理论，在阐述与个体选择理论的区别方面着墨不多，以后基因选择的思想被道金斯普及、发展。（道金斯，1989）道金斯认为，个体体积大、寿命短、转瞬即逝，不能成为选择对象。种群则不断与其他种群混合，没有足够的独立性、一致性、稳定性，不具备生物实体的特征，也不能成为选择对象。身体是可变的，比如受伤后腿会被截肢，但这特征不会遗传。因为遗传单位是基因，基因是不变的。一个个体就像一副牌，打过后一洗牌就不见了。但是每张牌还在，每张牌就是基因。一个基因可能存活 100 万年，一个新的基因也可能连一代都熬不过去。道金斯还提到"桨手理论"，很多基因共存于个体身上，他们的效率还取决于合作。而这一点正是个体理论反驳基因理论的根据。

个体选择的理论认为，只有个体才能繁殖或不繁殖，换句话说，繁殖的成败与多寡都是个体的事情。每一个基因在不同环境中的效能是不同的，它的成功值取决于它所处的基因型背景，也就是桨手理论。单独一个基因不决定适应与否，在成功的个体身上会有一些效能并不显著的基因"搭便车"的现象。基因不是选择对象。迈尔说："对于辛普森、J. 赫胥黎和迈尔来说，进化并不是基因频率的变化，而是适应变化和多样性起源这两个过程。"（迈尔，1991：166）而多样性在相当程度上是与两性繁殖中的基因重组相联系的。他又说："强调基因是选择对象的数学遗传学家们尤其难以充分认识到重组的重要作用。"（迈尔，1991：141）也就是说，基因虽然有作用，但是它的作用因不同的组合而不同，适应与选择最终取决于全部基因所组合成的那个个体，而不是每个基因。迈尔还说："E.Sober 正确地驳斥了基因选择论者的'选择单位必须具有高度的不变性'，而且只有复制单位基因才够条件，然而变异而不是不变性才是自然选择的重要条件。"（迈尔，1988：125，104）当然，事实上基因和它所加入的那个个体都有变异性。

群体选择的理论是温－爱德华兹最早提出的。这一理论认为，群体中存在着一些超越个体叠加的因素，这些因素可能在适应环境中显示出其优势。近年来群体在选择中的优势特征越来越缩小和集中在利他性上面，也就是说，一个团结的、向心的、富有利他精神的群体，在生存压力面前，特别是在与其他部落的竞争中，获胜的可能更大，他们在生存竞争中将被选择。除此，也还有一些其他因素，比如群体适当而稳定的人口地理密度，人口年龄分布，等等，可能成为优势。

这是最富启发和挑战性的理论，也是遭受到最激烈、近乎毁灭性批判的理论。基因选择理论和个体选择理论虽然彼此争论不休，但在反驳群体选择理论上几乎是同壕战友。第一点，可以算是批判也可以算是说明，即批判者说，血缘群体中的利他性不是群体选择理论的贡献，因为那可以还原为个体或基因选择的理论来解释。当然，群体选择理论所指的群体不限于血缘群体，主要指非血缘群体，因此交锋主要在非血缘群体那里。反驳者认为，除此之外，群体选择理论中的其他一些解释也可以还原为个体选择或基因选择理论，也就是说，调节和适应的实际上是个体，群体特征不过是个体适应的副产品。第二点，流动性会破坏群体的稳定的特征，多数学者认定的指标是一代人中流动超过群体人数的5％就会对群体的稳定特征构成破坏，而他们认为特征不受流动影响的群体很少。我不知道这种判断是否建立在对哺乳动物群体的考察之上，原始人的证据早已不复存在，对后来人类群体的考察（即使是现代的原始部落）是不能算数的。第三，威廉斯认为，选择的前提是候选者达到起码数量。他说："群体适应的产生也需要许多群体的选择性替代。这是（群体作为选择对象的）一个主要的理论困难。考虑到与种群相互替代的速率相比，即使是生长最缓慢的生物体，它们的个体世代交替的速率要迅速得多。"（威廉斯，1962：91）

利他行为是群体选择理论试图解释的重要问题，自然也是群体选择理论遭遇批驳的一个焦点。本书第五章将专门评介生物学家对利他行为的几种解释。为避免重复，群体选择理论对利他行为之由来的解释及其遭到的批判将放在那一章。

五、预测与解释

达尔文认为进化是偶然的，因而是不能预测的。更全面地说，他认为生物的世界中存在着两种水平上的事物。"达尔文显然承认在生理水平存在着他称为自然法则的严格的工作原理。但是他认识到在生物水平存在着偶然性的过程。"前者指生物化学或生物物理现象，比如代谢现象，比如光和热的现象。对晚期癌症，对持续发烧40度的后果都可以预测。但是对进化，不能预测。

而达尔文的理论的招牌恰恰是以自然选择为机制的进化论，于是以物理学家为代表的科学家在很长时间里，并不认为进化论是具有现代科学特征的理论。因为在物理学中，预测不仅是可能的，而且往往要用预测来检验理论的正确。更由于物理学三百余年来在方法论中对现代科学乃至现代生活的巨大影响，人们对预测趋之若鹜：一方面在诸多事物上期待着科学的预测；另一方面将预测看做检验理论的试金石。而正是在与物理学的这一重大区别之中，达尔文对现代科学方法论作出了他的最重要的贡献。如 M.Scriven 所说："进化学说对哲学作出的最重要贡献之一是论证了解释和预测彼此独立，并没有任何必然的联系。"（转引自迈尔，1988：32）

迈尔阐述了生物学中不确定性的四类理由。其一，事态的随机性，也即变异的随机性和偶然性。其二，生物等级结构的高层次中一切实体的独特性。物理学中讲到"冰浮于水"，适用于任何的冰和水，因为冰或水永远都是一致的。而生物的世界中同一物种中的成员几乎都具有自身的独特性。独特性并不完全排除预测，但因此很多叙述将是概率的，或是只有统计学的意义。其三，生物高层次重组中新现象的突现。其四，复杂性。我觉得迈尔这一理由的陈述几乎是多余的。我们一方面可以说生物世界一定比物理的世界复杂，另一方面，当对方不同意，我们几乎又很难说明其他三个理由之外的"复杂"的根据。

当达尔文证明了生物世界与物理世界的区别性,以及生物进化的不可预测,就不仅是捍卫了生物世界的独特性,而且是宣告了物理学方法论及其预测不是放之四海而皆准的。社会与历史可否预测,无疑是与生物进化可否预测等量齐观的重大问题。而现代学者的质疑性思考早就开始了。

熊彼特在《资本主义、社会主义与民主》中说:"任何预测,如果企图超越诊断观察得到的趋势,和根据这些趋势本身的逻辑发展说明将产生什么结果,那就是超科学的预测。这些诊断和说明本身不等于预测和预知,因为在选择的观察范围以外的种种因素可能插进来阻止这些趋势逻辑发展的完成。……我并不假装有能力预言,我仅仅辨明事实并指出那些事实表明的趋势。"(熊彼特,1949)物理学家不会满足于"表明趋势"吧。所以,按照熊彼特的意思,社会生活中没有物理学那样的预测。

对历史可否预测作了最直率否定的无疑是卡尔波普。他说:"断言某时某地有一种趋势存在的陈述,将会是一个单一的历史陈述,而不是一种普遍的规律。一种持续了几百年或者甚至几千年之久的趋势,可以在十年之内改变,或者甚至比那还迅速。"(波普,1961:138)他雄辩地指出:"在极端的事例中,它(预告——笔者注)甚至可以造成它所预告的事件的发生:如果不曾被预告过,那个事件可能根本不会发生。在另一个极端,则对一个迫在眉睫的事件的预告又可以引向阻止那个事件的发生。"(波普,1961:57)我确信我读过波普的另一段更为简洁干脆的三段式论述,但是一时找不到出处了:科学极大地改变了人类历史,而科学的发现是不可预测的,所以人类的历史不能预测。

不管我们赞同不赞同熊彼特和波普的思想，对社会与历史领域中言之凿凿的预测不抱轻信的态度是明智的。

六、自然选择与市场选择

自然选择的理论对社会科学的意义和影响是无疑的，这种影响将是广泛和深远的。惟其广泛和深远，使我们很难讨论。本节所要谈论的是一个更表层的现象：社会之中居然有一个领域，其运转的机制与自然选择如此相似，简直就是天造地设的一副对子。那就是市场，就是市场选择的机制。

在大自然中，一个生命体生死攸关的事情是它能否被身处的自然环境拣选——固然，如前所述，自然选择是一种比喻，其另一种表达方式是适应，与同类竞争谁对环境更适应。在市场中，一件商品兴亡攸关的事情是能否被市场拣选。这市场就是无数顾客。在这里，二者间存在着一种类比上的相似。相似处就是"无形的手"。自然选择当然是无形了。而市场是人构成的，何来无形呢？那无形正来自市场中人的特征，其一顾客无数，其二均系匿名，合二而一，便所谓大象无形。自然选择与市场的第二点相似之处是，二者都要备出众多的候选者。自然选择靠的是基因的变异所造就的多样性。市场靠的是形形色色参与竞争的商品。源源不断的候选者是这两种选择得以进行的前提条件。第三点相似之处是，在这两种机制中，谁能中选事先都是不知道的。所以严格的预测是不成立的，解释却是可

42

以的，解释是由结果推导过程。这种性质的解释还有意义吗？有意义。如果解释（指一般意义上的解释，不是指某一具体解释）是没有意义的，那么生物学的半壁江山和社会科学的全部内容都将是无意义的。这种"马后炮"的解释为什么仍有意义？说来话长，暂且不论了吧。

第4章

性选择与炫耀

一、两位奠基人之间的争论

一个真正的思想家总是对与自己理论相悖的现象怀有超常的敏感。从达尔文所开创的自然选择与适者生存的理论似乎可以逻辑地推论，动物的器官和特征必有其功能。但是事实上因为达尔文比所有人都更敏感于反例，因而他在建立理论时显示出特别的谨慎。他认为进化不是设计，而是修补，不可能是完美的。克罗宁说："达尔文对于'无用途'现象所下的功夫几个世纪以来都无人能及。"（克罗宁，1991：36）尽管如此，当雄孔雀绚丽的尾巴进入到达尔文的思路中时，他感到的是如芒在背，他说："只要一看到雄孔雀尾巴上的羽毛，我就觉得反胃。"因为在所有的反例中，孔雀的尾巴是最极端的，它岂止无用，拥有的甚至是一种副作用：消耗巨大的能量，成为行动的累赘，这样的物种在激烈的竞争中怎么能存活下来呢？换言之，自然选择似乎应该导致物种在形态上经济有效，而不是奢侈和炫耀。那么，雄孔雀美丽的尾巴的功能是什么呢？进化论者必须面对这一难题。也正是在对这一难题的解释中，他们之间发生了深刻的分歧和旷日持久的论战。

达尔文对此发展出他的"性选择"理论。这一理论认为，动物的色彩、羽毛、唱歌、跳舞，都有吸引异性的功能。这些能力与特征越是突出，与异性交配的机会就越多，子女也就越多，而其雄性后代又必然继承到父亲的特征——于是，性选择导致了雄孔雀修长、绚丽的尾巴。其他一些雄性动物的夸张的装饰性也都可以用"性选择"理论来解释。这一理论与达尔文最初提出的自然选择的理论不尽相同。

而与此同时，进化论的另一位核心人物华莱士却仍然坚守着最初的自然选择理论。即认为颜色是自然选择的结果，它有保护自身（使自己隐藏在环境中，不被天敌发现）和相互识别（两性间保有差异，可以提高择偶和交配的效率）的功能。更为有趣的是，华莱士在解释雄鸟的绚丽色彩时将重心放在雌鸟上。他认为，华丽的羽毛是动物身体中过剩精力的副产品，是偶然的发生，不是选择的结果。两性本来都可能发展出亮丽的色彩，但因为雌性受到更大的自然选择的压力，即如果它们有更好的保护色将有利于物种繁衍，雄性受到的此种压力要小得多，因而自然选择使雌性披上了暗淡、朴素的色彩。而雌性对雄性特征的选择是健康和活力，这是符合自然选择的。漂亮充其量是这一选择对象的附着物，即漂亮是附着在健康之上的，健康导致了羽毛的美丽。

不能说华莱士自然选择导致了雌性的保护色的说法在解释"二态性"（即某些物种两性体态的差异）上没有贡献和推动。但是，达尔文不可能认识不到这一点，自然选择的首创者极可能认为那是不待言的前提。另一方面，达尔文对华莱士的反驳是极其犀利的。达尔文认为,如果没有性选择,自然选择也会使雄性的色彩趋向暗淡一句话，仅仅自然选择造就不出二态性。因为即使雌性受到的自然选择的压力更大，毕竟压力也作用于雄性，时间将脱去其色彩的华丽。达尔文反驳色彩是精力过剩的产物，认为那样的话，鸟类羽毛的色彩将是任意的、混合的、脏乱的，甚至一团漆黑的，不可能有华丽的几何图案。是雌性的选择塑造了雄性，决定了其色彩演化的方向。而雌性选择的根据是什么呢？达尔文坚定地认为是审美。他说："许多雄性动物……都是为了美丽的缘故，而发展出美貌。……最精纯的美可以用来吸引雌性，而且不具有其他目的。"

其实，达尔文提出的"审美"也正是华莱士和当时的很多进化论者不能同意性选择理论的原因。他们认为那实在是将动物过分拟人化了，审美只属于人类。华莱士对雌性的审美选择提出三项反驳。第一，绝大多数动物，更不要说鱼类、昆虫这样的低等动物，是不懂审美的。第二，即使雌性真的喜爱某些雄性的身上的装饰，这种喜好也不会成为它们选择配偶的根据。第三，即使雌性真的根据审美来选择配偶，因为口味影响的微弱，也无法影响雄性身上复杂的装饰。然而被达尔文忽略的一个重要问题，即他只注意了雄性装饰的进化（即被雌性审美选择所决定），却没有探讨雌性选择本身是如何进化出来的。这一问题却同样没有被华莱士发现和抓住。

由于所持理论的不同，在看待雄性装饰的代价（或曰成本）上，达尔文和华莱士认识不同。达尔文看到了这项代价。他承认，性选择的特征，即雄性动物的绚丽的装饰，将使它们暴露在危险中。他认为这是以个体生存利益换取交配利益。他并不认为雄性装饰会真正威胁到物种的生存，因为他认为"性选择会受到自然选择的控制"。而华莱士由于将雄性装饰看做偶然而非进化的产物，代价的问题根本没有进入他的视野。事实上，这一代价要远比达尔文估计的更为巨大。雄性吸引雌性的装饰物同样吸引了天敌和寄生虫；装饰物加重了雄性的负担，影响到它行动的速度和效率；性选择使雄性动物的体积增加，这将增加它的食量，扩大觅食地区，乃至放弃安全觅食法。更严重的是雄孔雀的尾巴演化的趋势。达尔文并没有充分地阐述自然选择对性选择的控制机制，而按照性选择自身的逻辑，雄孔雀的尾巴应该越来越长，乃至超过其自身的承受。性选择导致的炫耀是否会驱策物种走上覆灭的道路？正是这一严峻性，使得该问题走出了专业生物学家的圈子，引起我们这些生物学业余爱好者的注意。

自然，该问题的讨论仍在继续。不幸的是性选择理论的提出者达尔文先于他的论敌华莱士 31 年离世。进化论第二号人物（华莱士）的才华，加上达尔文动物审美观点与当时人类中心时尚的背离，使得性选择理论自达尔文离世后几乎沉默了一百年。

二、理性的理论

华莱士的继承者们是比华莱士更彻底的自然选择主义者。华莱士认为雄性装饰物是精力过剩的偶然产物，没有功能；其继承者们则认为雄性装饰物是自然选择的产物，具有积极的功能。其中的一种解释认为雄性装饰物有恫吓同类成员和异类动物的功能。另一种解释认为，越亮丽的物种越不好吃，此种张扬恰恰可以保护自己。但是这似乎解释不了雄雌差异问题。还有一种解释认为，雄性过多对物种繁衍是多余的；惹眼的外形能帮助猎食者捉到它们以减少多余者。

另一些生物学家则开始探究达尔文未能深究、华莱士几乎不承认的雌性选择的进化。他们中的绝大多数同华莱士一样，不赞同达尔文的雌性以审美选择雄性的理论。他们认为雌性的选择标准不是审美和喜好，而是自身遗传上的利益。今天的生物学家们在总结那场争论时，将这种根据利益选择雄性的方式和达尔文的根据审美的方式，分别称为"好理性"和"好口味"。而"好理性"的解释一时间占了上风，它主要包括以下理论。

标记说。亮丽的羽毛与身体健康密切相关。因此雌性把亮丽的羽毛视为健康的标记，在择偶时不是寻找身体健康而是羽毛亮丽，因为便利。这理论与华莱士并不相同，华莱士认为雌性选择的是身体好，身体好羽毛可能也好，他并没有说选择的重点是标记。标记说则认为直接选择的是羽毛，亮丽的羽毛因此得以进化。

军备竞赛说。雄性间为争夺雌性的青睐，而发展出进化上的装饰物的竞争。选择的压力和结局互为因果，造就了军备升级的机制。这同华莱士的理论也是不同的。华莱士很难赞同军备竞赛导致的脱缰野马般的势头。

累赘说（扎哈维最早提出）。过长的尾巴无疑成为雄性的累赘。而雄孔雀就是要背负着累赘照样生存来向雌性证明自己的能力。以后累赘理论的修订本越来越多，在数学和生物学上都显示出其解释力。

军备竞赛说可以推论出，累赘说的名称本身就显示出，雄性装饰物不断升级的巨大代价。这显然是华莱士所忽略的。而这种代价似乎有吞噬整个物种的可能，则是有悖于达尔文的认识的。多年来，适应、生存及其策略上的和谐，一直支配着近代生物学界。孔雀尾巴的讨论似乎要冲破这一传统认识。看来生存策略上的冲突也贯穿在动物进化的历程中。不然的话，在人类崛起并大肆破坏生态圈之前，为什么就不断有物种灭绝？那统统是环境突变的后果吗？

对这一可能性的乐观解释是"寄生虫的理论"，它是由汉米尔顿和朱克一同发展起来的。该理论认为，生物终其一生都要同寄生虫对抗。这是一场没有止息的战斗。每当宿主找到了一种对付寄生虫的好策略后，处于下风的寄生虫就会寻找新的把戏，以求继续寄生于宿主。因此某一时期的有抵抗力的基因，在另一个时期可能就不是有抵抗力的好基因。雌性企图寻找能抵抗寄生虫的雄性，而那基因不是固定不变的。这一因素有可能消弱一成不变的选择标准，从而也削弱这一标准导致的"军备"和"累赘"的线性增长。

三、费希尔与审美理论的复活

直到达尔文去世 33 年后，才出现一位为"好口味"的理论承前启后的生物学家费希尔。费希尔简洁而雄辩地证明了达尔文的理论。费希尔认为，某个族群中只要存有一个主要的偏好，不论是什么样的偏好，无论它是多么不合理、多么荒谬，都会持续下去，因为下一代的女儿们将会继承母亲的偏好，其儿子们将继承父亲的迷人特征。喜欢短尾巴雄孔雀的少数派雌孔雀，因为它们选择的雄孔雀是短尾巴的，其儿子最大可能的命运是短尾巴，不受多数雌孔雀的青睐，择偶困难，后代少；其雌性后代的数量，同样也会因为背离时尚，择偶困难（因为短尾巴的雄孔雀越来越少），而越来越少。只需初始时在族群中有微弱的优势，这种风尚便会迅速发展。费希尔认为，最初这种风尚可能起源于"理性的选择"，比如雄性的长尾巴利于飞行，以后雌性的偏好就能使之与实用分手，进入奢华的领域，使之演变成不折不扣的累赘。这样，雌性口味和雄性装饰手牵手，一道进化，彼此强化，相互敦促对方升级。如是，费希尔论证了一种口味和偏好的基因，自身就可以在族群中传递、持续，乃至扩大，不必借助能够为自身赢得利益的理性。在看待雄性装饰和雌性性选择偏好的代价上，费希尔持审慎的态度，他说："雄性竞相争夺雌性，雌性竞相争夺雄性，究竟可能为物种带来什么样的利益？自然选择顶多只能把这些本能解释成，它们对生物个体有利，至于总计起来，它们究竟对物种有利或有弊，则只能留下一个完全开放无解的问题。"

　　这一完成于 19 世纪末叶的思想是异常深刻的，它必将在 21 世纪赢得雷鸣般的回声。我们通常对进化论中的"适应"（即适者生存）作出这样的理解，即某种特征如果是"适应"的，便一定是符合该物种从生存到繁衍的全部利益。而费希尔的理论暗含着这样的思想：进化的过程远非那么实用，在生殖和繁衍中成功的口味和装饰，是可以自我催生的；同时，也可能发展为生存上的累赘，进化未必淘汰掉自身中的一切妨碍生存的因子。换言之，"适应"的根本含义其实是繁衍，个体的生存也还是服务于繁衍。既然自然选择通常筛选出的"适应者"是凭借"综合能力"而成功地完成了繁衍的个体，那么凭"单一"或曰"投机取巧"的策略——性吸引力，就同样可以成功地繁衍，成功地穿越自然选择的剪刀，被拣选。淘汰是通过没有或较少拥有后代来完成的，所以，从表层看，性选择不会被自然选择淘汰；从深层看，性选择就是自然选择的一部分。

四、现代实验方法的进入

费希尔雄辩地说明了逻辑上"好口味"的传递是畅通的，但现实中动物的性选择是遵循口味还是理性，仍然保留着巨大的争论空间。现代生物学的一大进步是从古典生物学偏重动物结构的研究迈进到重视动物行为的研究。于是现代生物学家试图通过对动物行为的实验观察，来解答这一问题。

安德森做了一项剪贴雄鸟尾巴的实验。他把一些鸟的尾巴剪掉四分之三，从 50 厘米变成 14 厘米，把剪掉的部分粘到另一些雄鸟的尾巴上，为了检验雌鸟是否发现了剪贴，参加实验的还有另外两组雄鸟，一组保持原状，另一组剪掉后再粘上而长度不改变。然后以雄鸟领地中新巢中的鸟蛋和幼雏数量来评估交配成功率。实验结果，"超长尾巴"的是明显的赢家。"短尾巴"和"正常未剪尾巴"的不相上下，"剪尾巴但保持原长度"的差异过小，不具备统计学意义。

另一项实验是在实现当年达尔文"为鸽子涂上紫红色"的

念头。实验者在斑马雀交配期以随机方式在它的脚部系上各色的塑胶环。实验结果，雌鸟偏好系红环的雄鸟，胜过橙环绿环；雄鸟偏好黑环雌鸟，胜过橙环蓝环。且黑环雌鸟的生殖成功率最高。

这些实验似乎证明了审美偏好在性选择中的决定作用。但是仍不够充分，以"好理性"说明性选择的生物学家仍保有他们的解释空间：很可能尾巴的长度和羽毛的色彩是某种体能的标记。

要彻底澄清达尔文和华莱士开启的这场争论，可能还有漫长的道路要走，也可能永远不会终结。但是这场争论毕竟已经获得了重大的成果。性选择已经被当代生物学家普遍接受。性选择与自然选择不仅不再呈对立之势，而且性选择已经成为"自然选择"这一大概念的组成部分。动物的审美和偏好也不再被简单地拒斥。这一争论为我们留下了丰饶的思想遗产。

五、一个社会学家受到的震撼

笔者本人是在卡尔·西格蒙德所著 *Games of Life*（《生命的博弈》）中第一次了解关于孔雀尾巴的争论，那一次阅读决定了我与孔雀尾巴的不解之缘。以后又读到了克罗宁所著《蚂蚁与孔雀》，以上叙述基本来自这部书前半部分。我觉得，有必要向读者交代一下：我为什么关注这样一段关于动物的争论？这一争论对我们大家的启示是什么？

其一，我每每震惊于当代人类社会中荒诞却甚嚣尘上的炫耀和铺张。孔雀的尾巴使我惊叹无独有偶，并意识到根植于生物世界中的这一奥秘的广度与深度。

其二，当今经济学中最流行的语汇之一便是"理性选择"。自然界中人类之外的物种虽没有意识，但是经历了严酷的自然选择后存活下来的物种的主要行为，通常被认为极其接近经济学家所说的"理性"，因为它们被认为是符合物种利益的、经济有效的。然而达尔文和费希尔论证了，"非理性"的审美和偏好可以作为一种生存策略存活、传递，乃至扩张。这意味着，传统的学术观念小看了非理性在生物乃至人类社会中的位置，非理性的研究可以进入行为学的殿堂了。

其三，我们惊叹于生物学家对动物"炫耀"研究之深入、精致、争奇斗艳，他们在这一有限的领地内，几乎动用了一切科学的理论和手段，几乎穷尽了人类迄今所能想到的每一种可能性。这一研究席卷了众多的生物学家，持续了足足130余年（达尔文在1871出版的《人类的由来》中首次详细阐述他的性选择理论）。与之对比，社会科学家对人类社会中的"炫耀"的研究，几乎还处在幼稚的初级阶段，远没有那样精致的成果。动物行为学的研究之所以对人类行为科学至关重要，既在于人类不可能完全摆脱其动物性，又在于与近邻的对比永远是最富启发性的。《物种起源》是以"人工选择"为引子说到其主题"自然选择"的。而达尔文所开启的人工选择和自然选择的比较，是一切形形色色的比较研究中最基础的、最根本的、最富启发性的。150年前是马尔萨斯关于人口的思想启发了达尔文的物种起源的思想。150年后的今天，达尔文关于孔雀尾巴的思考应该诱发社会学家们思考人类所面临的巨大危机了。

第5章

利己与利他

　　人性内涵宽广，这里讨论的是，人在本性上是利己还是利他。这是一个古老的争论。先哲的回答覆盖了三种，即问题的全部可能性：利己、利他、任凭后天涂抹的一张白纸。先人穷尽了他们的智慧。依据传统的方法，我们只能重复他们的论述，甚至是低水平的重复，达不到他们论述时对微妙分寸的拿捏。换言之，依据传统方法解答这一问题，不是撑船，而是拉磨，无法前行一寸，只是一圈圈转磨。转磨转得经年累月，突围几无希望时，生物学家出场了。人类在现实中的行为更为多样，但现实与本性显然是两回事。绝大多数人都会同意，后天的影响在某种程度上造成了人类行为的变化。我们首先要讨论的是人类与生俱来的倾向是利己还是利他，而后讨论，假如本性利己，为什么在现实中其行为呈现出几种利他的特征。

　　我在第一章中讲到，有个笃信人性本善的青年，决心驳倒汉米尔顿的理论，但不幸无力驳倒对方却被对方驳倒，最后皈依汉米尔顿，开始了与他的合作，后来因内心冲突自杀身死。吾日三省吾身，好像自己不至于此；但是几十年形成的认识——认为人天生是一张白纸，利己还是利他都是后天形成的——竟然在阅读生物学的著作中轻易地就转变了。它的逻辑是如此简

54

洁，但是雄辩得令人无言反驳。说皈依似乎脱离了理性和科学，而我是因为生物学的理性力量而接受了其关于利己利他的思想，但就全面折服而论确有皈依的味道。差不多在我接受这些思想沉淀了五年后，才开始发现它的一些问题。我仍然认为在探讨利己利他问题上生物学遥遥领先，但其解答也未臻完美。

一、亲选择

清代小说《镜花缘》勾画了一个君子国，其中的人们不关心自己，只关心他人。以今天常人的眼光审视，该国诸君的生存策略是难以恭维的。我鞋带开了，劳你发现并代为系结；你换季更衣，要我操心预备。如此社会焉能不乱套。它是不经济的。你的不适你感觉最切肤、直接，靠自己来调试最方便和迅捷，相互代理，是隔靴搔痒，即便成功了也多是亡羊补牢。这种生存策略不稳定，就是说，更有效率的自助策略会打入，并最终颠覆和取代它。乱套可能是一时的，习惯后也会形成其一套秩序。说它是不经济和不稳定的生存策略，则击中了要害。这正是生物学的自然选择思想。俗话说：天助自助者，翻译成生物学的语言就是：天选自助者。无条件利他的天性 —— 即帮助无血缘无地缘关系的陌生人 —— 没有存活的可能。如果曾经有过这种品性，有过传递此种品性的基因，它们因缺乏生存优势，在漫长的进化过程中，一定被淘汰出局。我们愿意再次引用经济学家西蒙的计算："在四百多代的时期里，1.05：1.00 的适应优势，就可以造成子孙数量上 250000：1 的优势。即使是 1.01：1.00

的优势，也可造成 13：1 的子孙数量优势。而人类在几百万年前就开始进化了。"（西蒙，1989：136）生物学家关于无条件利他的基因难以生存的论断简洁，冷酷。反驳它并不容易。不然何以演出上述真诚青年的凄美一幕。

但是现实的世界是一个彻头彻尾的利己世界吗？我们分明看到了母爱、亲情、同乡互助、帮助陌生人。生物学家从来不认为本能是可以被文化随意改造的面团。因此他们努力提出与自然选择的铁律不相矛盾的理论，去解释社会生活中的利他。

第一种解释是汉米尔顿（W.D.Hamilton）1964 年提出的"亲选择"（kinselection）。

母爱是亲选择理论的基础与核心，亲缘利他由此展开。母爱是利他吗？为什么不是一种利己呢？这要看定义怎么下。如果取最广义的利己，帮助一个陌生人是出于这么做自己才高兴，就同样是利己——为了自己高兴。如果取最狭义的利己，"己"系自身一人，帮助自身之外的任何人都不是利己，而是利他。我们愿取狭义的定义，它利于我们分析利他行为的发轫。母爱是自然选择的结果。被母亲投入巨大关爱的孩子的成活率高，反之成活率低。孩子继承母亲的品性。某个母亲怀有母爱的天性，其子女便继承到母爱的天性；另一位母亲身上没有母爱的天性，其子女便继承到不爱子女的天性。因为不享有母爱的孩子存活率低，遂使这种品性或传递它的基因被淘汰出局。母爱放之四海而皆准，无人异议，几乎到了不必讨论的地步。要讨论的是母爱之外的血缘关系中的利他。但我们以为，母爱也在亲选择之中，也在血缘利他之中。而母爱是一个关键，一个发轫点，一条分界线。

像父母同儿女一样，同胞兄弟姊妹之间，享有50%的共同的基因。虽然前者是确定的，多一个百分点少一个百分点都不可能；后者是平均数，是概率。也就是从概率上说，兄弟间的相同的基因是50%，而叔侄间是25%。换句话说，一个人的两个侄子加在一起，等同于他的一个儿子，带有这个人身上的一半基因。如果他的利他行为减少了自己生存和繁衍的机会，却大大增加了其兄弟姊妹的生育繁衍，那么这种利他行为仍然可以导致其基因的传递乃至增添，并因为其中可能包含的利他基因的传递而使得亲族内的利他行为得以持续。换句话说，一般的利他行为降低了个体的适应度，增加了他人的适应度；而血缘群体中的利他行为降低了个体生命的适应度，增加了亲属的适应度，因而也增加了个体基因的适应度，提高了自己基因的总体适应度（inclusive fitness）。

能够穿越自然选择剪刀的"亲缘利他"要以一种能力为前提，那就是识别亲子或亲属的能力。达尔文曾强调过动物的这种识别能力，他说："这种社群天性从来不扩展到同一物种的全部个体。"当代生物学家的实验证明"某些动物中这种判断亲缘关系的亲缘意识已发展到令人惊叹的程度"（迈尔语）。威廉斯为我们生动地描述了这种特征。一只孤零零的幼海豹，它的母亲死掉或失踪了，它饥饿而无助，周围数百个有哺育能力的海豹母亲，却没有一只答理它。人们通常认为企鹅中实行着"公共育婴系统"。成群的成年企鹅满载着食物从海上归来时，成群的幼年企鹅在海岸边等待，成年企鹅似乎是任意走向一只小企鹅。但是后来的"标示实验已经显示，当成年企鹅从海边回来时，它们通过声音特征来识别自己的幼子，避免喂食其他的幼子"（威廉斯，1962：151）。"总是有一种识别机制，它使得每一个母亲把其关怀局限于它自己的后代"（威廉斯，1962：149）。唯一的例外是在峭崖边缘上的孤立地点上建巢的鸟类，因为没有识别的必要，它们渐渐丧失了识别的能力。

　　动物世界中亲缘群体中的利他程度是不等的。蜜蜂和蚂蚁的群体表现出超过其他物种的利他行为。何以如此？雌性蚂蚁是由受精卵孵化而成，为两倍体（拥有来自父母的两套染色体），雄性蚂蚁是由未受精卵孵化而成，为单倍体。兄弟间共享50%的基因。雌雄间也共享50%的基因。而姐妹间共享75%的基因，因为父亲是单倍体，她们身体中一半来自父亲的基因完全相同，她们分享来自母亲的基因的半数。蚂蚁群体中的雌雄比例是3∶1。人类与蚂蚁血缘群体中共享基因的差额对应于人蚁社会中利他行为的差距，这一事实旁证着亲缘利他。当然，它无法说明人类血缘群体中的"利他差序"——共享基因越多（比如父母与亲子）利他性越强，共享基因较少（比如叔侄）利他性稍弱——的机制。也只有说明了这一机制，才能彻底说明亲选择对人类利他倾向的作用。

　　父母行为的差别，显然与上述共享基因多寡决定利他强度的人蚁差别不符。父母与亲子的共享基因都是50%，但是不容置疑的是母爱远远超过父爱。这就涉及亲选择中的另一个关键：确定性问题。只有抚养的确定无疑是自己的子嗣时，亲缘利他的基因才能穿越选择的剪刀。如果一只动物喂养的是与它无血缘关系者的后代，它身上的全部基因——包括利他的基因，是无法传递的。这与本章一开始所说，无条件利他的基因将被淘汰，如出一辙，差别只是当事者以为这是它的后代。所以，确定性至关重要。动

58

物的世界，包括人类的世界中，母子关系有很好的确定性。人类的社会中，父子的确定性也不小，但与母子相比则相距甚远，特别是如果考虑到祖先的情形，而我们的基因是在祖先的历程中筛选出来的。亲选择理论在此没有遇到问题，它解释了父母对子女的利他行为，还解释了父母对子女投入上的差异。

但亲选择理论的抱负，不是解释母爱，也不是父爱，是解释亲子之外的血缘关系中的利他行为。它在那个范围中的解释，似乎也已经被广泛接受。但笔者却以为尚存疑问。

假如自然选择面对着两种品性：无条件利他（即帮助所有人）和血缘利他（帮助亲子及旁系亲属），后者一定可以胜出，成为适者。但是如果存在的是另一个对手："亲子利他"，即只帮助亲子不帮助其他亲属的品性，大概出局的将是血缘利他，胜出的将是"亲子利他"。因为甲帮助了乙及其子女，而乙只关注自己的子女，乙的子女的生存优势将大过甲的子女。

以《自私的基因》一书闻名的道金斯，是亲选择理论的有力辩护者。但笔者以为他的辩护中有严重漏洞。从逻辑上看，《自私的基因》之书名可以从两方面来理解：其一，人的自私是基因决定的；其二，每个基因都是自私的。从书中内容看，他似乎兼收二者。笔者赞同其一，反对其二。道金斯假设了每种基因都是自私的，要依靠一切办法繁衍自己，或通过基因的主人生养亲子，还帮助有共同基因的亲属。亲族内的每个成员都共享这种基因，因此证明亲缘利他易如反掌。但认定所有基因都"利己"，超过了我们的想象力。多数基因需要这个功能吗？它们只管某种品性，比如毛色、高矮，被动地接受自然选择，甚至竞争的动力都不是每个基因必备的特征。某个基因与其他无数基因同在一条船上，它专司一职，比如决定该船（即个体）的颜色和长短。该船是利己还是利他，可以由其他一个或几个基因决定。但道金斯的逻辑缺乏一致。一方面他说：基因都是自私的；另一方面他又说："它们（基因）以错综复杂的方式相互配合和相互作用，同时又和外部环境相互配合和相互作用。诸如'长腿基因'和'利他行为基因'这种表达方式只是一种简便的形象化说法，理解它们的含义才是重要的。一个基因不能单枪匹马地建造一条腿，不论是长腿还是短腿。"（道金斯，44）由此推断，似乎一个人的自私不是因为他身上的每个基因都是自私的，而是由几个"利他行为"基因造成的。如果说所有基因都是自私的，人们便很难想到其自私性质上仍有差别。如果说自私是由几个基因决定的，便很容易想到这几个基因特征上的微妙差别及其竞争，比如我们上面说到的"亲缘利他"和"亲子利他"。道金斯虽然说到了"利他行为基因"，但其书名和其所言"所有基因都是自私的"造成了一种导向，这种导向掩盖了司职"利己与利他"的基因性质上的差别，堵塞了对亲子利他向亲缘利他扩展之机制的探讨。当然亲选择理论是先于道金斯问世的，其疏漏非道金斯一人之责。只不过道金斯的书给我们批判这一逻辑中的缺失提供了便利的文本。

从直观的经验上看，亲属间存在着超过非亲属间的利他，但是亲选择理论还没有完成从亲子利他向亲缘利他扩展的坚实论证。笔者以为，发展这一理论的空间是存在的。下面是笔者旨在填补这一空缺的思索。

无论从祖先的情况看，还是从其他灵长目动物的情况看，亲子对父亲来说都不够确定。你的儿子可能是别人的儿子，与此对应，别人的儿子不排除是你的儿子。确定的是大家处在一个血缘群体中，彼此都是亲属，共享比率不等的基因。亲缘利他没有被亲子利他淘汰出局，利他的范围由小到大，力度由强到弱，父子确定性上的模糊状态很可能是其成因之一。

二、互惠利他

生物学家对另一种利他行为做出了解释，冠名曰"互惠的利他行为"。其逻辑与亲选择的近似之处是，努力论证在自然选择导致的自私为基调的世界上，此种利他行为何以能够存在。这一理论由特里弗斯（R.Trivers）于 1971 年提出。

这一理论认为，互惠性利他可能在一群动物中或两种动物的长期交往过程中建立。生物的世界中，一方面充斥着残酷的竞争，另一方面互惠的现象也比比皆是。胶树为蚂蚁提供了食宿，蚂蚁保护着胶树。马蜂住在无花果花内，又成为无花果唯一的花粉传播者。很多灵长目动物间互相梳毛舔毛，以清洁皮肤，避免疾病。当同一洞穴中的某只吸血蝙蝠没有吸到血又非常饥饿时，吸到血的蝙蝠会吐给它一点血，靠着互助蝙蝠们克服了个体不时遇到的捕食失败。已知有五十种"清扫鱼"，多是小鱼，依靠为其他种类的大鱼清除身上的寄生虫维生。它们常在珊瑚礁旁会面，大鱼张开嘴巴，让清扫鱼游入嘴中，为它们剔牙和清扫鱼鳃，然后从鱼鳃游出。大鱼从不借机吃掉清扫鱼，虽有个别骗子假装清扫，咬掉大鱼的鱼鳍，大鱼与清扫鱼的关系大致是融洽和稳定的。

互惠利他行为必须解决一个难题：防范欺骗。不然互惠利他就无法持续。博弈的结果是互惠利他被限定在特定的条件中：小且稳定的团体或环境中（清扫鱼和被清扫鱼拥有共享的固定领地，赖此结成固定的关系），没有等级制度，有过并会持续一段时期的交往（吸血蝙蝠的寿命是十八年，这保证了彼此间的互惠将历时长久）。除了对上述条件的依赖，还要以自身具备的识别对方的能力为基础，因为彼此没有血缘关系，不分享共同的气味，因而这种识别能力的要求比血亲关系中的识别能力更苛刻。威尔金森观察到十三例吸血蝙蝠的献血行为，其中十二次是在同巢的"老朋友"间进行的。"老朋友"，是免于一次性或单向性利他，维持互惠性利他的保障。

如同古典时代生物学家和社会学家留下了思想上相互汲取的美谈，在互惠利他的理论建立上，生物学家和社会学家相互促进，乃至精诚合作。政治学家艾克斯罗德是社会学家中互惠理论的较早和最有力的阐述者。他特邀生物学家汉米尔顿为其代表作 *The Evolution of Cooperation*（中译本《对策中的制胜之道》）撰写一章"生物系统中的合作进化"。艾克斯罗德认为，互惠的基础是"关系的持续"，即重复性博弈；相反，权威、道德、理性、信任（对信任可以缺席我持异议，且在拙作《信任论》中做出批判）、预见性，都不是必需的。他举第一次世界大战西线堑壕战中交战双方士兵的默契行为为例，说明甚至敌对双方也可以建立互惠关系。

三、两种利他的关系

在多样的生物世界上，亲缘利他和互惠利他平行地存在着，都是追踪不到尽头的生存策略。但是在同一个动物物种以及人类社会中，亲缘利他极可能是率先产生的，并向全体成员启示着合作的红利。互惠行为的出现，不排除亲缘利他启示的效用。

亲缘利他和互惠利他在性质上泾渭分明。亲缘利他是不要回报的，用爱德华·威尔逊（E.Wilson）的话说，这种行为具有利他的"硬核"（hard-core）；而互惠利他是要回报的，属于"软核"（soft-core）型利他。亲缘利他更真诚本色，而互惠利他更机会和算计。（威尔逊，1978：148—150）那么是否在进化的过程中一个物种的亲缘利他越坚实牢固越好呢？绝非如此。在蜜蜂和蚂蚁的社会中，共享的高比例基因决定了在那里亲缘选择的力量是至高无上的，其利他行为全部是"硬核"的。正因为如此，同物种中的不同亲族不相通融，且彼此敌对。对动物的攻击性做出专门研究的洛伦兹（K.Lorenz）指出："这些动物对待自己团体里分子的行为就像是社会规范下的标准道士，但是当它们遇到另一个社会的同类分子时，马上转变成可怕的野兽。人们素来知道社会化昆虫的庞大团体，是以家庭为基本组织的，每一家庭由一只雌性或一对配偶率领，此种团体常拥有数以百万计的个体。我们也早已听说蜜蜂、白蚁、蚂蚁等这些大部族都借着特定的蜂窝、穴巢及气味，彼此辨别。陌生者一旦不小心窜进这个穴巢，就会被谋杀。假若实验者企图把两个集团混合，屠杀随即发生。"（洛伦兹，1966：163—164）他认为老鼠的社会也是如此。

威尔逊则分析了极端亲族利他与人类社会的关系："这两者（即硬核利他与软核利他——笔者注）的区别是相当重要的，因为奠基于亲缘选择的纯粹的硬核利他性是与文明为敌的。如果人类有很大的成分是受先天制定的学习规则以及预先导向的情绪发展所引导的，而这些学习规则与情绪发展的宗旨又在于为亲属及部落谋福祉，那么最后，世界性的和平便只能完成极有限的部分。国际性的合作很容易碰到这个限制的上限而被战争或经济纠纷之类的纷乱所破坏，使得依据纯粹理性而做的向上冲涌的努力全被抵消。"（威尔逊，1978：149—150）

威尔逊将生物界的自利与利他的行为排成了一个系列谱。位于其一端是个人，依次是核心家庭、大家庭、社群、部落，直到另一端——最高政治社会单位。他认为，鲨鱼处在极端利己的一端，水母、蜜蜂和蚂蚁处在利他——即完全效力于群体——的一端。人类处在两极间靠近个体的一端。由这一认识推论，一方面，人类不会被基因牢固地系结在血缘上，展开亲族间不可调和的血战，不会永远地囿于狭小的亲族关系之中。但是另一方面，作为合作性动物，因人类不具备蜜蜂和蚂蚁那样顽固不化的合作基础，他就必须在更大程度上依赖其他类型的利他做其合作的基础。互惠利他正是这样的东西。（威尔逊，1978：第七章）

四、群体选择

笔者在第三章"自然选择"第四节"选择的单位"中评介

过群体选择理论。这派理论家之一安德瑞认为，瞪羚的跺脚行为就是群体选择的产物。在猛兽临近的时候，瞪羚会夸张地跺脚。与此相似的是鸟类的警告性鸣叫。跺脚和鸣叫都是警告同伴威胁将至、迅速离开，而当它们如此举动时会吸引猛兽或猛禽对它们的格外注意，增加了自身的危险。这显然是一种利他行为。群体选择理论认为，解释此种行为个体选择理论无能为力，非群体选择理论莫属。他们认为，跺脚的瞪羚降低了自身的适应度，却增加了其群体的适应度；假设有两个瞪羚群体，一个群体中的瞪羚身上有此种利他基因，另一个没有，那么显然是前者更有机会繁衍和壮大。其他类型的利他行为，大多都可以放进这一解释框架中，即提高群体的适应度。

群体选择理论的批判者认为，即使存在着这样的群体，它也无法抵挡一种利己主义行为策略的打入、繁衍，乃至最终取代利他行为。这道理很简单，利他者将自己生存和繁衍的机会让给他人，而利己者将这种机会抢过来，几十代过去，群体的成员就都是利己者的后代了，后代们当然地继承了其父辈利己的基因。达尔文说："我们已知的所有事实……（表明）从远古时代开始兴旺的部落取代了其他的部落。"迈尔对此做出这样的解释，人类的文化群体是生物的世界中唯一的成为选择对象的群体，原因是它通过文化手段对群体内的行为实行了奖惩，抑制了极端自私的行为。生物世界中人类这一特例，无助于群体选择理论解释利他行为是本能。

群体选择的理论是诱人的。但是对它的批判恰如奥卡姆剃刀一般。就我所见，群体选择论者还没有对此种反驳做出成功的辩护。但最近似乎有了一丝转机。

我出于对生物与文化两种进化对比的兴趣，读过 Robert Boyd & Peter Richerson 的一本书：*Culture and the Evolutionary Process*（1991）。那本书完全是未果的探索。但是执著的 Robert Boyd 近来似乎有了重大的突破。我刚刚读到关于他的最新研究的一点简介。他做了一个电脑模拟实验。应该是比艾克斯罗德的电脑模拟更进了一步。他的实验中同时存在着两种竞争，个人与个人的竞争，群体与群体的竞争，二者似乎走向两个不同方向。他假设了三种角色：合作者，背叛者，惩罚者（他们也合作，但是对背叛者施加惩罚）。实验显示，在群体极小（4个人）的时候，合作者占据上风。群体规模变大，背叛者占了上风。这时，惩罚的角色进入实验，以造成背叛者的付出不小于惩罚者，马上惩罚者的策略迅速在群体内扩大。当背叛者较少时，惩罚者的成本降低；当惩罚流行时，背叛就不合适了——于是良性循环开始了。

　　如果惩罚背叛也是一种基因，那么群体选择的理论似乎还有解释的空间。与理性思考和模拟实验同步进展的是对灵长目的动物的经验性观察。灵长目动物学专家瓦尔在其 2005 年问世的《人类的猿性》中描写了猩猩间的一幕："雌猩猩普斯特有一次也陷入了麻烦。因为它帮助它的男友鲁特追击尼斯。后来尼斯报复它。普斯特很自然地向旁边的鲁特寻求帮助，可是鲁特却视若无睹。尼斯走了以后，普斯特马上朝着鲁特狂怒地咆哮起来，追着鲁特满小岛跑。"（瓦尔，2005：130）作者这样分析：如同猩猩知道互惠一样，它们也知道报复，报复是互惠的另一面。瓦尔还有这样一段描写："吉莫（开始攻击一只年轻的猩猩时），附近的雌猩猩开始哇哇大叫，抗议侵犯者。

最初，大叫的雌猩猩四下观察其余猩猩的反应，但是当其他猩猩加入之后，特别是如果雌猩猩首领加入后，它们的强度就会增强直到形成一个抗议'大合唱'。……（导致）吉莫停止了攻击。"（瓦尔，2005：48）

如果这些"报复"和"抗议的舆论"带有本能的成分（笔者这样认为），Boyd 的纯理论推演将因为经验事实作证，而具有难以预料的生命力。

五、亲选择与群体选择：从对峙走向互补的可能性

基因选择和个体选择的辩护者曾经给了群体选择论致命的一击：利己者的打入，将颠覆假设存在的一个利他的群体。这是群体选择理论必须应对的。但这是一把双刃剑，它其实也威胁到亲选择理论自身。就是我们前面所说的，自然选择中，只关爱自己亲子的品性，为什么不会颠覆兼爱亲子和其他亲属的品性？亲选择的辩护者会说，非亲子的血缘关系享有一定比例的共同基因，这之中可能就包括帮助自己的亲属的基因。这辩词中包含两个问题。其一，不可以用一个"亲缘利他"的大概念，将"亲子利他"和"非亲子的亲缘利他"混淆，在混淆中将亲子利他推论到亲缘利他。其二，需要论证的是在自然选择中，哪种基因——亲子利他和非亲子的亲缘利他——将被拣选；如果先就认定了甲是"亲缘利他"的人，乙是甲的亲属，很大程度上共享"亲缘利他"（兼括亲子与非亲子）的基因，犯下

的是循环论证的错误。

如前所述，笔者认为，这两种解释虽都存在着各自有待解决的问题，但也都没有走入死巷。更为有趣，甚至诡异的是，作为论敌的双方，颇有可能无意中在相互帮助。一方面，惩罚的基因，是在思考非血缘的群体博弈中产生的，这因素有助于亲子利他向非亲子血缘利他扩大；另一方面，非血缘群体并不是不包含有血缘关系的成员，在一个非血缘群体中，一只瞪羚的跺脚，很可能是血缘利他在非血缘环境（在生物的世界和早期的人类社会中，那其实是非血缘与血缘关系的混合）中的持续与扩大。

笔者为生物学理论打补丁，似乎是以丧失一些简约之美为代价的。这一特征在下一章的讨论中更加显著。

第6章

狭义利他的生物学基础

一、孟子与达尔文

孟子说："人皆有不忍人之心。……先王有不忍人之心，斯有不忍之政矣。以不忍人之心，行不忍人之政，治天下可运之掌上。……所以谓人皆有不忍人之心者，今人乍见孺子将入于井，皆有怵惕恻隐之心——非所以内交于孺子之父母也，非所以要誉于乡党朋友也，非恶其声而然也。由是观之……恻隐之心，仁之端也；羞恶之心，义之端也；辞让之心，礼之端也；是非之心，智之端也。……苟能充之，足以保四海；苟不充之，不足以事父母。"（《孟子·公孙丑章句上》）在另一处他说："恻隐之心，人皆有之；羞恶之心，人皆有之；恭敬之心，人皆有之；是非之心，人皆有之。"（《孟子·告子章句上》）

上述观点堪称孟子性善论的基石。这基石是什么？情感。"不忍人之心"和"恻隐之心"是同情心，毫无疑问属情感范畴。笔者以为，"羞恶之心"、"辞让之心"、"是非之心"也属情感。退一步说，即使作为"智之端也"的"是非之心"属于理性的范畴，仍无法颠覆我们对孟子性善论的理解：人性本善，善根源于每个人与生俱来的同情心，因为恻隐之心乃仁之端也。

置身于"春秋无义战"的孔子、孟子，不可能天真到对"恶"视而不见。相反，他们对"恶"的了解比我们深且广，从"恶"出发展开他们的说教更容易，而他们知难而上，选择了从"善"出发。他们为性善奠基，一方面是因为他们对人性有信心，另一方面是因为他们怀抱的是"治国平天下"的雄心，他们是知行合一的伟人，他们有超凡的洞见，却不是沉溺于认识论的智者，不必在乎立论所面临的反例。且因为执其一端，不管他们对"恶"如何看待，不管在弘扬"善"的实践中遭遇多少困顿，因为他们立论中决绝地选择了人性本善，也就不会在话语中遭遇困境。

达尔文和孟子在个人遭遇与角色选择上完全不同。达尔文看到的"恶"远没有孟子多。他生逢大英帝国如日中天的时代。他是乘坐大英帝国的军舰周游世界的。他没有遭逢战乱、灾难。他出身贵族家庭，有丰厚的遗产，衣食无忧。他周围有爱护和提携他的良师益友，赖尔、胡克，等等。甚至他与华莱士发明权的解决，都尽显双方的绅士精神。他不可能看不到人性善良的一面。但是与孟子的角色完全不同，达尔文不是社会实践家，没有拯救世界的抱负，不需要实践中的策略。他是第一代科学家，他的全部志趣在于认知——建立自己的理论，排除其中的矛盾，解释学说的反例，克服自身的盲点，追求更大的解释力。其理论的基石"自然选择"毫无疑问可以推导出人的利己性。于是他要解释自己深刻体验到的人性中的利他，就变得无比艰难。这是比雄孔雀的尾巴更艰巨的挑战。他对人类利他性的思考，很可能不少于孔雀的尾巴，但是后者催化出"性选择"理论，而前者几乎无人知晓。这些思考静悄悄地进行，凝结在一篇篇笔记上，投入到一个牛皮纸口袋中，口袋上的标签是"关于道德感和某些形而上学的陈旧而无用的笔记"。达尔文关于利他的思考与他关于进化论的思考异曲同工，都是让它们静躺在抽屉中，他慑于压力，萎缩了发表它们的欲望。他畏惧什么？惊恐自己的大不敬，将人类拉下神坛，使人类等同于禽兽。在进化论提出人猿同祖后，人类还剩下什么高居动物之上的东西？审美和道德。他为完善已经出笼的进化论而提出的"性选择"又剥夺了人类在审美上的垄断。于是，道德成了人类最后的专利。达尔文是勇者，他的思考无视禁区，无所畏惧。达尔文又是怯懦的，他不打算公开他的离经叛道的思考。于是关于道德问题的笔记，尘封了136年。这口袋的开启与新一代生物学思想家的思考，共同推进了利他理论。

学者们从达尔文笔记中发现了三个命题。一、道德意识可能是从人类的强烈的性本能、亲子本能和社会本能中产生的。二、这可能会导致"推己及人"和"爱邻如己"的观念。三、因此我假定，任何具有社会本能、性本能和激情的动物都一定有良心。（洛耶，2002：74，85，89）我们看到了进化论之父思想上的一以贯之，人与动物是连续谱，道德问题也不例外。

深入地看，性本能、亲子本能和社会本能中都是情感扮演着媒介的作用。在这一点上，达尔文和孟子极为贴合。这一方面显示出孟子的伟大，在两千余年前便洞悉情感是利他的基础。但是另一方面，应该看到，达尔文和孟子有着极大的不同。达尔文兼论人性中的利己与利他，孟子仅执一端，二者的难度是大不一样的。达尔文在两方面都有划时代的突破。

达尔文的三个命题中第一命题是基础。下文的论述就由此展开。

二、性情

如果没有了两性，没有了两性繁衍，生物的世界中仅有同性繁殖，那么血缘利他将不复存在。也就是说，这个世界上不再有带着牺牲精神的利他，只有互惠和交换。没有人真正关心自身之外的他人，每个个体都只关心自己。如果说每个个体只关心自己的世界是个黑暗的世界，是两性的存在为这个黑暗的世界投入了第一束光。有了两性，个体才走出深闭固拒的自我，带着身不由己的冲动，参与感情交流，学习逢迎他人。没有强烈的择偶交配的欲求，物种将灭绝。而性冲动的发动机是什么？是情感，即性情。"性情"一词早就被泛化，我们这里用其原初的含义，性情者，性所驱动的情感。

两性的产生，演绎出丰富的行为。有些疯狂，有些温和。动物学家发现，在发情期，雄性恒河猴因争斗受伤是平时的 6 倍。冷酷的经济学家喜欢将战争的起因统统归为经济，他们不相信性情会是战争的起因。他们以为，经济之外的起因都是外衣、谎言和假象，归不到经济只是因为其动机埋藏得更深，背后的阴谋更诡异。若化繁为简，这种认识将争斗的原因归为"食"的扩大化，而非"性"。在认识争斗的起因中，扬"食"抑"性"，不符合生物世界中天天上演的基本事实，也不符合人类的早期历史。海伦导致的一场战争不仅很可能是真实的存在，也象征着那个时代很多争斗的起因。在共同体的规模极大地扩展后，战争源自某个女人几成历史，但是"性情"、情感因素、尊严，仍然是导致战争的重要因素。原因在于情感——它首先被两性行为开启，每每驱动着人类的行为。

　　这只是性驱动人类行为的一个方面。硬币还有它的另一面。性的满足是疗效优良的安慰剂。生物系列谱中高端的例证是，未婚男人的犯罪率大大高于已婚男人。这证据见诸多个国家的调查统计，在事实和理解上几乎都没有遇到异议，乃至无须赘述。倭黑猩猩的研究日益引起学术界乃至全社会的关注。它们堪称灵长目动物中最热爱性活动的物种，而与此同时，它们也是灵长目动物中最富和平精神的物种。且这两个行为特征有很大的关联，因为它们善于利用性活动调节情绪和彼此关系。瓦尔这样讲述："和解往往总是跟性举动联系在一起，而这样的举动预先发生则能够避免争斗。帕里斯观察了圣地亚哥动物园的食物分配行为，发现雌性倭黑猩猩先是接近食物，发出一些响亮的吼叫，然后在接触食物之前相互抚摸性器官。它们的第一反应不是吃或抢夺食物，而是进行一些看起来很是疯狂的性抚摸行为，使得大家进入一种比较和谐的情绪，接下去的食物分配也会更加容易进行。"（瓦尔，2005：104）

　　灵长目动物中的一些物种有发情期，且排卵期有明显征兆。灵长目动物中还存在着一种极为残酷的杀婴行为。杀婴行为多发生在排卵期有征兆的物种中。日本学者衫山幸丸提出，被杀婴儿大多是前首领的子嗣，杀婴多是一个年轻雄强的猴子或猩猩在击败并取代前首领的地位后的举动，其效用在于迅速结束雌猴子或雌猩猩的哺乳期，进入受孕期，而这一受孕期是属于新首领的。（瓦尔，2005：66）就是说，杀戮对杀戮者有生存优势。而灵长目动物中的另一些物种，排卵期没有征兆，该物种也没有杀戮婴儿的行为。二者间存在着因果关系。没有排卵期征兆使得垄断了性资源的首领难以防范其他雄性对其妻妾的染指，因为防范时间极大延长；另一方面，因为没有排卵期征兆，所有染指过该雌性的雄性都无法排除其婴儿的父亲就是自己。于是杀戮行为消失了，因为它不具有生存优势，甚至可能灭掉自己的后代。但是这道理太深奥了，难以想象猴子和猩猩会有如此深远的思考和精准的判断。最大的可能是，它们并不清楚原因；是排卵期无征兆的进化，催化了这一群体中的雄性之性情向着特定方向发展，即增长了一种"情分"。用人类社会的话语来说，正所谓"一日夫妻百日恩"。和那个雌性做过爱，情分上下不去手杀害她的婴儿。一个带有生存优势的行为策略，不是凭借思考，而是靠着性情得来的。

从性活动中滋生的情感，即所谓性情，抑制着个体面临食物竞争时的极端利己，化解着它们杀戮的凶残本性。性情指引它们（他们）温情地对待某些他人。

三、亲情

接下要谈的是亲子之情，即母亲对亲子的情感。

语言的局限极大，比如说爱。狭义的爱，仍可以区分为两种，它们极为不同。一种是性爱，一种是母爱。性爱虽也疯狂，颇可付出，但在自我牺牲的意义上，和母爱无法同日而语。母爱体现了"爱"在一个维度上的极致：代价太高了，牺牲太大了，而牺牲者高兴。

亲情的伟大，在某种意义上就是进化的伟大。它令我们惊异：

进化竟能产生如此纤细而高效的机制。进化出母子之情完全是为了后代。人类最严酷的劳作，最艰辛的子女养育，不靠法规、纪律、惩戒，彻头彻尾地依赖无形的情感。就从牵动母亲情感的啼哭声说起。婴儿生下来就会哭。随着成长，哭与日俱减。由此可信，哭的机能更大程度上是服务于孩子的。哭是什么？不是自助，是求助，求母亲帮助。这机制灵验，母亲一听就动心。哭不是也有自助的功能，不是可以释放压抑吗？一个人过于压抑时，亲友们会说：你放声哭吧。但是释放压抑一定是哭的副产品。为释放压抑的哭大多独自进行，大多羞于见人。而部落时代及其之前的群体中，人们几乎没有躲避他人独自大哭的场合。并且进化不会那么娇惯人，原始人没有那么娇气和奢侈。所以，自然选择出来的哭，一定是哭给他人的。动物不是没有哭，比如牛将遭遇屠宰，会毕现哀容，酷像哭状。但动物的哭，少之又少。这几乎是人类的专利。当然还是达尔文英明，动物里面也有萌芽。为什么人类与动物在哭的表现上相距甚远？是因为人类在更大程度上依赖这一情感。人类为什么如此依赖这一情感，是因为人类的婴儿更无助，更娇嫩，是人类的养幼更漫长，更细微，更琐碎，更需要及时反馈。为什么残酷的生物世界中，独独人类的幼子这么娇贵，人类的养幼这么漫长和琐碎，我们将在后面章节中讨论。

缺乏亲子之情的母亲几乎没有。因为亲情有无与孩子的成活率直接关联，它将经受的自然选择来得最直接，最快捷，最严酷。天性合格的母亲不需要理性地认识到她对孩子的重要职责，她只要有健全的亲子情感就够了。那情感会驱策她任劳任怨，无时无刻，数十年如一日。

四、移情

在解释利他行为中，生物学家面临的最大难题是，在一次性遭遇中帮助陌生人，并且不是举手之劳诸如问路，而是助人者有着一定的付出。

即便是这样的事情，我们仍然可以从动物的行为中获得启示。有这样一个据说可靠的记载，一只野生的海豚救起了海浪中一个濒临死亡的人。更翔实的是下面的报道：1996年8月16日，芝加哥的布鲁克菲尔德动物园中，一个3岁的小男孩不慎掉进了灵长类动物的18英尺深的围栏里，一个叫宾迪的8岁雌猩猩马上抱起小男孩，将他放到安全的地方，然后宾迪坐在小溪流中的一棵树上，轻轻拍着抱在怀里的男孩，随后把他送到动物园工作人员手中。狗救孩子的举动更多。事实上，狗对其主人的平常举动，比如对主人频繁的谄媚，与救助孩子是同等级的耐人寻味的问题。我们猜想，这些举动可能都是某种情感驱使。如是，这些情感必是进化的产物，进化选择了情感系统是帮助它们生存的，要它们将这份情感施展于他们的血亲，而不是异类。换言之，施于异类，是情感犯下的错误。"移情"原本就是颇存歧义的概念，精神分析学派的使用更使其芜杂纷乱。其主要的内涵当然不是笔者此处的意思，但是感情的误植，似乎也可以划在移情的范畴之中。

情感为什么会误植或错用？动物的一些本能的错用有助于我们理解人类的移情，毕竟情感也是本能。人们将一些非母鸡自己所生的蛋交给它，它居然欣然代为孵蛋。何以如此？这番移步换景大大地超越了母鸡进化的轨迹。在野生母鸡的进化历史中，每只母鸡产下的蛋在自己身下或身旁，它都会悉心保护。它的蛋其他的母鸡不得接近，其他母鸡产下的蛋它也难以接近。这一情形决定了自然选择没有必要筛选出一项区分蛋为谁出的能力。在狭小的环境中，那是奢侈和无用的。天不变，道亦不变。是基因与行为模式未变，而环境骤变，酿出了错误。

婴儿的哭声之所以会在一定程度上打动其他的母亲，道理上与之接近。人类在聚族而居中度过了极为漫长的岁月。情感系统的自然选择是在那一背景中开始的。那一背景中，人们很少见到陌生人，对陌生人心存恐惧且高度警惕。婴儿是母亲格外保护的。陌生人走近他人的家室，听到他人婴儿的哭声，无异于增添了婴儿的风险。因此被高度防范的陌生人绝难走近并听到他人婴儿的哭声。进化在如此背景中形塑母亲对哭声的反应系统，便无法筛选出泾渭分明地对待不同婴儿之哭声的能力。最终的结果是，母亲仍然会区别对待，但是进化没有从系统设置上规定她对其他婴儿的哭声无动于衷。

人与动物一样，一般而言它们的行为，具体而言它们的移情（如果动物的上述行为可以称为移情的话），都是不变的行为模式在变更的环境中犯下的错误。人与动物不同的是，人类的移情要广泛得多。其原因在于，移情是我们不纠正的错误、被鼓励的错误。人类生活的圈子不会一下子扩大到陌生人那里，它是逐步展开的，从血缘到地缘，从亲属到熟人。熟人圈子中的互惠行为早就展开。移情的行为在互惠的圈子中不仅会得到称赞，还可能得到回报。称赞是一种鼓励，回报就更是一种鼓励。因此我们可以说，移情歪打正着。一方面，移情加强了互惠；另一方面，互惠也激励着移情。于是在互惠的环境中，移情得以生长。

说"利他"是来自移情，常人会觉得很别扭——我对这个陌生人的同情是真心，怎么被说成"移情"？如果只看硬币的一面，我们同意孟子所言"恻隐之心，人皆有之"。但是如果同意自然选择学说，同意利己性是自然选择的结果，就必须对同情心的产生做出解释。"移情"便是由此而来的解释。它是一种寻根问底的理论探讨。"移情"二字在日常用语中确实没有必要取代"同情心"。

情感系统和理性系统大不相同。情感驱动的行为不经思考。情感是具体的人——他的表情、他的故事——所驱动的。一番道理、一批数字，很难驱动情感。因为情感不是在抽象的环境，而是在具体的环境——两性关系、亲子关系中，经历自然选择的。

达尔文说："道德意识可能是从人类的强烈的性本能、亲子本能和社会本能中产生的。"这三种本能相当于三个情感系统。怎样理解他所说的"社会本能"，或曰社会性情感，即社会中的非两性关系、非亲子关系中的情感？社会本能，一言难尽。但因为达尔文是在思考与利己本能相对峙的道德起源中提出社会本能的，因此，尽管社会本能包容甚广，他首先意指的无疑不是嫉妒、报复心、义愤等社会性情感。达尔文说："首先，社会本能使得一个动物在过群居生活时感到愉快。"（转引洛耶，131）这种本能就是愿意走近他人、愿意与他人结伴、交友、交流、交换，对他人的遭遇怀有同情心、恻隐之心、不忍之心的情感。

他愿意这么做是发乎内心的，不由自主的，非如此不快活的。

五、本能间的冲突

这样，达尔文的学说就面临一个难点，需要做进一步的解释。一方面，他的学说理所当然地推论出，人类有利己的本能。而他生前没有发表的笔记又显示出他的另一观点，即其学说的另一方面，人类的社会本能，他的同情心，是人类的道德意识的来源之一。这么说，人类不是具有了两种相互对立的本能吗？该怎样调和二者呢？调和二者是生存中的课题，学者的课题只是揭示出二者并存在人类的本性中，而达尔文完成了这个认识，尽管他生前没有披露硬币的这一面。

当代一些学者找到了更雄辩的证据，说明不同的本能间的冲突。洛耶说："在动物身上，我们经常可以观察到不同本能之间的斗争，或者是本能与习性之间的斗争。……一位细心的观察者，布莱克威尔先生，通过对36个鸟巢连续两年的观察发现，在迁徙季节，12个鸟巢中都有死亡的幼鸟，5个鸟巢中有尚未来得及孵化的鸟蛋。……（能带来更多好处）是不是迁徙本能战胜母爱本能的原因，还可以讨论，但是迁徙本能的顽固性确实可以在特定的季节给予这个物种主宰性的力量。"（洛耶，2000：118）

达尔文轻松地谈论本能间的冲突，说明相冲突的本能的共存在他看来不是需要解答的问题："因此，这里往往有些斗争，对不止一个本能的冲突，究竟顺从哪一个办事，便是斗争需要解决的问题，所以事后追思，或过去的印象不断在脑海里来回

往复而相互比较的时候，就不免引起满意、不满意、甚至苦恼的感觉。"（转引洛耶，2000：139）

与鸟类身上冲突的本能不同的是，我们遭遇的是同一个维度上的冲突。但毕竟二者并非势均力敌。可以这样表示：人类是利己的，但不乏同情心，会被别人的不幸打动。换句话说：无私是不可能的，而完全的冷漠也很难。这两种品性的共存不会让我们时时为难，但有些事件会带来困惑是一定的。我们常常将自己面临的困惑归结为文化与本能的冲突，很多时候其实是只看到事情的表面，真正发生的是本能与本能的冲突，是生存中的两难。举个极端的例子。一些职业扒手在教授徒弟时，首先教授的不是技巧，是要徒弟彻底扔掉同情心。一方面，这从一个极端印证着"恻隐之心，人皆有之"；另一方面，它也证实着本能间冲突的广泛存在。

至此，我们完成了人类天生是利己还是利他的讨论。传统的三种说法——白板、利己、利他，我们都不赞同。婴儿决不是任凭环境涂抹的白板，他是带着一些本能来到这个世界上的。但又不是非此即彼。他兼有利己和同情心这两种本能。前者是第一位。但正因为本能中也有同情心，即利他之动因的位置，教化才有了用武之地。

六、情感是互惠动物的工具箱

情感首先产生于两性关系和亲子关系，所谓性情和亲情。以后经"移情"，情感旁及他人。在他人那里，移情的行为得到极大的鼓励，因为互惠早就展开了。当代进化思想大师特里弗斯说：情感是互惠动物的工具箱。一方面，互惠在利用情感资源，或曰工具。人类理性系统的进化晚于情感系统，这是互惠行为的幸运，如果互惠中不包含情感，它大概只能维持互惠的一部分，因为情感在互惠中发挥了很大的媒介作用，它借助温情包裹冷静算计的交换。另一方面，情感系统也在这里找到了自己的第三个领地，获得了极大的发展。乃至有些社会性情感从性情、亲情发展而来的轨迹清晰可见，有些则很难看清。

感激之情便是互惠关系中的融合剂和润滑剂。持久的互惠不可能总是"一把一利索"，每次都做到收支平衡。感激之情可以填补那个差口，可以系结双方的关系，将关系变为长久。社会学先驱齐美尔说："人们之间的某个行动可能只是由爱情或对利益的贪婪、顺从或仇恨、好交际或好统治的心理引起的，但这个行动往往不能耗竭所产生的情绪，相反，这种情绪却以某种方式继续存在于它所产生出来的社会学的情境中。感激确实就是这样一种继续……如果每个感激的行动——它持续下来是由于过去受到善意的对待——都突然消失了，那么社会就会崩溃。"(转引自布劳，1964：1)

有些社会性情感，比如报复心，似乎与同情心、不忍之心，完全不是一个性质。但是细心观察会发现，在利他的层面上它们或许不相干，但在互惠层面上它们是密切关联的。

报复是贯穿古今的人类行为，它的后面毫无疑问是一种情感，甚至激情。报复的对象可以有多种。但最频繁的报复行为，最强烈的报复行为竟不是针对敌人，而是朋友。无论是动物还是人类，有向天敌报复的吗？人类会向虎豹豺狼报复吗？不会的。因为它们是一定要同我们作对的，没有格外生气的理由。针对宿敌对我们的伤害，我们也会报复，但那仍然不是最频繁的。因为双方反正是宿敌了，如果只是旧恨没有新仇，也就无所谓报复了；且因相互严防对峙，一方占得便宜招来报复也难。最频繁的是针对朋友或者合作伙伴的背叛。因为它最有滋生强烈情感的理由：我兄弟般待你，你却坑害我；我们合作多时，你突然单方面撕毁合同；双方的关系陡然间出现了极大的不平衡。所以瓦尔说"报复是互惠的另一面"（瓦尔，2005：130）。韦斯特马克说：复仇是人类道德的核心。原因也正在于它是互惠的另一面。互惠是社会生活的关键。要拿出最强的情感及其驱动的行为去捍卫互惠。文化和社会规范虽然也建立了惩罚，但是报复后面的情感有着生物学的基础，是本能，文化是后来的东西。一个坚实的证据就是，动物中也有因破坏合作而带来的报复。我们前一章中引用过黑猩猩的一个生动例证。内疚与报复正相反，但也是与互惠相关联的情感。互惠中，我没有履行好自己的责任，故有内疚的情绪。内疚从主观上保护互惠。报复主观上是利己的，客观上有积极的社会效果，它使破坏互惠的人心有忌惮。内疚则在主观上就含有克己利他的性质。报复与内疚这两种情感，一正一反，一内一外，守护着互惠，推动社会走向公正。报复的情感可能独立于性情和亲情。虽然大体上说，人类的情感源自性情和亲情，但复仇的情感说明，在两性和亲子之外，也产生着一些其他类型的情感。

义愤，就来源而论，是一种情感，而不是文化的产物。本书上一章引用过瓦尔描述的黑猩猩社会中的义愤，即其他猩猩看到一只雄猩猩追打另一只时一同哇哇大叫。（瓦尔，2005：

48) 我以为，黑猩猩的义愤可能还是移情行为。其遇暴行喊叫的本能，原本可能是服务于保护自己的子女。这种义愤具有极大的社会意义，可以说它就是舆论的前身。

　　瓦尔的话说得很到位了："高尚的原则从卑微的起点开始上升，它的起点是你对吃亏的怨恨，然后转移到如果你得到的更多，其他人会有什么样的反应，最后才有一个普遍的认识：不平等是一件很不好的事情。这样，公平感就产生了。我喜欢这样一步一步的程序，因为进化可能就是这样发生的。……个人的情绪是至关重要的。它们把我们那些能给别人带来正面影响的行为整合起来，据此建立了道德标准。这是一个自下而上的途径：从情绪到公平感。这和下面的看法正好相反：公平感是一个聪明人（比如开国元勋、革命者、哲学家等）经过了一辈子的沉思，考虑什么是对，什么是错，我们在宇宙中的位置，等等，而后提出来的。从上到下的途径（从最后一环倒推回去，寻找一个解释）几乎一直都是错的。当真正的问题是房子的砖是什么的时候，他们问的是为什么只有我们才有公平、正义、政治、道德等等。什么才是公平、正义、政治、道德等等的基本单位呢？那些更大的现象是怎样由简单的现象组成的？……我们和多种动物共享着建筑的材料。我们做的事情没什么是真正特别的。"（瓦尔，2005：141）

第 7 章

交换的进化

一、大脑容量与交换契机

雄孔雀修长绚丽的尾巴曾经给达尔文带来深深的苦恼和困顿。其实在生物的世界里，不乏与之等量齐观的现象，比如长颈鹿的身高和人类大脑的容量。长颈鹿身高 6 米，雄性的体重达到一吨，每天吃掉的树叶湿重 60 多公斤。它不仅在现存的动物中身高第一，并且比身高第二的非洲大象高出 2 米。人类的大脑容量平均为 1350—1400 毫升，而黑猩猩脑容量约为 400 毫升，人类是黑猩猩的 3.5 倍。为什么老大如此之高或者大，赫然超过老二？种间竞争显然无法解释这一巨大落差：长颈鹿与非洲大象高度之间 2 米的空档，人类与黑猩猩 1000 立方厘米的脑容量差距。原因在于种内的竞争。长颈鹿间的食物竞争导致它们身高的增长。长颈鹿的习性是雌雄分离觅食，因此食物竞争发生在同性成员内，这又导致了雄性长颈鹿高过雌性 1 米。无论如何，长颈鹿身高的功能毕竟确定无误。

更为扑朔迷离的是人类硕大无朋的大脑。这是一个成本极其昂贵的部件。它的重量只占人体的 2%，消耗的能量却是人体耗能的 16%。究竟是哪种行为、哪项功能上的竞争、淘汰和筛选，导致了这个昂贵的部件的进化？我们猜想的答案是交换。动物间也有交流。所以人类间的交换应该是一种极为特殊的交流，细致而微妙的交流，很可能是必须借助语言的交流。如同有些软件的使用需要增加电脑的内存，人类的某些能力——语言无疑是其中最重要的一项，也需要增加大脑的容量来支持。于是，发生了三者——交换、语言、大脑，即行为、机能、结构间的互动。但这不是传统思维理解的互动。三者的关系如下。更好的交流能力要以具备语言能力为前提，反之，更高水准的交流需要也会催化语言能力的勃发。语言能力以大脑的更大容量为前提，更好的交流能力也间接地以大脑的更大容量为前提；但反之则不成立，语言和交流能力的需要，呼唤不来、促进不成大脑容量的增长。那么，大脑容量是如何增长和进化的呢？交流能力更强，增加了一个人的生存优势，他将受到自然选择的青睐，而这样的人必有语言能力，必有更大的脑容量。当语言加入到交流中时，它因增强了交流而被拣选，这几乎就意味着大脑容量更大者被拣选。

今天的人类世界中，交换司空见惯，每日频频发生。乃至交换已经从最日常的行为，登上了学术理论的殿堂。古典社会学的几大重要理论之一就是"交换论"。交换论思想的先驱齐美尔说："人与人之间的所有接触都以给予和回报等值这一图示为基础。……然而也有其他许多……关系，在这些关系中，达到等值是不可能的。感激在这儿看来是一种补充物。它建立了相互作用以及回报和服务回报的相互关系的纽带，甚至在这些关系没有由外在强制加以保证时也是如此。"（布劳，

1964: 1) 在交换论的代表人物之一布劳看来，"广义的交换则可以看做是以下事物的基础：群体之间的关系和个体之间的关系……"（布劳，1964: 5）他们试探从交换的视角洞悉和解释人类成员间的关系。在此我们无意深入到他们精致的理论中。生物学思想要做的是话说从头，从交换的源头说起。

我们所说的交换是跨越血缘关系的交换。血缘群体中天赋的合作关系不在我们讨论的交换之列。交换的问世必定非常之艰难。人类不是一开始就接触到无血缘关系的成员。远古时代地广人稀，大家各据领地，无血缘关系的人类成员鲜有接触的机会。接触初始，相互恐惧和敌对。最初的关系是残酷的争斗，是零和博弈，一方的获取必是另一方的付出。因而人们对非我族类者怀着高度的警惕性。一般而言，在如此锁定的互动中，交换是没有人敢于承担的风险行为。没有人敢于为着梦想得到对方手中的一桩物品，企图开创一场不曾发生过的交换，便将自己实实在在的物质资源，放到长久觊觎这一资源的宿敌面前。那几乎就是自投罗网。交换的启动，依赖于一个契机，一种特殊物品的出现。这项特殊的物品具有以下性质：一方迫切需要，且别处寻觅不到，只能从对方那里获得；另一方此种资源相对无限，在恩赐他人时不蒙受任何损失。用奥菲克的学术语言来表述：该物品有"排他性"（指提供者能够拒绝其他人使用），无"竞争性"（竞争指一个人的消费减少了另一个人的消费额度）。（奥菲克，2001: 160）在现代社会中，典型的"非竞争性排他物品"是纸币和受专利法保护的电脑软件。而诱发了人类最初交换的契机是两种物品：大型猎物和火。

二、食物的分享

共餐是人类社会生活中频繁发生的活动，它具有超越民族、超越阶级的特征。国家元首会面要共餐，百姓家来了朋友也要共餐。共餐的另一个突出特征是，其质量高于日常饭食，肉类必不可少。这一习俗之所以放之四海而皆准，是因为它已施之万世而不变。共餐的行为可以一直追溯到祖先和动物的世界。

食肉类的动物世界中，进餐的形式五花八门，其中有共餐的，也有不共餐的。猴子不共餐。狮子和狼共餐，但是它们的共餐中有着严格的等级秩序。"狼决不允许年轻的家伙从自己的口中夺食，只允许它们吃那些自己不吃的部分。"（里德雷，1996：98）只有人类和黑猩猩等几种灵长目动物享受完全平等的共餐。

猎物不会总被大家一同猎取。在一个利己行为占据支配地位的世界中，允许部落中其他人分享自己的猎物，是一件不同凡响的事情。但仔细想想会发现，这是必然的。这几乎是天赐的一桩物品，一种分享方式，它楔子般打进人类的行为方式中。"狩猎大动物第一次将公共财产介绍给人类。"（里德雷，1996：六章）一方面，你猎取了一个大动物，猎物的大部分你吃不掉，你又没有冰箱，不分给他人就只好听任它们腐烂；另一方面，部落中的成员今日无斩获，看到你的猎物垂涎欲滴，他们是一定要分享的。"分享肉食不是被鼓励，而是不可能防止。"（里德雷，1996：六章）于是，猎物获取者索性做出顺水人情。又因为获取猎物的运气不会光照一人，大家实际上在玩着一场没有契约的长线交换的游戏。

但是既然可以搭便车，个体的动力何在成为逻辑上首先遇到的问题。问题其实比我们最初的一瞥还要严重。打大动物是很艰巨的事情，如果不是特意去打，就绝难撞到这份运气。而猎取大动物的概率很低——寻找、猎取都谈何容易。捕猎大动物还是很危险的事情，很可能你没有打到它，它却伤害了你。对原始部落的考察发现，人们很少分享小动物。相比之下，目标对准小动物要实惠得多，没有风险，成算更高，收获全归自己。那么为什么捕猎大动物的行为盛行不辍？

　　其实在个体何以选择捕猎大动物后面，还有一个群体的问题，即一个部落为什么选择狩猎。对原始部落的很多观察发现，采集比狩猎在能量的获得上更有效率。那么为什么男人狩猎、女人采集的分工方式流行于漫长的部落时代，为什么更有力量的男人不转移到更有生产效率的领域？男人的贡献不可以仅从食物能量的获取上估价。部落时代是一个地道的丛林社会。对比大动物那时的人类还不占有压倒优势，人类不捕猎它们，它们也要骚扰人类。即使不取攻势，至少要拿起武器，抵御猛兽侵扰部落。如果男女都放弃了武器，部落将有灭顶之灾。而一旦拿起武器，一味防守，放弃攻击，反倒是效率较低的选择。同时，其他的部落也属于另一类"天敌"，甚至更可怕的敌人。在几十万年后，在备享文明的今天，哪个国家敢放弃军备上的投入？由此可以想见，一支狩猎的队伍，对部落是必要的，即使它在能量获得上低于采集。因为武备是部落行为，拿起武器是每个男人的责任，而不是个别男人的爱好和算计，所以它就成了部落中的一桩大游戏。一个人在武力上的出色发挥，受到全部落瞩目。

个体选择捕猎大动物，在物质上不如选择小动物实惠，但是这行为会带来丰厚的副产品。对男人选择捕猎大动物的动机，有两个猜想。其一是成功者可以获得更多的异性。观察野生黑猩猩发现雄性常常拿肉食换取与雌性的交配权，雌性的发情期是雄性们最热衷出猎的时候。对原始部落的考察，发现性关系比较随便的部落热衷于打猎，性关系类似清教徒的部落淡漠于打猎。其二是成功者可以获得更高的声誉，成为英雄，成为首领的有力候选。如前所述，武力活动已经成为部落的大游戏，男人的大舞台，吸引眼球莫过于此。其实两个猜想常常是合一的。

于是捕猎行为不辍，捕猎大动物的动机不疲，共餐肉食的习惯持久不衰。毕竟英雄和搭便车者是少数，多数成员因此加入到人类超越血缘的第一项交换中。

三、火种的换取

植物不都惧怕火，进化使得其中的一些物种适应了火。比如红杉树，火烧不死它们，还会帮助它们消灭天敌。动物几乎都没有在经受了火的自然选择后，成为适者。原因是火来得偶然，两次火之间的跨时往往较长，自然选择的剪刀无法在寿命有限的动物中完成它的筛选。除了人类，没有其他任何一种动物可以利用火，遑论掌握制造火的技能。说人类是使用火的动物要比说人类是使用工具的动物更合理。

火是人类科技史上最伟大的发现。我想不出哪一种发明和发现对人类的贡献明显地高于火。何况火对人类的改变，很可能还远远没有被我们充分认识。

学者们至今不能确定，人类何时开始利用火。目前学术界占主流的看法认为，180 万年前一些能够制造工具的直立人从非洲走向欧亚，他们被称为尼安德特人和亚洲的直立人（或曰周口店人）。非洲最早的火种出现在 160 万年前，欧洲最早发现的要比非洲晚了 100 万年。周口店的遗址中火的遗迹发生在 50 万年前。然而尼安德特人和亚洲直立人在 3 万年前灭绝。主流学界认为，现代人类拥有一个共同的祖先，那就是生活在 22 万年前到 12 万年前的非洲人。按照这一说法，似乎现代人类的祖先和未成为现代人类祖先并已经灭绝的尼安德特人、周口店人，都会使用火。这些讨论尚无定论。（巴斯，2004：27—31）不容置疑的是，火对远古时代人类温饱的无与伦比的贡献。它可以清除某些植物的毒素，软化某些植物的纤维，从而拓宽了人类的食谱，并改善了人类的消化。又因为烧烤后的食物便于储存，从而以摆脱迅速腐败的方式增加了人类的食物。它让人类前所未有地体会到美味。它还助长了人类饮食方式的分化。（古德斯布洛姆，1992：47）火在"温"上对人类的影响很可能比它对"饱"的影响更复杂。它拓宽了我们的生存地，很可能人类从热带走向温带是依赖火的帮助。（古德斯布洛姆，1992：49）它帮助我们深度休息和松弛身心。因为火对人类的影响深刻巨大，对于一直不曾利用火的人来说，没有也罢，但是享受过了火的人就再也不能忍受没有火的生存。

人工取火是难度极高的门槛。跨过这一门槛前的漫长岁月里，保存火种，以及丢失了火种后如何从拥有火种的人群那里重新获取，成为至关重要的事情。

奥菲克认识到，"火在文明以前的人类进化中的意义尚未得到良好的理解"。（奥菲克，2004：170）他在此一方向上做了出色的探索。他关于燃料的讨论是雄辩的。持久地、日复一日地维持火种，所需燃料是巨量的。灌木、草不能带来持久燃烧的火。那时的人类还没有刀斧，不能砍伐乔木，只能捡拾干枯的落木。而随着消耗，捡拾的距离将越来越远，负担越来越大。因此一个家庭没有能力维持一支火种。维持火种的单位只能是部落。

考古发掘中，洞穴是发现原始人使用火的遗迹的主要地点。于是有学者认为，洞穴是当时人类的生存方式。奥菲克雄辩地驳斥这种认识。他说："没有任何物种把自然产生的洞穴当作他们求生战略的关键资源使用。但蝙蝠可能是个例外。"（奥菲克，2004：182）原因其实很简单。"洞穴是物质环境中极具随机性的地貌。"丰富的食物源和新鲜水源是生存的第一要素，却未必在洞穴附近。在绝大多数动物的生存策略中，都看不到牺牲第一要素去迁就洞穴的习惯性选择。地下动物的洞穴往往是自挖的。北极熊在冰雪上为自己挖洞过冬。其他熊的洞穴选择也是机会的，利用树洞、山洞，等等。何况那是冬眠，不是日日觅食的温暖季节。原始人要跟着食物源跋涉、迁徙，不会定居于附近缺水少食的山洞。那为什么山洞中屡屡发现火的遗迹？只能有一个解释，那里是他们保存火种的专门场所。在不避风雨的露天场所保存火种太过冒险，且更消耗木材。这是人类使用火不久就可以完成的认识。于是，当保存火种的山洞距离食物源、水源较近时，山洞尚可兼作部落聚会的场所，当山洞距离食物源、水源较远时，山洞就只能充当火种保存地。

综上所述，维持火种的单位是部落，保存火种的地点是山洞。为了避免三个和尚没水喝，为了降低因看管人能力低下而导致火种熄灭的概率，乃至一次次失败经验的吸取，都会导致专职保存火种者的产生。很可能是这桩当时最紧要的事情，造就了人类社会中的第一次分工。

奥菲克提出了"火还有促进交易的意义"的卓越洞见。可惜他对燃料、洞穴做了出色的讨论后，将火的交易的探讨放置在部落内部。而笔者以为，是火对人类社会生活的划时代的作用，催化了部落间的交换。

火的恩泽无边。享受过又丢失了火种的部落的唯此为大的事情就是寻找火种。等待天火的概率小到难以期待。于是到其他部落找火，几乎是唯一的选择。找到了有火的部落，如何获得火种呢？我们要讨论的是交换如何产生，也就是说，那时人们还不懂交换为何物。如是，唯一的手段就是抢夺。火种的保卫与抢夺一定是部落间演绎了千百年的曲目。精心和殊死的保护，使得抢夺的门槛大大提升。而求火的欲望愈强，遂只好跌跌撞撞地摸索到另一途径：交换。

不仅如此，在我将"火促进交换"导向了部落间的交换后，一个更为大胆的猜想萌生了：是火催化了人类语言的产生。

语言一定是被一件当事者必须完成、而缺少了语言就不能完成的事情推上进化之旅的。语言的产生是个小概率，因为没有它动物完成了诸多复杂的事项。因而推动语言产生的东西一定有异常稀缺的特征。

合作需要交流，但是团体内的合作与交流不必通过语言就可以完成。狼群狩猎黄羊，黑猩猩围猎猴子，都演出过精妙的合作，我们没有发现其中有真正意义上的语言。美国动物心理学家克劳福德做过这样的实验：把两只黑猩猩放进笼子，笼子外面放一只摆好食物的台架，并系上绳子。绳子一端放在黑猩猩能拿到的地方。台架的重量要一只黑猩猩拉不动，必须两只一起拉，才能拉动台架，拿到食物。两只黑猩猩经过多次胡乱尝试后成功了。以后食物一到，一只便向另一只呼叫或打手势，然后合作拉台架。(转引自祖父江孝男，1987：165) 这一专家观察下的实验，可以证实没有语言动物也完成了合作。如果有了语言，两只黑猩猩的合作会立刻完成。然而它们虽然慢，毕竟完成了。内部的交流与合作，可以通过试错法，经历无数遍尝试去完成。它们有的是时间，最终可以在某一有效的方法上达成共识。没有被逼到绝境，就不会做全新的尝试。

敌对双方的互动则完全不同。它们没有面对面的机会，没有一次次共同尝试，乃至手把手操作的可能。要么是开打——这几乎是近距离遭遇的唯一方式，要么是保持距离——敌进我退或敌退我进。坚持交流就只好在保持一段安全距离的前提下尝试着进行。而语言的交流同表情和手势交流的差异正在于，声音可以跨越更长的距离，至少可以超越石头投掷的距离。敌对双方的持续交流，必须是"安全的交流"，是"跨越距离的交流"。于是他们必定会尝试以呼喊表达善意，进而表达交换的意思。当然，他们会尽可能做出多种表达方式，送上猎物、肉食、皮革，等等，甚至白送几次，但这一切都依赖一种媒介帮助对方去理解。这一鸿沟的打通决不可能一蹴而就，幸运的是，一方有坚韧执著、不屈不挠的愿望——一定要交换到火种，另一方只要明白了对方意图就极可能同意交换，因为给火种是没有付出的（虽然维持火种有成本），换到的东西是丰厚的，并且完成了交换也就消弭了长期的纠缠和打斗。敌对双方最终成交之时，多半会和平相见。而敌对部落的和平相见是划时代的，以往基本上是兵戎相见。稀有的和平相见一定是以通过某一媒介达成了某种共识为前提的。这媒介手段就是"跨越距离的交流"，就是粗糙的、原始的语言。

一句话，一件高度排他的、非竞争的物品，在敌对双方间的交换，催化了语言的问世。我们再难找出与"火"类似的物品。所以我猜想，是火催化出语言。

大型猎物与肉食开启了部落内的交换。火，开启了部落间的交换。敌对部落间的交换催化出语言。语言一经问世，就摧毁了人类交换的最大障碍，交换一发不止地走向其前所未有的微妙和复杂。

四、女性的交换

族内婚向族外婚的转变是很多学者讨论过的题目。费孝通批判弗雷泽的观点："纯种遗传所能得到的变异机会少，因之，适应环境的能力较弱；杂交不但可以使从变异中得来的优良品质易于推广和保留，而且杂交的直接后代表现出一种较强的活力。……可是弗雷泽用这个生物事实来解释族外婚的起源则有困难，因为我们不易想象怎样会很早就发现现代科学所获得的原则。"恩格斯的观点与弗雷泽相似，他甚至借摩尔根的口说出了"自然选择"，但是他们论述模糊，我们无从确认，他们是认为原始人认识到了这一原则从而选择族外婚，还是认为原始人与生俱来地具有族外婚的倾向。如果是费孝通所理解的（我也曾经这样看待弗氏和恩氏，但细想觉得有武断的可能），那是犯了目的论的错误，倒果为因。因为只有出现了族外婚，才能形成其后代与族内婚的后代体质上的对比。这样，体质的对比就是族外婚之果，而不是因了。秉承功能学派人类学观点的费孝通认为："性可以扰乱社会结构，破坏社会身份，瓦解社会团体。……性的关系带着极强烈的亲密感情，甚至可以说不顾一切的冲动。……若让性爱自由地闯入已有的重要社会关系中，它不但可以破坏相结合的男女两人原有的关系，而且可以紊乱整个相关的社会结构。譬如甲乙本是父女，现在发生了性关系，成了夫妇，甲就不能不改变他原来对乙的态度和行为。这一变，很多别人却不容易找到一个恰当的身份来和他们发生社会关系了。……生活上密切合作的已有结构决不容性的闯入，于是发生了乱伦禁律和外婚的规定。……（另外）我们中国的婚姻定义原本是和两家之好，历史上更不乏公主下嫁和番的例子。利用性的创造性，增加了社会的团结。"（费孝通，1947：45）

当代越来越多的学者开始认同这样一种观点，乱伦的禁忌虽然是一种文化和规范，但是符合人类共有的一种生理特征——一个屋檐下成长起来的男女相互难于产生吸引力。由此做出下述推论应该是不过分的，即对本族男子而言，族外的女子要比族内的女子更具吸引力。正是这一生理特征决定了远古社会中，男性疯狂地抢夺其他部落的女子。而性资源具有其他物质资源所不具备的一个特征。物质资源对人们的吸引力几乎是相同的，而性资源对族外人的吸引超过族内人。这样，抢夺就很容易转变为交换，因为大凡两个动机支撑的行动，落实的可能要大大增强。这里一个动机是避免对方的攻击和劫掠，另一个动机是得到对方的女性。这岂止是"双赢"，而是多重收获。所以这一游戏从远古走入前现代，从基层走入高层，从社会走入政治，从大唐公主下嫁吐蕃，演至满清公主嫁给蒙古贵族，长盛不衰。促进人类体质的进化，增加了与周围部落的和睦，其实都是副产品。根本原因是性的特征所使然，即她对部落内外双方的不等值，所以天然地诱发交换。

女性交换的诸多深远影响可以概括为两点。其一，基因的交换。这一交换，一方面增强了后代的体质，所谓杂种优势、远交优势。另一方面削平了彼此的差异。民族间的冲突，必是暴力掠夺与殖民在前，暴力与非暴力的通婚在后；通婚前相互存有很强的种族歧视，通婚几代后歧视的主客体都不复存在。和亲不过是从相异走向融合的中间地带的插曲。其二，即本章主题：交换的启动。食物分享、火种交换、女性交换，虽有先后，都属最早发生的交换，它们共同启发人类认识交换的优势，铸造人类的交换习性。

交换一经开始，就必然会走向其最典型的、最赤裸裸的形式——礼物。Ridley 说：礼物是带着绳索的，这是礼物问题的全部意义。它要钩回什么呢？不仅是回报的实物，而且是一种互惠的关系，它企图将对方置于一种义务关系之中。他还说：一个真正利他的人是不送礼物的，因为送礼物的动机要么是图虚荣，要么是图回报。（Ridley，1996：第 6 章 3 节）这话看似深刻，实则陷入了一种悖论。一个真正利他的人该怎么实施他的利他行动呢？他不给予别人任何东西，无论是实物还是服务，就无法实现利他，而一旦他给予了对方，别人就往往会自觉地进入了互惠的链条。这与其说是真正利他者的稀少，毋宁说是交换与互惠逻辑在社会中深入人心、无所不在。但是毕竟，礼物同上述的交换形式是不同的，绝大多数的礼物是蓄意造就和开发互惠关系。在某一个具体场合，礼物可能是居心叵测的，但是宏观而言，礼物是良好社会关系的积极建设者。

人类的交换就是这样演化的。从什么也不想付出，到不得不付出，到主动赠送。几乎可以说，它是一个自生长系统，它能从无到有，从少到多，从小到大。它造就的合作已经远远超过了血缘关系。

第8章

有性繁殖与婚配制度

一、个体的性质与产生

什么是个体？这个概念对于每一个搞社会科学的人，乃至于每个社会生活中的人都是非常重要的一个基础概念。可是往往发现基础概念比一些非基础概念还难定义。仔细考虑这一问题的话，就进入了一种非常有趣的、穷根问底的思索过程。

个体基本上不是物理现象，它是一种生命现象。个性是生命现象里的属性。那么在生物的世界中，是不是每个生命都有个性？准确地说也不是。因为单细胞的生命繁殖靠分裂，一个分裂成两个，两个中的一个与分裂前的母体在性状上完全一样，每一部分都一样。就是说子代将上代（不能说父代，也不能是母代，因为上辈只有一位）身体中的每一个基因统统都继承下来了。它们之间只有共性，或者说是种性，因为彼此完全一样，所以说谈不上个性。该物种就是这样繁殖的，一个个分裂。成员之间毫无差异，完全一样，每一个成员都没有什么个性，于是"个体"的概念在这里就失去了意义。

个体应该是这样的，一些生命通过两性来繁殖后代，繁殖中造就了一种属性，即物种成员之间肯定具有该物种的一些共性，共享一些性状，但同时每一个个体之间又是有差异的，这种差异相互能够识别。乃至熟悉某一物种的人们，也可以识别其中的每个个体。比如人们观察一匹马和另一匹马，是可以看出差别的，如果看不出来，那就是对马这一物种整体上太陌生了，没有亲近它们，亲近它们就可以看出差别来。这样一种性质，即互相之间共享着一些性状，同时每个跟每个又是不一样的，才构成了忠实意义上的个体。所以说，"个体"是与"性"结合在一起的，没有性就没有个体。一方面，只有性可以造就个体的这种"独一无二"的性质；另一方面，性也只能造就这种属性的后代，同卵双生子毕竟是稀少的例外。

带有个体属性的生物，在它结束生命的时候，这个世界上就再也没有和它完全一样的生命了。分裂繁殖的单细胞生命不是这样。所以又可以说，没有性和个体就没有充分意义上的死亡。

这样，生活中的两个最大的主题"性"和"死亡"都是与"个体"结合在一起的。这三个基础概念是有密切关联的。

生物界里有相当数量的物种是通过两性产生后代的。当个体死亡的时候，物种不灭。这物种的延续造就了无数个体，通过个体来反映物种的特征。个体与物种间是这样一种关系。在自然科学中，对社会科学影响最大的学科是生物学。以上就是一个例证。物理学、化学都不能告诉我们个体是什么，社会学自身对这个概念也无法深究，只有生物学才能帮助我们理解个体这个概念的本质。否则，就只能望文生义，从肤浅的表面去理解。

二、为什么是两性

下面讨论的还是基础问题。多数人认为这种问题没什么好问的。必是该学科的大家、核心人物，才会有如此大的好奇心来提出这种性质的问题。这个问题就是为什么是两性？与之对应的是，为什么不是一性、三性？多数人都接受两性这样一个既成事实，对此不产生任何疑问。而科学家就是要对这种司空见惯的现象产生疑问，努力解答。应该说两性的繁殖跟同性繁殖（即一性繁殖）的差异是很大的。同性繁殖产生的父母代与子代完全一样，没有任何差别。两性繁殖大致就是父母亲各拿出他们染色体的一部分（染色体承担着遗传的功能）组合在一起。不同哺乳动物的染色体数目是不一样的，但逻辑是一样的。就人类来说，每个人有 46 个染色体。父母亲各拿出 23 个，组合成其某一子女的 46 个染色体，子代的染色体一半和父亲一样，另一半与母亲一样，但和兄弟姐妹又不一样。因为精子与卵子的每一次结合都像是一次发牌，父亲从 46 个中随机地发出 23 个，母亲也随机地发出 23 个。所以与兄弟姐妹有些相似，又不完全一样。其他的两性繁殖的物种也是这样一个逻辑。两性繁殖造成的特征是后代多样而不一致。

先说为什么不是三性繁殖？三性没有必要，不胜烦琐，这样的生存策略太啰唆，生产后代的效率太低，可能因此而丢失后代。三个性别的人一起谈恋爱，两个就已经够累了，三个就太难了。假设一个拥有两个性别的物种和一个拥有三个性别的物种共存，后者必败。三个性别的物种的优点，两个性别的都具备。两性就已经可以造出很大的多样性了，没有必要存在三个了。两个各拿出 23 个染色体，可以形成非常多的组合，完全一样和完全不一样的概率都很低。换句话说，父母产生后代，有人称之为"赌博遗传论"，就像发牌一样，子代的天赋一发完牌就确定了，无论是好牌还是坏牌。扑克牌的魅力为什么那么大？因为每一次牌都不一样，所以能常玩常新。

那么为什么是两性而不是一性呢？当然，有的物种是同性繁殖的，同性繁殖是有其不可比拟的优越性的，效率高，无求偶过程，一分裂就完成了，并且可以保持高度的稳定性。首先我们不能从目的论的角度去理解，即不能说两性繁殖有好处就必然出现，这样解释是不对的。许多好的东西不一定出现。不是好的就能存在，不是合理的就能存在。要换一种思路去思考。假设很早以前就存在着两性繁殖和同性繁殖，而同性繁殖的策略不能彻底替代两性繁殖，因为两性繁殖有许多优势，特别是复杂的生物更多选择了两性繁殖。大自然拣选了两性繁殖。两性繁殖和 DNA 一样古老。随着分子生物学的发展，能否解开生命之谜呢？以后可能可以克隆人了，但还是不一定能说清自然界为什么产生两性这样的机制。两性繁殖的优势就是造就的后代具有多样性，进而当环境产生变迁时，物种中可能会有一些成员适应变化，从而使这一物种不至于统统都生存不下去。如果在环境不断变化的情况下，两性繁殖更有可能使物种存活下去。所以在漫长的历史里，两性繁殖成为遗传后代的两种方式之一。打个比喻，就是卖鸡蛋的老太太愿意把鸡蛋放在两个篮子里，而不是一个。这种解释不被所有的生物学家赞同。但反对者也没有充分理由推翻这种说法。在环境变化下，两性繁殖在适应上是有优势的。如果环境不变化，其实同性繁殖更为适应。从一些植物的特征能最突出地看出这种选择。"重组率"和"环境稳定性"之间存在着关联。乔治·威廉斯说："如果种群连续几代是在一个非常相似的环境中成长，这时一个精确的针对流行条件的适应性状一旦获得，它最好是能被维持下去。在这一情况中重组的抑制将有利于种群生存。然而当上一代所面临的环境几乎无法为下一代将面临的环境提供指导时，最好的策略就是产生新的一代个体，他们具有各种类型的能力，结果是至少其中的某些将适应于实际所遇到的无论什么环境。在这种情况中，对于种群来说最好的事情就是使得重组最大化，以便产生一个范围广泛的基因型。……于是我们就能明白，在高等植物中，无性生殖通常流行于当双亲直接在其邻近区域产生后代时，而有性生殖则产生漫游的花粉粒子和种子。蕨类在邻近的土壤中直接产生其本身的复制品，但是当需要进行传播时，它就产生遗传上多样化的孢子以便繁衍后代，这些孢子就必然拥有一种相当不同于亲代孢子型的生活方式。稍后形成遗传上多样化的合子并产生一组后代，它们将面对与亲代配子体相当不同的生态环境。同样的结论对于那些具有相似形式生活史的动物也有效。蚜虫、水蚤和许多其他无脊椎动物的种群会连续通过无性克隆的方式进行繁衍，但是，需要经过远距离或长时期去散布的幼体，就会通过有性生殖的方式产生。"（威廉斯，1962：103—105）两性繁殖这样的战术在生活中也有。比如一些房子的电、水等设施坏了，如果问题确定了，派一个维修工就行了；如果问题不确定，就需要派一个包含管工、电工多功能的维修小组或者一个多面手，以应对不确定的要求。环境的多样性逼迫物种也要拿出多样性去适应它。生活中的策略与生物学中的策略有时是暗合的。

三、性别之争

性别之争也就是雌性与雄性之间的战争。达尔文认为自然界的一个基本特征是生存竞争。生存竞争广泛地存在于生物世界中，存在于物种之间，诸如狼与羊；存在于物种内成员与成员之间，比如狼与狼之间或者羊与羊之间；存在于性别之间，也存在于同性之间。其实内外的冲突是相辅相成的。比如狼与狼或者羊与羊的冲突是以狼与羊的冲突为背景的。有一个故事，说老虎来了，一个人把鞋带系好，另一个人问：你要干什么，反正我们也跑不过老虎，那人说我跑不过老虎，可是跑得过你！这说明系鞋带的人和他的伙伴有竞争，而这种竞争是发生在人和老虎竞争的前提下的。关于性别之间和同性之间的竞争，不是说谁有意识和谁竞争，而是一种本能。本能驱使着与同类去竞争，这种本能是遗传来的。如果没有这种自私的本能，它就会照顾同伴，老虎来了先冲上去。每一种本能都能够遗传，可惜无条件利他的本能会被淘汰干净，因为利他者率先死了，有后代的机会就少了。所以最终不是它们有意识去竞争，而是经过大自然选择形成的。物种之间、同种的成员之间都是如此。

经过大自然的筛选，每个物种都有一种本能，也可以说是生存策略，那就是竭力繁衍自己的后代。这种策略一旦成功，它就会在物种中覆盖更大的比例。相反，如果换一种策略，将会导致后代减少，最终这种策略或曰本能将被淘汰。在大自然残酷的淘汰机制下，成功的策略存活了，不成功的策略慢慢消失了。成功就意味着后代多。这样每个个体都在这种本能驱使下复制后代。复制后代的竞争就产生两种战斗。一种是异性之间的战争；另一种是同性之间的战争，比如猩猩中，就有这样的战略——性垄断，最有力量的雄猩猩垄断着雌猩猩。

在这一节里我们讨论的是异性之间的战斗。异性双方一方面是伙伴，另一方面是竞争对手。由于异性之间差异很大，尤其是在生育问题上面。所以双方采取的博弈手段是不同的。异性双方在生育问题上的不同特征，可以从机会、投入的成本以及产出后代的多寡三个方面来看待。什么是雄性？什么是雌性？这还用说吗？用说。因为不是一切物种都有类似于人类一样的生殖器官。雄性和雌性最简易的定义是，双方各拿出一部分东西参与生育，每次参与中谁拿出来的大谁就是雌性，谁拿出的小谁就是雄性。比如人类的卵子的个头大概是单个精子的一百万倍。可见在制造一个婴儿中，雌性的付出大。从产出上看，就人类而言，雌性一生生育20次就是高限了。如此高产要求非常稳定的、健康的身体，并且不能有闪失，不能有间隔。当然因为有多胞胎，子女的个数与生育次数不尽相同。世界最高纪录是一个女子每次生育均是三胞胎，共生了69个。但是一般而言女性生育的数量与男性相比，毕竟差远了。《吉尼斯纪录》记载，历史上子女最多的父亲是摩洛哥国王，他有888个孩子。（赖特，1994：231）"最近在中亚国家进行的一场基因调查给我们提供了一个令人惊愕的例子。亚洲男性中超出8%的人拥有事实上完全相同的Y染色体，意味着他们共同拥有一位祖先。这位男性的后裔如此众多，以致光男性后裔现在就有差不多 1600 万人。定下这位伟大的授精者大约生活在 1000 年前，科学家们认为他最可能是成吉思汗。"（瓦尔，2005：73）如是，成吉思汗的子女超过摩洛哥国王似乎不成问题。极与平均数，一同说明着男女的差别。

　　天赋如此，雌雄差异太大。所以双方选取的战术绝对不一样。换一个角度来看，假如两个性伙伴都很冷酷，生育出一个孩子，都不愿意看管，那么如果真的牺牲了孩子雄性吃亏较小，因为雄性的机会还很多。而雌性牺牲了一个，就是牺牲了全部子女的几分之一。"正是因为体内授精型的父母各自对胚胎的投资不可同日而语，所以在胚胎有需要时，母亲更难以下狠心推卸产卵或产后哺育之责。"（戴蒙德，1997：17）雄性往往采用的不是这样的策略，而是广种博收的策略，执著于一处不可能有太多的子女。广种博收的雄性要比执著于一个的雄性后代多。举例来说，鸟类学家发现，鸟类里大多数雌鸟都是很本分的，在窝里哺育幼鸟。雄鸟则大多是拿出一部分精力来顾家，因为雌鸟刚刚把幼鸟孵化出来，雄鸟要负责找食；但通常雄鸟在找食之余还要建立"第二房"，去蒙骗另外一只雌鸟。两房通常拉开一点距离，比如 200 米，原配与二房相互不知道对方的存在。戴蒙德说：在两房都产卵后"雄鸟平均每小时 14 次往来于原配的鸟巢衔运食物，它往二房处运送食物的频率只有每小时 7 次。只要能找到足够的鸟巢，多数已有配偶的雄鸟，都会蠢蠢欲动，追逐第二个雌性。而其中有多达 39％的雄性成功了。……这种模式的大赢家是那些一夫多妻的雄鸟，它们每年平均繁衍 8.1 只，而那些忠贞不贰的雄鸟只有 5.5 个子嗣。"（戴蒙德，1997：23）这样，一种策略、战术、品性就流行下来了。结果是形成了两性之间的战争。

当然，后来人类又在其中加入了文化因素。人类的进化当然与动物不可能一样，但进化生物学告诉我们，它们也不可能完全不一样。直到人类这里，还是雌性哺育后代负的责任更多一些，因为在生理特征上人类有同动物一以贯之的因素。同时另一方面，男女之间博弈，几乎同动物雌雄间的博弈一样深刻且广泛。一位生物学家说，两性之间的矛盾、冲突是人类痛苦的根源之一。

四、灵长目动物的三种婚配制度

以两性为繁殖手段的动物世界中主要存在着三种婚配制度：一夫一妻制，多偶制，群婚制。有学者调查了 68 种灵长目动物。其婚配方式的选择是这样分布的：一夫一妻制 11 种，多偶制（就是性垄断）23 种，群婚制 34 种。

婚配制度的选择有什么体质上的原因吗？这是生物学家一直努力研究的，发现了一些不太严格的规律。两性繁殖的动物具有二态性，就是两性差别大，包括样子、个头、毛色等。当然还有一些动物的二态性不太明显，就是雌雄很接近。一般来说，二态性大的是群婚制，如黑猩猩；二态性最小的长臂猿，是一夫一妻制。人类在体态上不是最典型的二态性，也不是差异最小，而是处于中间状态。

还有另一个指标，就是睾丸与体重的比例。仔细比较，采取群婚方式灵长目动物的睾丸占体重的比例比较大，比如黑猩猩的睾丸重量占体重的 0.27%，倭黑猩猩的比重更大，这是同性竞争所需要的。多偶制虽然不是没有竞争，但不是时时发生，且竞争不依赖性器官，所以采取多偶制的灵长目动物的睾丸占体重的比例小，大猩猩的睾丸占体重的 0.02%。一夫一妻制很有规律，面对其他雄性的竞争较少，睾丸占体重的比例也较小。在这个指标上，人类在灵长目动物中也是居中，其睾丸占体重的 0.08%。从这两个指标看，身体特征与婚配制度还是有一些相关性的，但不知道能支配多大的比率，还没有详细的资料可以证明。这两个指标都是连续谱，是渐渐拉开的。

还有一个问题，是生物学长期解不开的谜。这个问题就是在灵长目动物中有相当多的物种有发情期，并且排卵期有明显征兆。比如猴子有发情期，相应地在排卵期雌猴子的臀部就红了，它们在这一短暂的时期里疯狂地交配。而人类一年中每个月都可以交配，排卵期身体上没有任何明显的征兆。同时，哺乳动物中也有中间状况，就是有轻微征兆，很弱。这样，在 68种灵长目动物中共有三种类型。排卵期无征兆的有 32 种，包括人类；轻微征兆的有 18 种；明显征兆的有 18 种。（戴蒙德，1997：56）学者们就开始讨论为什么有的动物有发情期，有的动物无发情期？为什么人类的排卵没有征兆，这些特征各有什么样的功能？为什么进化选择了这样一种策略？

在与婚配制度结合考虑后，有了一定的突破。起初，产生了两种理论来解释上述现象，一种叫"居家男人理论"。毫无疑问，雄性动物总是要努力保证后代的可靠性，即它们是自己的子嗣。对有发情期及排卵期有征兆的动物，雄性只需在那一段时期看住雌性就行了。无发情期及排卵期无征兆的动物则不同了，它们在任何时候都可以交配，若一个雄性没有看守住它的配偶，其配偶就可能和其他雄性交配。所以若要保证其配偶所生后代的可靠性，它就必须时时看守。也就是说，这种理论认为，排卵期无征兆促进了雄性与雌性厮守在一起。另一个理论叫"杀戮理论"或曰"多父理论"。在大猩猩中观察者看到，随着身体衰老，老的雄性统治者被推翻，新上任的雄性往往残忍地将老首领的幼崽全部杀掉。这对整个物种来说是不幸的。无排卵征兆的后果是什么？就是无排卵征兆的出现使这个群体的杀戮减少了。因为雄性统治者无法确认幼崽是谁的，群体内比较混乱，子代的归属不清楚，就不会轻易杀掉哺乳期的幼子，因为可能会杀死自己的子女。这样杀戮就少了。避免目的论的准确解释是，排卵期无征兆的雌性的后代较少被杀戮，而这种排卵期无征兆的特征将被它的后代继承，它们较多的后代将渐渐使得排卵期无征兆成为种群内的支配性特征。这两种理论的争论一时间难分胜负。这时候，瑞典生物学家比吉塔·西伦－图尔伯格（Birgitta Sillen-Tullberg）和安德斯·莫勒（Anders Moller）综合以上两种理论进一步研究，有了新的突破。进一步的研究发现，排卵期无征兆的 32 种中，有 10 种是一夫一妻制的婚配方式（一夫一妻制总共只有 11 种），有征兆的 18 种中有 14 个是群婚制的方式（采取群婚制的共 34 种）。这里面很有一点相关性。一夫一妻制的灵长目动物中的绝大多数排卵期无征兆，但还不是说排卵期无征兆的多数都是一夫一妻制。排卵期有征兆的多数采用了群婚制，也不是说采取群婚制的大多都是排卵期有征兆。经过细致的归类和推理后，分两步推出了一个结论。首先隐蔽的排卵期产生于群婚制或多偶制的物种，而不是一夫一妻制的物种，是"杀戮"理论所作出的解释在这种变化中起了更大的作用。而后，随着隐蔽的排卵期出现后，具备这种特征的物种中的一部分，向一夫一妻制转变。"家居父亲"的理论更适合解释后一步骤。这一解释很细致。(戴蒙德，1997：50—64) 汉语读者只能从戴蒙德的《性趣探秘》这部书的转述中了解这一理论的梗概。我们希望能早日看到这一理论的原本或全译本。

五、人类为何选择一夫一妻制

人类下一代最脆弱，人类具有别的动物没有的漫长的成长期，人类的生存方式极大地依赖于后天教育，所以在人类这里"高父爱投资"是有高回报的。如果父亲不管，由母亲单独照管孩子，风险太大。原始社会乃至更早时期的环境与现在大不一样。那时人类与其他野生动物共享自然，不像现在人类占了那么大的地盘。那时高父爱投资的回报很高，没有父母的共同照顾，孩子就可能被野兽吃掉。残酷的外部环境，是高父爱投资的原因之一。其二是人类的生存方式很大程度上依赖于孩子的后天教育，从而获得生存能力。人类早就不是靠本能就能生存了。后天教育不是上学，上学是很晚近的事情，后天教育主要是通过父母完成的。否则后代的生存率很低很低。这种理论集中体现于费孝通的《生育制度》中提出的"双系抚养"概念中。这本书写得很有意思，其中包含了马林诺夫斯基的思想，结构功能主义的思想。缺点是结构功能主义容易陷入目的论，没有进化论那么严谨。在今天看来，社会学、生物学以及其他综合性的理论比费氏的思想要丰富得多。

人类社会怎么奠定了一夫一妻制？"高父爱投资"促进了这一制度，但只此一个因素恐怕解释这一制度的建立仍嫌不足。毕竟从生理特征上看，人类不是典型的选择一夫一妻制的动物，如前所述，人类的特征居于灵长目动物性特征系列谱的中间。从现实的制度选择看，不是全部的人类统统实行一夫一妻制，而是多数人类实行一夫一妻制，少部分是多偶制。那么，一夫一妻制是不是两性之间博弈的产物，女性占了上风，男性作了让步，最后选择了这一制度呢？不对。如果是妥协的话，先要看谁占了便宜，谁吃了亏。前面讲了两性战斗中的两种策略，从生理而非道德意义上看，吃亏与占便宜要从占有的资源上去衡量。应该说一夫一妻制导致了"好男"、"劣女"吃亏，"好女"、"劣男"占便宜。这怎么讲？举例来说，先说占便宜，有些雌鸟宁愿给最有力量的雄鸟做"二房"，也不愿意找拙劣的雄鸟，因为这些雄鸟没有领地，身体太弱，找食的能力差。雌鸟的这种选择可以使其子代拥有较高的存活率。再说吃亏。本来雄鸟可以有"两三房"的，但是在严格的一夫一妻制下，有力量的雄鸟的后代也不得不减少，因为只能拥有"一妻"。"劣"的雌性在一夫多妻制下占了便宜，因为它们"搭了便车"，找到了好的雄性，在一夫一妻制下，就不行了，肯定找不到"好"的雄性。"好女"在一夫一妻制下占了便宜，由于这一制度她们独享了男方优厚的资源。在多偶制、群婚制下，它们只能与其他雌性共享一个"好男"。在一夫一妻制下，"好"雌性独占了这一资源，"劣"的雌性吃亏了。与此同时，"劣男"

更有望找到配偶，因为"好男"也不能多占。（赖特，1994:
79—85）

经济学家弗兰克更简明地说明了上述道理。如果人类允许多偶制，即多偶制和一夫一妻制并行，假如10%的男子占有30%的女子，也就意味着"9名男子的适婚对象仅为7名女子"，显然至少20%的男子找不到配偶。所以，多偶制伤害的是男子，严格的一夫一妻制有利于更多的男子找到配偶。"禁止一夫多妻制的法律可以减轻男子的生活压力。也许正因为如此，以男子为主的立法者才会使之成为法律。"（弗兰克，2006）

一夫一妻制实际上是男性之间的妥协。那个制度的奠基时代是男性的时代，女性没有发言权，男性占据支配地位，一夫一妻制是"强男"（这里只指资源占有上的意义，非道德上的）向"弱男"的让步。这是人类历史上最伟大的一次妥协，一次制度建立。为什么需要妥协？为了减少社会生活的暴力。有学者，比如福柯，认为一夫一妻制压抑人性，我认为那是只看到"小道理"，没看见"大道理"。人类社会生活中包含了很多冲突，很多欲望满足上的不平等。而人类"性"的欲望是最基本的欲望之一。如果若干男性没有性伙伴，没有机会染指异性，这样的社会必将生活在火药桶上，其暴力事件将极其频繁。通过生物学的学习，可以反驳一些流行的观点。比如有些学者极其反对战争、暴力，认为中国文化爱好和平。首先，中国文明不是这样的，相反中国古代战争极其频繁，否则怎么会有《孙子兵法》这样高超的作品。其次，战争和暴力也有其伟大的功能。暴力在不同阶段，功能不一样。不同时期、不同水准的武器，决定了它是有利于强者还是弱者。

很多武器，包括核武器，都是利于强者的。但是在远古时代，也有武器利于弱者的时刻。人与人身体的差距是巨大的。比如泰森一拳就能打死我们这样的人，双方力量的差距太大。他背对着我，我都奈何不了他，我打他一下像挠痒痒一样，他一回手我就毙命了。但后来出现了石头、刀子，情况就不同了。有武器的泰森和有武器的郑也夫，没武器的泰森和没武器的郑也夫，在两种情况中我愿意选择双方都有武器。这样我也可以从背后要他的命，否则我没有任何胜算。人类为什么走向一夫一妻制了，是因为人类这个物种率先摸到了武器。当大家都有了武器的时候，强者也害怕。这样男性之间完成了一种妥协，这妥协之前可能是一段残杀。这不是自然选择了。人类已经有了意识、有了理性。理性的思考使人类社会中的强者也认识到不能垄断性资源。这一制度的功能极大。因为人类最终是合作的动物，一夫一妻制的建立消除了人类合作的基本障碍。虽然说仍然有不平等，挣钱多少不一样，但基本欲望满足了，就勉强可以合作了。否则人类无法形成一个共同体。

婚姻抚慰了男性。男性比女性生猛。社会学家作了很多统计，犯罪率最高的是未婚的男性，已婚的男性犯罪率比未婚的男性犯罪率低很多。有个理论说男性在婚姻中精力得到释放，精神变得松弛，侵犯性削弱了，状态不一样了，减少了犯罪率。有句老话"光脚的不怕穿鞋的"。有钱人占据了大量异性，但他们最惜命。因为弱者以命相拼，强者只好承认大家都有"性权利"。于是人类的社会远离了大猩猩的社会。性伙伴的获得需要自由竞争，竞争不到也没有办法。现在的婚姻法也不是说保证每人配一个配偶，但是有权利了。

六、一夫一妻制的补偿与变形

读者朋友很可能会指出，历史上的纳妾既属合法，又不在少数，能否说人类很早就选择了一夫一妻制？在三种婚配形式中，我们可以有把握地先将群婚制从人类社会中剔除。也就是说，争论将在人类历史上的婚配制度是多偶制还是一夫一妻制上展开。我认为从覆盖的人数上判断，应该说主要的制度是一夫一妻制，多偶制涉及的毕竟是少数人，无论是男性还是女性。也可以说这是另一种妥协，是对于一夫一妻制的补充。如前所述，一夫一妻制的建立是强者向弱者的妥协。但强者毕竟不会放弃他们对资源的争夺。于是社会又从主导制度中穿孔打洞，向强者妥协让步，使纳妾合法化。另一方面看，一个制度能长期存在下去，既在于它的刚性——任何人拥有异性的权利都不能剥夺，又在于它的弹性——在昨天体现为纳妾现象的存在，在今天体现为离婚被社会接受以及自愿的婚外恋不受法律的严酷制裁。完全没有弹性的制度其实是难以存在的。因为制度是社会成员间博弈的产物，博弈不会随着制度的建立而终止。绝对刚性的制度在现实中是非常稀少的。

一夫一妻制在当代社会的演变中出现的最大变数，不是对少数纳妾现象的妥协和允许，而是家庭大量的离异与重组。形式上看，一夫一妻制照旧。但实质上这已经远离了原初的、生物学意义上的那种一夫一妻制。生物学意义上的一夫一妻制意味着一对夫妇共同养育自己的子女。重组的一夫一妻制则是相互养育别人的子女，丈夫帮助养育妻子和别人的孩子，妻子帮助养育丈夫和别人的孩子。赖特说："毕竟自然选择发明父母之爱的唯一理由就是，给予后代以好处。"（赖特，1994：89）常识告诉我们，继父母对待孩子同亲父母是不可比拟的。所以赖特对这种"变相的"一夫一妻制提出了严厉的批判："许多孩子不能与亲生父母共同生活，将带来最宝贵的进化资源的大量浪费，即爱的浪费。无论一夫一妻制和一夫多妻制的彼此功过如何，在某种最重要的意义上来说，我们现在所拥有的多种形式的一夫一妻制，即变相的一夫一妻制，是所有形式中最差的一种。"（赖特，1994：90）

人类日益脱离自然选择。变相的一夫一妻制是其中一例。

七、同性恋的根源和功能

同性恋是人类的一种性行为，也是进化论生物学思想面临的几大难题之一。达尔文进化论思想认为，没有用途的身体部件和性能将在自然选择的过程中被淘汰。有同性恋倾向的人不生育或少生育，为什么这种倾向没有在漫长的自然选择中被淘汰呢？社会生物学教父威尔逊在其书中讲述了进化论生物学面对这一难题的第一种解释："由于他们的出现，结果可使他们的近亲们生育较多子女。原始社会里具有同性恋倾向的分子们无论在捕猎、采集或其他住居地的工作上，都会去帮助同性的成员。由于他们不受亲职义务的牵绊，他们可能会表现为近亲们的得力助手，而他们的职务也会显出这个特征：他们可能会担负起占卜者、巫师、艺匠、部落知识保存者的角色。如果他们的近亲，如姐妹、兄弟、侄甥等等，会较有利于生存与生殖的话，则这些近亲与该同性恋者所共有的基因便有更强的扩张下去的趋势。所以不可避免地，其中某些基因就会使下一代某些个体具有同性恋的先天倾向。一个种群中某些少数分子便因此而可一直保有发展偏爱同性恋的潜能。所以说，纵然同性恋者们自己没有子女，他们却有可能将同性恋的基因通过旁系而增殖。这一观念可称为同性恋之来源的'亲族选择假设'。"（威尔逊，1978：138）

自然，很多学者认为这一解释太过牵强。赖特说："原则上这些解释可能是对的，但事实似乎与解释不太吻合。有多少同性恋者在帮助其兄弟姐妹、侄女侄子上花费了大量的时间？"一些学者企图从灵长目动物的行为中获得启示。赖特说："值得注意的是倭黑猩猩，他们近亲，显示了双性性行为。例如，他们进行生殖器摩擦，作为一种友好的信号和平息紧张的方法。这揭示了一个普遍的原则：一旦自然选择创造了一种满足的方式，这种方式就可以为其他功能服务。……古希腊人形成了有时靠男孩用性刺激来取悦男人的一种文化传统。……男孩还用这种技巧结交良师益友，提高他们的地位。……监狱是一个极端例子，当异性满足不可能时，性渴求就可能寻找最相近的替代物。"（赖特，1994：374—375）

灵长目动物专家瓦尔说："问这个问题的人是这样想的：既然同性恋不能繁衍后代，他们就该在很久以前就灭绝了。但是如果我们不接受现代给各种事物下定义划类别的想法，我们就不会在这个问题上感到困惑。同性恋不能繁殖后代的假设真的那么正确吗？他们当然可以繁殖，在现代社会里，他们在生命的某个阶段会结婚的。很多同性恋夫妇在我们这个世界上组建家庭。'灭绝'的说法也假设在同性恋和异性恋之间存在基因的鸿沟。的确，性偏好看来是体质决定的，但'同性恋'基因的传说却暂时没有找到证据来支撑同性恋者与异性恋者在基因上存在着系统差异。……倭黑猩猩有时被视为同性恋动物，它们的确有频繁的同性恋活动。雌性倭黑猩猩总是在从事这类活动，而实际上GG—摩擦是它们社会里的政治黏合剂，很明显是雌性之间良好关系的一部分。……（但）就我们所知，没有完全的异性恋或者同性恋的倭黑猩猩：它们实际上全部参与到与各种伴侣的性活动中。……排斥异性的纯同性恋倾向在动物的王国中几乎没有，或者很罕见。"（瓦尔，2005：61—64）

美国性学家金赛认为，62%—79%的自称同性恋的男性和74%—81%的自称同性恋的女性，有过异性性行为的经验。可见同性恋群体中的多数具有双性恋倾向，而有双性恋倾向但在现实中未表现出同性恋的显然要高于现实中的同性恋者。

我在阅读灵长目动物生活习性的文献时产生了自己的心得。灵长目动物大多都有同性恋和性自娱行为。68种灵长目动物中仅有11种实行一夫一妻制（人类是大部分一夫一妻制，小部分多偶制），23种实行多偶制，34种实行群婚制。多数学者共识，一夫一妻制是后来的产物，早期的婚配制度是群婚和多偶制。群婚中性资源的享受当然是不平等的，强者的机会更多。学者们观察到在野生狒狒的群体中，小狒狒在染指不到异性时大多发生同性恋，一旦能够得到异性马上就转变为异性恋。由此可以判断，同性恋是具有生存优势的。在多偶制乃至群婚制的群体中，很多雄性长期得不到异性，如果没有同性恋作替代，一方面内部的冲突将趋于白热化，另一方面雄性中的弱者的性能力将弱化（它们还将在郁闷中变态），而那又将导致该群体中的首领及其他少数强悍的雄性没有了替补和候选，那将是物种的灾难。进化没有淘汰这种品性，在于它具有实实在在的功能，可以帮助灵长目动物协调性资源，缓冲性压抑，锻炼性能力。借用 NBA 的话语来说，群婚或多偶制的动物世界中，同性恋者是"板凳队员"，他们鲜有上场的机会（即同异性交配的机会），但必须不停地操练（即在同性恋活动中操练性能力），这样他们才不致荒废了"球艺"，在机会降临的时候才会得心应手。

第9章

美　感

一、截然不同的美感：人与物

人类用"美"来形容的对象过于宽泛，稍加深入思考就会发觉，宽得有些离谱。我上句话中的主语是人类，就是说，不仅中国人如此，其他诸多民族在相当程度上也是如此。人、物、景观，统统可以用"美"（或者用 beautiful 等词汇）来形容，但其实它们完全不是同一品性的东西。一个美女可以唤起男人的激情和性欲。一朵鲜花、一块宝石、日出东海、月挂中天、飞湍瀑流，也可以唤起人们的某种情愫，但那是同异性的作用完全不同的情绪，绝对不会导向性欲。就是说，它们各自的性质不同，它们对人类感觉系统的作用也不同，或者说，它们是作用于人的不同的感官系统的。美是什么？美所描绘的对象的共性是什么？最直观地看，美就是好看，看属于视觉，也就是说，美所指陈的对象是引起视觉上好感的东西。这么说大体上似乎不错。但偏偏是我们的母语中有现成的反例。我们常常说到"美食"，这显然与视觉无涉，而是味觉上的评价。更有语言学家说"羊大为美"，"美"这个字干脆就是源于食，而非性。口语的产生大大地先于文字，因此构字中的"羊大为美"不能说明口语中的"美"也是源自食物和口感。但它足以证明，"美"涉及多种感官。

为什么一个"美"字会和十个百个对象挂钩，用以表达不同感官上的良好评价。我的猜测是，这些感觉是最原始的、最基础的、最重要的、最难忘的。语言一产生，人类就急不可待地要用尚不充分的词汇来表达这些感受。于是，"美"以一当十。这种语言习惯一旦定型，就难以更改了。固然，在日益完善的语言中逐渐增添了作为"专用钥匙"的词汇，但"美"成了几把"万能钥匙"中的一把。

我确实以为"美"所指陈的人与物完全不是一回事。它们能够走到一起，只是因为祖先用一个词汇概括它们。它们纠缠在一起太久了，乃至影响了我们的思维方式。所以，即使不是一回事，也仍然有比较美人与美物的必要性。因为我们通常所说的"审美"和"美感"，分明兼括了人与物。这比较可以进一步搞清人与物的分野，还可以在比较中认清作为审美对象的人。

多数人大约会同意，各民族的审美是不同的，各时代的审美是不同的。但要认真看待这一判断，首先还是要分清人与物的差别。因为民族间的审美差异和时间上的审美变迁，更多地发生在物的范畴，而不是判断人之美丑。为什么对物的审美变化很大，而对人的审美变化很小？我以为，无论是看待人还是物，在审美上都有一个通则：稀缺是美的要素之一。既然是"之一"，就是说，稀缺不是美的充分条件，却是它的必要条件。再好的东西，泛滥了，就不美了。稀缺了，才有冲击力。工业的本质是什么？是物品的复制。只要有需求，任何物品都可以大量复制。美的物品被大量复制，遂使一种物品难于保持其审美上的地位。而美人不能复制，固可以保持其稀缺，稳定人们对人之体貌的审美。

物的崇拜从来是与富贵、炫耀和时尚密切关联的。大家都拥有此物，它就不再是富贵的象征，不可以用来炫耀了。时尚的性质在于，一方面，它被人们追求；另一方面，不可以席卷过多的人。它极像不断吹出的肥皂泡：一个商品开始吸引越来越多的人，如同一个肥皂泡被吹起，当拥有该物品的人太多之时，它就不成其为时尚，如同一个肥皂泡太大而破灭；人们只好再吹一个，正像时尚破灭后，大家寻找新的时尚。人们追求时尚的本质是显示个性、吸引眼球的心理需求。在美与稀缺二者中，稀缺更重要，泛滥最要不得。时尚能兼备美与稀缺当然好。但时尚是不断更新的东西，哪里能永远找到这样的组合。人们寻找追求时尚的动机又是顽强的，所以常常会有丑的时尚的问世。

人的体貌上不存在物品崇拜中的问题。在这一范畴中美与稀缺牢固地结合，美不会被复制品冲击，稀缺强化了人们原本认同的美。

学者的调查证实，对人类体貌之美的共识跨越年龄、阶层和种族。1960 年英国一家报纸刊登了 12 位年轻女子的照片，请读者审美并打分。报社接到了来自各阶层、各年龄段的 4000 余份答卷，这些答卷有惊人相似的评价。1965 年美国进行了类似的研究，收到一万份答卷，也显示出颇为一致的评价。而美国显然是血统和文化传统上更具多样性的国家。两位人类学家琼斯和希尔曾经向巴西、美国、俄罗斯、委内瑞拉的黑威印第安部落和巴拉圭的艾克印第安部落（这两个印第安部落长期与世隔绝）中的一些调查对象展示属于多种族、多文化的面孔（包括印度人、美国非洲裔人、高加索人、美国亚裔人、欧洲人、巴西混血人），他们在美的判断上有"很重要的相同之处"。(埃特考夫，1999：173—175；伯纳姆，费伦，2000：121)

以上调查其实只是旁证着一个道理，对人类体貌之美的判断存在于人类的基因之中，在漫长的进化历史中人类牢固地保持为一个物种，意味着人类在极大比重上共享基因。如果各民族在体貌上拥有各自的审美，并且分歧越来越大，将意味着各民族通婚的可能越来越小，如是，人类最终将分裂成多个亚种。而人类在过去没有分裂出亚种，在全球化的今天就更无这种可能。这就意味着，作为两性交配媒介的审美，必定是跨越种族和文化的通货。

二、人体之美的功能

一个人的体貌对他人，特别是对异性，会产生美感。这美感的功能是什么？是吸引力，是男女彼此走近，或男性追求女性的初始媒介。自然选择筛选出体貌及对体貌的感受力，是服务于交配、生育和繁衍的。其效率和成功的指标就是吸引力充足与否。

几十年前中国美学界曾有过一场争论：美是主观的还是客观的。我倒觉得，在人体美的范畴中，是否共识是更恰当的问题。我们说了，人类在人体美上享有很高的共识。而我们和黑猩猩对此肯定不存在共识。人类对此确享共识吗？前人的经验分明凝固成一句谚语：情人眼里出西施。谁说不是呢。这不是离开了共性和共识吗？该怎么解释？

该从功能上解释。美的功能就是吸引力。这吸引力最需要发生在处于生育期的年轻人之间。为完成这一功能，进化在两个方面展开。

一方面，青春期最美。这是最无争论的事实，其后面的道理也最为坚实和易解。艺术大师罗丹说：人的体貌最美的时间非常短暂。而生物学家告诉我们，一个女子最富生育力的时候最美——其实人们的常识早就认识乃至不认为这是一种值得宣告的知识。

另一方面，青春期最盲目，最不懂美，最容易被异性吸引，即使所钟情的人不是非常的美。

自然选择的微妙在于，靠一方面来完成吸引力仍嫌不够，还要借助另一方面。也就是说，对年轻人来说，相对盲目、容易被更多的异性吸引，具有更大的生存优势。适当地追求美，是自然选择的结果。因为青春即美，找青春的性伙伴更可能产生后代。但是过犹不及，在审美上过于挑剔，不具有生存优势。

说得更极端一点，但似乎还不算错误，在选择性伙伴上过于追求美是变态，是不健康。这一判断的基础是生物学而不是道德。在这一点上性和食的理路相似。"吃嘛嘛香"（一句颇为流行的电视广告词）才是最健康，过于追求美食是不健康，是偏食，它约束了自己的食谱。我的朋友李宝臣是贵族出身的美食家，对人性有透彻的洞察。我们钦佩他的鉴赏力，更惊讶他带有自嘲意味的一句话：美食家的味觉其实是畸形的。我的理解，过于发达的味觉和过分的追求其实就是畸形。

但是对人体美过度追求由来已久，于今为烈。笔者以为，成就这一倾向的原因有三。

其一，年龄。年轻人食欲旺盛，吃什么都是香的。随着年龄增长，欲望下降，要提升欲望就要增加吸引力。美食因此产生和发达起来。我们前面说过，审美应该是"通货"，性器官也是如此，不仅跨越种族，而且在适龄男女中美丑应该不是太大的障碍。不然是不利于种族繁衍的。换言之，没有这一障碍的品性会成为自然选择中的适者。但这都是对年轻人而言。年龄增长后欲望会下降，姿色中等以下的女子对中老年男子会缺乏吸引力，姿色一流的仍对所有男人具有吸引力。灵长目动物中的统治者都不是少年人，而是年富力强者，他们享有更多的性资源。但是人类社会中有了一个变数。就是随着技术和物质条件的改善，寿命大大增长。且因为人类社会中的博弈不再取决于体力过人，权势者成了真正的老年人。权势者获取女性的权力有余，但自身的性能力不足，要靠女子的姿色来提升。现代社会因种种原因，造成了晚婚盛行。晚婚悖逆生物世界中的自然倾向。男子性欲初萌时的盲目性降低，审美拔高，对美便有了过高的追求。晚婚对姿色中下的女子和社会地位较低的男子都是不利的。

其二，阶级。从根本上说，阶级应该是个权力概念，而不是经济概念。经济不过是权力的一种表现形式。但是学者们的眼光过于执著于经济，遂在认识阶级时，搞得最清楚的是财富和收入的差距。搞得最不清楚的很可能是性资源实际占有上的差距。当然除了学者们的偏执外，后者难以搞清也是原因。因为现代社会大多排斥多偶制。占有更多的性资源，大多在合法婚姻之外，当事人做得很隐蔽。上层阶级可以占有更多的性资源，有了更多的挑选余地，遂使审美大幅提升。

　　其三，诗人和媒体的作用。人类是智力过于发达的动物，人类还是精力过剩的动物。于是，性欲方面的一部分激情，通过一小撮特殊的人群，转变为文学艺术。这是一种移情。艺术其实都是移情。艺术造就了一个想象的空间。在这一空间中人体美被提升、夸大。这最初以小说和诗歌为代表。小说和诗歌开拓了人体美的媒体空间，造就出一种特殊的需求，与现实的性需求相对应。照片后来居上，以真实的面目来填充这一想象的、"意淫"的空间。媒体制造者找到的当然是人体美的尤物和极品。在现实的世界中，多数人是无缘目睹尤物的。商人却使尤物充斥于媒体。不仅是成人读物，而且形形色色的诸多媒体都不同程度地以这类视觉冲击开掘其销路。于是，人体美的极品，铺天盖地，让芸芸众生都能目睹。在他们视觉受到冲击的时候，他们审美的阈值也被提升了。这为他们开辟了一个虚拟的享乐空间，但对他们的现实生活未准是好事。因为现实中的女子对他们的吸引力下降，而画报中的丽人在现实中又找不到。现实生活中，两种男人不好找对象。一种是大龄未婚者，自身性欲与性能力的下降使他们对性吸引力的要求提升；另一种就是沉溺在文学和媒体中的人，他们的美的阈值被大大地提升了，成了梦游中的唯美主义者。

三、什么是美

　　人类面孔之美中最大的奥秘是，大家在感觉上有高度的共

124

识，却很难用言语概括出什么是美。美是稀少、出众、高贵，乃至神秘的，而学者们破解这奥秘所提出过的最有价值的两个标准竟然都是平实的。

其一，对称是美。大自然中不对称的物品也可能很美。但包括人类在内的很多动物不同，它们是对称的物种，对称的物种中的每个成员都不可能完全对称。但往往是它们之中更对称的成员显得更美。"自然界中，有机体的对称和整体的健康与状态之间存在密切的联系。例如良种马和对称的人比不对称的对手跑得更快。更对称的花儿能产生更多的蜜，蜜蜂更喜欢追逐这样的花儿。对称几乎也是全球性的春药。一个对 41 个物种的研究发现，在 75% 还多的个案中，对称的动物更有吸引力，也更有性吸引力。相对不对称的动物生活得比较吃力，这样的动物长得更慢，死得更早，性生活明显更少。……我们从来都没有真正弄明白原因，但是这也抵挡不住对有对称美的人们的渴望。……身体对称的男子的性生活比其他男子开始得早三四年，而且伴侣是他们的两倍还多。"（伯纳姆，费伦，2000：119—120）

其二，平均是美。对称虽然似乎平凡，但当我们发现多数人其实不够对称时，便会欣然同意对称是美，尽管我们过去没有如此重视美与对称的关系。何况审视美人我们会同意她们确实更对称，对称是她们的魅力之一，是她们魅力的基础。相比之下，平均是美，更不容易被人们发现，当然恐怕至今也没有达成广泛的共识，但确实已经令很多研究者相信。

平均是美，是达尔文的表弟，因提出优生学闻名的高尔顿率先提出的。这个认识可以说是误打误撞得到的。他收集了很

125

多罪犯的照片，将这些照片合成在一起。比如合成照片中人的瞳距、口宽、面孔长宽比例等各项指标取这些照片的平均值。结果他惊讶地发现，合成的照片更好看。以后他在英国范围内开始做更大的合成。19世纪末叶至20世纪初叶这个游戏竟然在英国校园流行，大家喜欢在朋友圈子中合成照片。更认真和大范围的实验是在电脑流行后开始的。"在欧洲、美国和日本的实验室里，他们正在使用数字合成图像来测试平均化的美。参加这项研究的许多人同意高尔顿的观点：平均化的面孔通常比个人一张张的面孔更有吸引力。把两张或者四张面孔组合在一起只有小的改进，而把32张面孔组合起来做出的合成面孔比单个面孔漂亮得多。几乎没有哪个人能够比合成图像更具有吸引力。"（埃特考夫，1999：182）终于有学者将这一认识同进化生物学挂钩。"1979年人类学家西蒙斯提出一种基本思想：美即平均。……西蒙斯在进化生物学和以上原理的基础上预言：进化压力对群体中的极端的个体不利。如果这个均衡性选择原则起作用，而且具有平均身体特征的人们生存机会最大的话，那么都具有平均特征的人们相互吸引，会使这种生存适应力增加到最大限度。"（埃特考夫，1999：184）出众的美其实竟然是平均化，这一认识深刻而神秘，但确有逻辑上的根据。我觉得我前面说过的一点个人见解似乎可以佐证这一观点。我说，性器官和审美是"通货"，不然人类早就分裂出亚种了。惟其通货的性质，才能保证物种中多数成员相互具有吸引力，相互具有交媾的愿望。物种的成员必然具有相当程度的多样性，要保证大多数人审美上相互吸引，使尽量少的成员因体貌缺乏美感而不被接受，将最大的吸引力放置在平均值上面是最有效的。

但是出众的美源自平均之说，还有反例要应对和解答。男性喜欢硕大而高耸的乳房，应该不是现代的时尚。医生们说明了，乳房大小与奶水多寡无关。人类的乳房几乎比其他灵长目动物都大。女性很喜欢大个子男人，我们当然还无力证明它不是现代时尚。人类女性的乳房，或许也包括男性的个头，似乎与雄孔雀的长尾巴异曲同工，都是性选择的结果。在这一选择过程中，大家喜欢的不一定是最大、最高，但似乎是较大、较高，而不是平均值。细致的推敲将进入微观，比如梦露的胸围是89公分，这在美国人群中是居中还是较大？当然，体与貌不可等量齐观。但如果说，平均值拥有更好的适应度，极端性特征容易陷入危险，则身体上的极端要比面孔上的极端更易陷入危险。

四、男女审美重视程度上的差异

男女双方对对方体貌之美的重视差异极大。这一特征贯穿古今中外。20世纪50年代生物学家福特和比奇发现，在近200种部落文化中，女性外貌比男性外貌受到更大的关注。布斯在1990年考察了37种文化，其中34种文化中，男人比女人更看重对方的体貌。只有印度、波兰和瑞典三种文化中，男女没有明显差别。在全部37种文化中，看不到女性比男性更重视对方体貌的现象。（埃特考夫，1999：76）

很多时候行为比言论或对问卷的回答更真实地反映事实。1996年"美国外科整形暨康复协会"接受美容手术的女性占全部接受手术人数的 89%。（埃特考夫，1999：75）中国新闻社 2005 年 5 月 12 日报道："业内人士估计，仅仅最近几个月，到各大整形医院求诊者的男女比例就已从 1：9 迅速改变为 2：8。" 2007 年整容业人士估计，广州男女整容人数也达到 2：8。

为什么昆虫和孔雀中都是雄性显然更美丽？因此很难设想昆虫和孔雀中雄性会比雌性更重视对方的体貌美丽。人类的世界中，男性和女性哪一方的体貌在生理上更具修饰和炫耀的特征，远没有昆虫和孔雀那样差距明显。我不觉得在体貌上，大卫的雕像逊色于断臂的维纳斯，也不觉得乔丹逊色于梦露。或许这是人类的二态性较小所使然。动物的世界里两性中的一方远比另一方更重视对方的体貌美丽是普遍现象。为什么在诸多动物中，是雄性在体貌上更重修饰，而在人类这里是女性（尽管更突出地体现于后天，先天的身体差距没有那么明显），是一个颇堪思索的问题。

"姣好的面貌有助于女性找到办公室职员的工作，而且薪水还不低，但是却妨碍她们进入更高类型的职业。"（埃特考夫，1999：107）丽人比丑女嫁人的比率要高很多，更是毫无疑义之事。而一个男性青少年的相貌不会预言他未来结婚可能性之大小（埃特考夫，1999：82），也不会预言他未来择业的难易，收入的多寡。

五、美的享用、浪费与代价

在第八章第三节中我们谈到，灵长目动物的世界里，两性的生存策略是不同的。雄性的策略是广种博收，是寻找更多的性伙伴。雌性因为卵子的稀少和宝贵，要寻找的不是更多的，而是更好的性伙伴，并悉心养育子女，争取"丈夫居家"帮助养育子女。两种不同的性倾向与三种婚配方式交叉起来，在性伙伴多寡上会导致怎样的分布呢？多偶制下雄性的情况最清晰。在首领的地位稳定期间，首领及地位高的几位雄性，占有全部成熟的雌性。其他的成熟雄性只能择机偶尔染指。雌性是比较均匀地获得性伙伴，还是具备不同的性吸引力，因此占有不同数量的性伙伴，还未见调查给予更充分的说明。群婚制下，性能力强的雄性会享有更多的交配机会，雌性的情况和多偶制下的雌性一样晦暗不清。一夫一妻制如果得到严格的执行，应该最清楚。但遗憾的是绝对严格的一夫一妻制几乎没有。长臂猿的二态性最小，是典型的一夫一妻制的动物。但是学者们发现它们也有婚外恋。

人类的情形最复杂，因为人类在性倾向上摇摆于一夫一妻制和多偶制之间，在制度上以一夫一妻制为主。并且人类还有一个特点，就是男性非常重视女性的体貌。无论是哪一种性倾向，无论处于哪一种婚配方式，交配人次上雄雌是相等的，因为同性恋和自恋不在我们考虑之内。两性在性倾向上的差异，雄性求偶上的主动，加上雄性审美上的挑选，性伙伴的分布应该是：有婚外恋的男性较多，或结婚不止一次的男性较多；有婚外恋的女性较少，或结婚不止一次的女性较少；但是，有婚外恋或再婚的女性，婚外恋或再婚的次数更多。不然，男女交配人次就不等了。概率上说，婚外恋和再婚次数较多的女性应该是体貌出众的。但以上只是逻辑上的推论，似乎雄辩，但缺乏经验上的证实。

人类的性活动和繁衍是靠女性的体貌之美作媒介，灵长目动物的性活动大都超越了繁衍，有了其他副功能：寻欢，凝聚群体关系，等等。有姿色的女性婚外恋或再婚的次数更多，从收益上看，是资源更充分地被享受，给更多男性带来莫大快乐。但收益多是有代价的，其代价是，它冲击着一夫一妻制的婚姻，有时是破坏了夫妻的感情，有时是导致家庭解体，进而导致子女不能兼享亲生父母的日常性爱护。

说到资源的不浪费。现代社会中发生了一个悖论。一方面，婚外恋与家庭解体和重组频繁发生，这可以理解为珍贵资源的频繁转换；但是另一方面，似乎又在发生着资源的严重浪费。从古人一直追溯到动物的世界，都是性成熟即交媾或谈婚论嫁。现代社会中就业技能的更高要求和就业年龄的不断提升，造成独立生活的推延，进而导致了晚婚和晚恋。我们上面说过，青春就是美，美是短暂的。现代人类分明在浪费着美的享受。男子在其性器官刚刚成熟后要度过一段禁欲期，对其身心利弊如何是个很难说清的问题。我们说神似祖先。而灵长目动物中分明也有这样的物种，壮岁的雄性垄断着雌性，青春期的雄性过着禁欲或同性恋的生活。适当长度的禁欲期对锻炼耐心、学习自控，很可能大有助益。但是在全部灵长目动物中，似乎没有哪个物种的雌性成熟后还有一段禁欲期。人类中女子初潮后的禁欲期应该不是男女本性使然，而是文化的产物。笔者预料，未来的人类社会中，男女交媾的最初年龄会渐渐提前。当然这是多种原因的产物。笔者尚说不清其中的得失利弊。并且觉得这事情和其他事情一样，不是学者们讨论怎么好就会怎么办的。

第 10 章

适应与进步观

一、进步观的产生

在近现代人类思想的殿堂中，"进步观"是最重要的支柱之一。简单地说，为"进步观"催生的是两支力量。其一，告别中古时代后，人类的社会与文明猛然从静态变为动态，从缓进变为疾行。这一进程，特别是其中技术的进展与物质的增长，为每个社会成员留下深刻的印象，它是进步观产生的社会历史基础。其二，与技术和社会演进同步发生的是思想家对意识形态的重塑。培根、笛卡儿、孔多塞、圣西门、孔德、约翰·穆勒、黑格尔、马克思，从理性、历史、科学，多方面论证了进步的不可阻挡。它们共同汇成了一股大潮。但是，即使如此，如果没有一支重要思想的加入，进步观的理论基础仍然称不上严谨和坚实。加入进来的这一思想就是达尔文主义，准确地说，是被世俗理解的达尔文主义。它排列出了从低等生物、鱼类、两栖类、爬行类、哺乳类到人类这样的进化序列，使得文明与社会的进步从物种的进化那里找到了根源和基础。

从此，人类的精神开始被"进步观"笼罩。崇尚进步、标榜进步，成为一切党派、学派的口头禅。即使是倒行逆施者也无例外地将进步挂在嘴上。这之中固然有为自身贴金的意味，但这也恰恰说明几乎一切人都笃信进步乃人间最伟大的事物。人们以为，一切皆可变，世界进步之趋势不可变。

二、对进步观的质疑

但是人类物质与精神世界继续发生的巨变真的又到了质疑和颠覆"进步观"的时候了。为之催生的仍然是两支力量。

其一，二百年来，人类的能力增长了许多，但是今天的世界远不美好：两次世界大战之残酷超过了以往的历史；奥斯威辛集中营和古拉德群岛；冷战后暴力的升级，直到9·11事件的发生；核俱乐部成员的不断增加；环境严重污染，今天的空气和水的质量不如100年前。率先富裕的西方人早就在质疑社会的"进步"了。欧皮特在其《进步：一个概念的兴衰》中指出：从1972年到1982年，德国信仰进步的人数从60％下降到28％，不信仰进步的人数从19％上升到46％。人们已经不可能像半个世纪前那样相信一个"新社会"、"新世界"、"新人类"即将来临。相反，"危机"和"风险"这样的词汇在使用频率上已经取代了"进步"。（欧皮特，1994）

其二，与此同时，敏感的学者开始了对"进步观"的批判。他们指出：进步观只是历史的、晚近的产物；很可能只属于一段历史时期；科学的进步与道德的滞后导致手段的滥用；科学很可能成为人类毁灭的工具。但迄今所见的批判，大多并未涉及达尔文主义。而不涉及这一基础理论，不仅不可能对"进步观"作出深刻的再思考,甚至必然陷入概念上的混乱,无法自圆。比如,该如何回答处在科学的进步和道德未进步中间的人类是否在进步与进化呢?

三、适应与进步

生物学家终于出场了。乔治·威廉斯是率先批判进步观的现代进化论思想家。他在1962年出版的《适应与自然选择》中说:"在自然选择理论的基本框架中,决不表明有任何积累性进步概念的存在。"(威廉斯,1962:28—29)为了克服进步概念自身的模糊以及在理解上的分歧,他将进步分解为五个独立的范畴:"遗传信息的积累,形态学上复杂性的不断增加,生理学上功能分化的不断增加,任意规定的方向上的进化趋势,适应有效性的增加。"(威廉斯,1962:29)威廉斯逐一考察了这五个范畴,得到了否定性结论。他认为,现代受精卵并不含有更多的信息。很多动物从幼年到成年形态上的蜕变,必定要求其遗传基因中有着更多的形态发生指令。鱼的头骨组成的机械系统要比人的头骨组成复杂得多。这一点不奇怪,现代喷气式飞机要比螺旋桨飞机在结构上简单。(威廉斯,1962:35—41)"我引用这些例子不是因为我相信更低级的形式通常能胜过据说是更高级的物种,而只是表示这场游戏能够被双方来玩。"他说:"进化,无论它体现出什么样的普遍趋势,其实只是维持适应的副产品。"(威廉斯,1962:44)

古尔德将批判进步观推向高潮。他在其1977年出版的《自达尔文以来》中提出：达尔文在《物种起源》中一直使用和探讨的是"带有饰变的由来"(descent with modification)。达尔文否认物种有高级、低级之分，他说：假如一个阿米巴可以很好适应它所生活的环境，就像我们适应我们的生活环境一样，谁又能说我们是高等的生物呢？达尔文几乎独自坚持认为，生物的变化只能导致提高生物更适应它所生活的环境，而不是导致结构的复杂性。达尔文只是在《物种起源》的最后才使用了"进化"这个字眼，是因为这个字眼的使用才导致了人们的误解和混乱。（古尔德，1977：22—24）

1996年古尔德的著作 *Full House*（中译本的名字是《生命的壮阔》，我以为是误译，兼顾书名和书的内容，译为"全局观"似乎更合适。当然英文"full house"还是一种牌戏的名称，汉译很难兼顾书名的这种韵味）问世，将这一讨论推向前所未有的高度。古尔德在这部书中努力恢复那个"真正的达尔文"。他说，达尔文在一本鼓吹进化论的名著上写下这样的眉批："千万别说什么更高级、更低级。"达尔文在回答同行的信中说："经过长期思考，我无法不相信，所有生命都没有天生的进步趋势。"（古尔德，1996：152—153）达尔文认为，自然选择只能导致物种适应当地的环境，适应局部的环境，这种适应不可能产生全面的进步。特别重要的一个观点是，对当地环境的适应，固然可能导致自身解剖上的复杂化，但同时也可能导致解剖上的简化。这是反驳"必然进化"的极其重要的子观点。其中的一个例证就是寄生虫。寄生是一种比较普遍的生存策略选择，而寄生虫的结构显然比其祖先简单。一句话，寄生是适应的，却不是进化的。

这一生动的例证使我想到了我们社会中流行的"寄生"现象：一方面那些腐败者获取了丰厚的利益，另一方面他们的能力在全面退化——腐败是绝对不需要高智力的；他们自己会发问，能够获得利益为什么还要"进化"呢？另一个更雄辩的例证是细菌。古尔德说，细菌有36亿年的历史，它是整个生命历史中的耐力冠军和主宰者。人类要想撼动细菌的地位，还是无法想象的事情。甚至人类自身的重量中10％是细菌。人类是地球上最复杂的生物，而细菌是最简单的。二者中谁的适应性更好呢？人类不能在地下六英里处靠玄武岩和水维生，也没有能力利用地热，没有能力离开太阳能生存。细菌比人类有更强的适应性。一切抗生素都消灭不了细菌。原子弹可以消灭人类，根本奈何不了细菌。所以古尔德说，如果有生存赌博的话，把赌注压在简化上要比压在复杂化上更明智。精致和复杂固然有其一定优势，但其劣势也是巨大的：它由更多的部分组成，因此就有更多危机的可能。（古尔德，1996：195—222）

威廉斯和古尔德在批判进步观上享有很多共识，但也存在重大分歧。他们分别从两个方面向进步观开战。威廉斯认为，没有走向复杂化的趋势。古尔德则认为，复杂化可能发生了，但那不是必然的发展规律。

四、墙与醉鬼的理论

如果生命中的复杂不是必然的发展规律，它又是怎么产生的呢？古尔德提出了"墙与醉汉"的理论。（古尔德，1996：55—60；186—194）他继承了达尔文的观点，物种在适应环境的变迁时，既可能将自身复杂化，也可能将自身简化。他的建树是提出，简化这一边有一堵"墙"，因为简化不能无限发展，到了细菌这种程度就到头了，不能再简单了。而复杂这一边没有"墙"，可以一直走下去。古尔德作了这样一个比喻：醉汉在路上蹒跚，其左边是一堵墙，右边是一条沟。醉汉可能向左右任何一边迈步，既无"前定"的规律，也无方向上的嗜好。是墙壁制约了他左行，他几度左行撞墙，又几度右行接近水沟，当某一次右行更远些时就掉进了水沟。醉汉们屡屡掉进水沟，但右行却不是必然的，不是蓄意的，而是偶然的，是无意的。古尔德进一步以学术语言和图像表述他的理论。下面的图 1 表述的是统计学上的正态分布，图 2 表述的是"墙"所导致的倾斜性分布，也即简单物种与复杂物种的分布情况。由于物种在适应环境时有向两个方向变异的可能，而简单方向上有一堵墙，使物种不能向左伸张，所以在墙的附近屯积了最大数量的简单的物种。这与现实的生命世界中细菌和昆虫的数量大大高于比之复杂的生物的情况相符合：地球上现存哺乳动物 4000 种，正式命名的多细胞动物多达 100 万种。如果生物只能朝复杂方向变异，则拥有几十亿年历史的地球上的全部生物，在数量上不应以简单生物为重心。相反，由于生物在每一阶段都有朝着两个方向变异的可能，因此是无数次偶然地倒向了右边，才产生了人类。走向复杂之路是成几何级数锐减的。人类是跌跌撞撞地走到生物世界中的复杂的巅峰的。说人类更复杂是没有问题的，更适应却谈不到，甚至不敢在适应性上向细菌夸口。

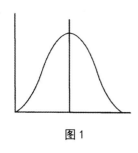 

图1   图2

五、人类偏爱故事与神话

上述种种显然更符合达尔文在《物种起源》中屡屡讲述的主题——饰变的由来，而不是进化。那么为什么达尔文要在该书的结尾改用进化一词呢？这将是生物学历史上永远的谜团。古尔德的猜想是，那个时代"进步观"正甚嚣尘上，达尔文在其著作的最后一页的措辞中向流行的话语妥协了。而这一措辞上的摆动，立即被斯宾塞这样的狂热的进步观持有者歪曲和发挥。以至最终，进化论成为达尔文主义的代名词。这其实是绝大的误会。顺便说一下。达尔文实际上是非常看不起斯宾塞的，认为他完全是科学的门外汉。

威廉斯说："进步的概念必定来自与生命的历史有关的、以人为中心的这一立场的考虑。……我猜想，进化中的进步性和人类出现的不可避免性，看起来竟像科学的概念一样确凿，仅仅是因为我们继承了定向进化论中的'更高的'或'高级的'生物体这类传统术语，以及这个事实：一系列分类的范畴不得不有一个开端和一个终结。"（威廉斯，1962：29，40）

古尔德说："只有当我们摧毁了自大的础石、承认生物进化的不可预测；只有当我们承认，人类知识生命之树的小枝丫，刚在昨天冒出，达尔文的革命才算完成。我们还紧抓进步的稻草不放，因为我们还不准备接受达尔文的革命。"（古尔德，1996：27）

达尔文的进化论思想同传统思想方法间的巨大差距，曾经是令人惊骇的。但是 150 年后我们才醒悟，那差距之大是超出我们的想象的。我们的思维深处仍然沉浸在故事与神话的逻辑中。

六、文化的进化

敏感而执著的读者一定不肯全盘接受上述思想，他们分明看到了人类文化走上了日益精致复杂的不归之路。哪里还有复杂和简单的两条道路？这正是我们想继续讨论的内容。

其实作为一个物种，人类在身体上并没有一直不停顿地进化。人类学家认为，我们找不到过去十万年来人类体型和大脑变化的证据。而这在生物的世界中恰恰是正常的，即成功地适应环境后，将发生的正是停滞，而不是持续的变化或曰进化。

持续变化或曰进化的是人类手中的文化，而不是作为物种的人类自身。一方面，文化不断变异的事实不意味着我们以上对物种的讨论遭受到严酷的挑战；另一方面，人类是生物世界中的特例。其独一无二性在于，他的大脑的进化（大约在十万年前完成）使他跨越了智能的门槛，并赖此建立起他的文化系统。

物种与文化是极其不同的。"种"一旦从祖先的谱系中独立出来，就定型了，不再变动。异种之间无法交配和混合。而文化是可以交流和混合的。并且交流恰恰是文化发展的一大促进力。文化通过交流而发生变异。

物种的变化是通过自然选择获得的。自然选择是靠清除不适应环境的种类，而不是靠主动设计更好的版本，因此更简单的和更复杂的都有可能被拣选。文化选择则不同。它是人类主动的、有目的的设计。拉马克的"后天继承性"在解释动物进化中失败了，却歪打正着，可以用来解释文化的继承。因为文化是人类蓄意的结果，它当然拥有积累性和方向性，其系统越来越庞大，越来越复杂，越来越精致。

这样，我们又返回到本文开始时提到的，一些学者从科学与道德的脱节来质疑进步。我的看法是，道德问题实为物种内部的和谐问题；即使抛开道德不谈，如前所述，在生存中选择了复杂，极有可能增加了风险。发明原子弹的那个时刻意味着，单独一个人就可能消灭全人类的新纪元开始了。今天人类面临的风险之一是，随着技术的发展，可以独立地消灭全人类的个体越来越多。这意味着什么不言自明。除此人类还面临很多别样的风险。我的看法是，人类随时可能从地球上消失。他能走到今天实在是小概率中的小概率。当风险的概率变得非常大的时候，将是防不胜防的。

除此，在物种与文化的进化的关系上还有一个问题应该稍稍提及。就是文化的进化是否将影响人类这个物种体质上的进化。我们前面说过，十万年来尚未产生看得见的影响。但是这一历史就要终结。一个消极影响是，由于物质生活水平的提高、医疗条件的改善，发生在其他物种身上的自然选择——弱者被淘汰出局，已经不再作用于人类。或许其结果是使人类这个物种更稳定。而一个积极的影响大概就要开始了。那就是以基因工程和克隆技术为代表的对人类自身的研究的深入。我们前面说过道德问题。人类马上面临的将是最大的惶惑：我们要不要将革命指向人类物种自身。而革命者们几乎一定不会等待着道德争论的终结。其结果将是任何人都无法预言的。

第 11 章

生长、衰老与生命周期

这一讲其实不想讲完整的生命周期。只准备讲人类生命周期的开头与结尾，即成长期与衰老期，"中段"姑且不论。也可能是因为"头尾"更吸引人，"中段"似乎没有那么大的魅力。

一、人类的早产及其原因

低等的哺乳动物大多生命周期短，头小，社会行为简单，孕期短，每窝产崽多，幼崽出生时发育不全。而高等哺乳动物大多生命周期长，头大，社会行为复杂，孕期长，每胎产崽少，幼崽出生时发育良好，已具有一定的能力。人类是个令人费解的例外。他的生命周期不是最长也名列前茅，他的头最大，社会行为最复杂，每胎产崽最少，而出生时发育不全，出生后的成长期最为漫长，竟达十七八年。大象在出生后 11 年内发育成熟，在子宫内的时间竟长达 22 个月。（格林菲尔德，1998：68）人类的孕期只比猩猩长几天。而"人类的脑出生后的六个月才达到黑猩猩出生时脑所占的比例"。（帕辛厄姆语）（古尔德，1977：68）"与其他灵长类相比，我们是以蜗牛的速度在成长和发育"。相对于发育速度，人类的孕期显然太短。生物学家估计，如果人类的孕期与生长期合乎比例的话，婴儿在子宫中还应待上七个月至一年。（古尔德，1977：67）

为什么大自然把人类的新生儿过早地暴露在危险的世界中，是一个令生物学家们备感刺激的问题。多数解答者认为，人的头颅的尺寸与妇女产道的尺寸的矛盾导致了这一结果。20世纪最出色的灵长类解剖学家舒尔茨说："当选择肯定有利于具有大盆腔的雌性时，选择无疑也不会利于孕期的延长，或至少不利于无限大的新生儿。"（古尔德，1977：69）利基说，骨盆开口增大以适应脑子的增大，但是两足行走的工程学的需要为之设定了限度。（利基，1995：36）实际上人类生产的胎儿已经过大，因而成为分娩最艰难的动物，他只好在婴儿远未成熟时生产。古尔德一语概括："人类的婴儿是胚胎。"（古尔德，1977：63）

正是人类的早产导致了幼体持续（neotenic），即漫长的幼年成长期。

二、早产儿的特征及其深远意义

"十月怀胎"是人类生育的特征。但也有例外，比如七个月，八个月，这些婴儿被称为"早产儿"。人们一般认为早产儿大多聪明，同时又认为早产儿大多不够"厚道"。常识是经验之谈，应该有概率上的意义。但为什么早产儿聪明，为什么不"厚道"，似乎少为人道。其实道理并不深奥。早两三个月来到这个世界，就早两三个月接受外界的刺激和信息，大脑得到更好的开发应该是合乎道理的。人们不是一向讲究"胎教"吗？"早出来"的效果自然应该胜过胎教一筹。胎教中受教者的唯一的感受器官是听觉。而出生后的婴儿则是以触觉、嗅觉、听觉、视觉、味觉，全方位地感知外界。但是"一分风险一分利"。如果早产只有利益，没有代价，"十月怀胎"岂不是成了自然选择弃优择劣的证明，岂不是越早出生越好。早产是有风险的。或许正是早产儿较早地面临风险，使他们有了更多的防范、戒备的心理和性格，这种性格便是以后被人们贬低的不"厚道"。这应该是形势使然的。

人类成员中的早产儿与正常人相比，呈现出这样的特征。那么整个哺乳纲动物中的早产儿，即人类，同其他哺乳动物相比，又该具备什么特征呢？换言之，早产为人类带来了什么后果？

1871 年，达尔文在《人类由来》中指出："值得注意的是在生命的早期，正当脑子的感受性强时，将某种信念反复不断地灌输就似乎可以达到几乎是本能的性质。"

但是因为那时候人类超长的幼年期还几乎没有被发现和提出，早产不觉，后果何来？而今天人类对自身的这一特异发育过程的发现，激活了当代生物学家以及人类学家和社会学家们去思考其非同凡响的后果。波特曼说，这种提前出生必定符合心智的功能要求。他认为，人类作为习得的动物，需要离开黑暗的无争无扰的子宫，以易变的胚胎，去获取子宫外环境中丰富的影像、味道、声音和触摸。（古尔德，1977：68）博金说，如果生长中的儿童和成人的身体尺寸有大的差别，则儿童可以更好地向成人学习，可以建立起师生关系。（利基，1995：35）如果幼儿身材是按照与猿相似的生长曲线所能达到的高度，则可能产生对抗而不是师生关系。利基说："人类通过强化的学习变成人，人类不只是学习维持生存的技能，而且还学习传统家族关系和社会规律等，也就是文化。文化可以说是人类的适应，儿童期和成熟期的不寻常的形式使这种适应成为可能。"（利基，1995：35）迈尔则说："人和一切其他动物的区别在于其行为程序的开放性。道德规范是铭记在幼婴的开放性行为程序内。人类的这一开放程序的巨大容量才使道德的形成成为可能。在幼年期奠定的基础在正常的情况下可以维持一生。"（迈尔，1988：88—89）

在漫长的幼年期，婴儿和少年的主要学习方式是什么？是模仿。模仿正是人类的内在特征给予道德建设的第二种帮助。模仿在一切文化传递中都扮演着重要的角色，在幼年期学习文化的过程中尤其如此。

文化的最主要成分是规范。规范的建立意味着多数人已经自觉或在无意识中遵循一种行为准则，惩罚只需针对少数人了，惩罚也只是在此时才有效。于是规范成了关键。规范是如何产生的呢？规范同一切文化一样，是人造而非自然的产物。因而它的产生首先依赖于创造和革新。创造和革新就是文化上的突变。没有突变就没有进化。但创造只是产生规范的第一步，要成其为规范，还要使这特殊的人造物被多数人自觉遵从。这后一半过程所要做的实际上就是复制。生物进化所以依据并集中体现于基因，在于基因有一个伟大的功能——复制。文化若企图在一定程度上取代基因，它就必须有另一套突变和复制某种特征的能力。生物的复制功能是垂直进行的，而文化的复制功能不仅垂直而且水平——可以在同代人中复制。这种复制能力，一般而言指后天学习，具体和准确地说，就是模仿。模仿的伟大功能是法国社会学家塔尔德（G.Tarde）在将近一个世纪以前提出的。塔尔德认为，发明和靠模仿来普及其成果是人类生活中最重要的。塔尔德和他的继承者——在文化群体选择理论上卓有建树的博伊德认为，模仿是一种基因，模仿者基因的进化会导致其持有者避开个人学习，复制出个人行为方式。自然，这远非一种共识。但重要的是他提醒我们认识到模仿作用的重要意义。相反，一个好的想法，如果必须经过群体中的每一个个体的独立创造和试错去获得，那成本显然是无比昂贵的。进化过程中的生存竞争在一定意义上就是比较成本，很多物种为什么倾向于结成群体大约仍然是为着这一目的。群体规模的扩大往往在群体间的竞争中带来优势，而规模的扩大又依赖并反过来要求规范具有更大的效能。

漫长的成长期与模仿相结合，给了道德和教化用武之地，使它在一定程度上完成对基因为个体所设定的行为程序的重组。重组不可能抹去基因的痕迹，但它毕竟给了社会和文明更牢靠一点的基础。一个成年人的理性和自由意志的活动是在这一基础上展开的。

在几乎所有的社会学教科书中都有一个章节叫做"社会化"。"社会化"是社会学中的一个核心概念，其含义就是上面所说的获得社会品格，接受一种行为方式的过程。低级动物的行为方式主要是先天得来的。高级动物的行为中则包含更多后天习得的，人类更是如此。刚出生的婴儿只是一个无助的动物，只有在接受了"社会化"后，才成为一个人。社会化主要发生在一个人的成长期，当然成年以后也要经历"再社会化"。如果你跟着社会学家的逻辑往前走，会觉得头头是道。但是有一点他们没有解释，就是为什么动物的行为中后天学习的部分小？人类的哪些与动物不同的身体特征导致了后天学习的顺利进行？为什么人类绝大多数个体没有拒绝"社会化"呢？这是重要的问题，却不是社会学家所能解释得了的。可以说，如果没有了"幼态持续"，"社会化"将难于进行，幼儿园、中小学教育和同期的全部非正规教育都将难于顺利地进行，人类的道德将不复存在，人类整个的文明将是另一番模样。

"幼态持续"这个关键词是生物学送给社会科学的一份珍贵的礼物。

三、人类与动物寿命的对比

人寿几何，是个古老的问题。现代社会通常以两个指标来测度它。其一是该社会的平均寿命，其二是最高寿命。两个尺度作用不同，后者更能显示人类寿命的潜能。这指标最简洁不过，但是获得可靠数据殊为不易，因为很多当事者编造年龄，或是以高寿为荣，或是以此骗取一些福利。很多高寿地区的传说其实只是编造的故事。经过学者们的推敲辨伪，人类的最高寿命也就是 120 岁，并且虽然平均寿命一直在增长，最高寿命似乎是恒定的。

动物寿命几何，竟也是一个难题。野生动物的寿命，无论是平均还是最高，都极难掌握。人工饲养的动物，为了商业目的往往提前屠宰，少数寿终正寝者数量太小，不足以称"最"。

当然学者们好歹还是搞出来一份动物最高寿命的对比。海龟175岁，人类120岁，象70岁，黑猩猩50岁，马46岁，猫28岁，猪27岁，羊20岁，狗20岁，鼠4—5岁，鹦鹉90岁，秃鹰75岁，野鸽30岁，鲈鱼25岁，等等。

四、衰老的原因

为什么生命会衰老？这个问题似乎是古老的，实则不算太古老。在狩猎时代，人类几乎不存在这一问题，在野生动物中至今不存在这一问题。残酷的生存竞争，不待一只动物衰老，就将它淘汰出局了。猎豹何等迅捷，但其猎物瞪羚也不含糊，只要猎豹的身体略有小恙就可能饿死。因此我们看到的野生动物总是精神抖擞，绝少衰老疲惫。衰老曾经不是问题。衰老是在人类选择了农业和定居，改善了安全和卫生后，才大面积地降临的。

衰老的原因神秘莫测。自然选择不是可以将物种身上的很多缺陷淘汰掉了吗？为什么衰老没有遭到淘汰呢？对衰老原因的最主要的解答正是从自然选择出发的。自然选择下的"适者"有着更多的生存和繁衍的机会，而后者是关键，有了繁衍才有"适者"的生存和延续，丧失繁衍就不是适者。而物种的繁殖期是在衰老之前，即使繁殖者身上带着导致衰老的基因，这种基因也一定会传递下去，因为它繁殖成功了。削弱动物青春期生存和繁衍的某种基因，一定会被自然选择淘汰，因为这样的动物无后代，或少后代。而衰老不在此列。换言之，如果某一物种只在高龄时交配，其未老先衰乃至不能交配生殖的基因就一定会被淘汰出局。可惜生物世界的事实统统不是这样，因此自然选择的残酷剪刀独独放过了衰老。

衰老不是从中年后开始的，性成熟期（也就是青春期）过后不久，衰老就开始了。更有少数物种，比如袋鼬，雄性交配结束后立刻死亡，死亡前发生的是一段疯狂的交配。出生在河流中的鲑鱼在大海中生活四年后返回出生地产卵，它们一进入淡水就停止进食，却顽强地逆流而上，产卵后很快死亡，它们腐烂的身体促进了藻类的生长，成为幼鲑的食物。（戈斯登，1996：11—17）性必然导致衰老，曾经是一个流行的观念。现在它的普遍性受到质疑，但是与此相关的理论仍然活跃着。一些学者认为，激素被证实同时是繁殖和衰老的触发物。切断了菠菜的花朵，它的其他部分生存得更长。多数动物的雄性比雌性老得更快。人类男女的寿命相差 7 岁之多。阉割的袋鼬的寿命更长。据说阉人的寿命也更长。为什么雄性和男性寿命更短？尼斯与威廉斯的解释是："雄性的生殖成功十分依赖它的竞争能力，雄性在生理上要更多地奉献给竞争，因而对自身身体的保护便相对较少了。它们的生活游戏是为了更高的赌注而表演。如果特别强壮的雄性能够成为更多的子女的父亲，而平庸的雄性便没有后代，为了达到十分强壮的目的，就必须付出重大的牺牲，在这个过程中牺牲掉的可能就是和长寿有关的因素。"（尼斯，威廉斯，1994：122）

还有一种微观的解释，认为有一些多向性基因，对年轻人有利，对老年人不利。比如，有一种基因能够促进铁的吸收，使年轻人避免缺铁性贫血，但是到了中老年铁在肝脏的沉积导致了肝硬化。还有一种基因增加胃酸，对年轻人可以提供对感染的额外保护，但却增加了老年人胃溃疡的可能性。这些基因无疑会被"选择"，因为它帮助了生殖期的年轻人。

如何延长寿命是人类千百年来的愿望。当代学者的新发现是在饮食上。其一是减少能量的摄取。专家在动物的试验中发现，对小鼠的喂食减少40％，其最高寿命增长了40%。对一些人做的试验显示，每天摄取1800卡热量半年后，体重、体温、血压、胆固醇、血清都明显下降。对老鼠的试验还显示，减少食物后老鼠的学习能力反而增强了：在学习躲避撞击的试验中，吃饱的老鼠明显逊色于食物热量受到限制的老鼠。（克拉克，1999：187）为什么减少摄取热量后身体状况更好了呢？答案还是在自然选择上面。野生动物长期以来在热量摄取上是受到限制的，饱食终日在那里是不存在的，留存下来的一定是半饥半饱生活的适应者。什么是正常的生活方式？就是"神似"祖先的生活方式，因为后者是久经考验的，是穿越了自然选择的剪刀的。要长寿还需多吃蔬菜水果。氧气是人类必需的，但氧化的腐蚀性也很可怕，铁都可以被它腐蚀。蔬菜水果可以抵抗氧化腐蚀。增加维生素 E 有助于生殖，也有助于长寿。可惜维生素 E 多在油料与坚果中，后者的热量较高。或许维生素 E 正好反映出生殖与长寿的某种对立。饥饿也是如此。当老鼠摄取热量过低，会暂停生育，当食物达到标准时方才恢复生育能力。

五、长寿的深远社会意义

寿命的意义是什么？对个体这是不待言的，因此也无须讨论。需要讨论的是寿命对群体、对社会的意义是什么。除了龟和象之外，与人类社会相比，动物的社会几乎统统是血气方刚，风华正茂，它们太年轻了。社会学家说，我们的社会刚刚步西方社会之后迈入老龄社会，世界上老龄社会的标准是人口中的60岁以上的人达到10%或65岁以上的人达到7%。而在与动物相比，在思考人类社会所独有的衰老的含义时，我们才醒悟：人类早就构造了生物世界中的老龄社会，并且这社会越来越老，隋唐的社会要比夏商的社会老化，今天的社会比隋唐不知又老化了多少。无论社会制度和文化有着怎样的相对独立性，它毕竟是以带有无法摆脱的生物属性的某一人群为载体的。而那群体的老迈与年轻，不可能不对该社会的面貌与风格、制度与文化发生影响。特别是因为，在今后二十年中，我们的社会还将进一步老化，人口中高龄人的比重与日俱增，90岁左右的超老龄人口将成为一个常规的年龄组，因此寿命的社会意义将格外值得思考。简言之，它将带来三个方面的问题。

发生在有形层面上的是，赡养系数的变更，养老金的增加，这问题单纯却严峻。

发生在形而上层面上的是，社会性格的巨变。以28岁为人口年龄中轴线的社会同以50岁为中轴线的社会能够拥有同样的性格吗？年轻人的性格是天真、单纯、理想、进取、轻信、决绝、少束缚、敢冒险、对复杂性估计不足。老年人的特征是阅历广、参照系多、三思后行、跟随惯性、不轻易冒险、老谋深算，乃至多谋无断、保守苟且。又因为在社会有机体中总体不等于个体之和，所以对社会性格的评估将是格外困难的。

有形与无形中间的是社会权力层面。长寿将使未来社会中增加一个年龄组或曰一代人：70—90岁的人。权力的博弈因此将更趋复杂，因为凭空多出了一彪人马。退休很可能将不再是让老人出局、缓解竞争的充分和当然的理由：其一，长寿延长的不仅是衰老期的寿命，它延长了生命的每一段落；其二，退休是以体力为基础的工业时代的逻辑，老龄人与年轻人在脑力上的差距远没有体力上那么巨大和昭然；其三，也是最重要的，像女权主义一样，"老权主义"一定会出场的，人家有权利，有理由（尽管各年龄组的人看法不同），为什么精神矍铄就作壁上观呢？以前没有"老权主义"原因很简单：老人群体还小，还没有权利意识，现代的权利意识是有传染性的，老人也不免疫。竞争中老人有劣势也有优势。劣势是工业社会中的退休制度和习俗，这是他们恋栈的障碍；优势是他们在社会上最有发言权，他们不是在无权的位置上争夺权力，而往往是在权力的位置上捍卫权力。一句话，长寿将增加社会权力分配的变数和复杂性。

第 12 章

病、痛、苦难

一、病因

疾病与动物，特别是人类有着不解之缘。忽视了疾病的生物学一定是不完整的。病有近因和远因。近因其实就是人们通常所说的病因。围绕病因和医治，无论是头疼医头脚疼医脚，还是关照人的整体健康的著作，均汗牛充栋。但"远因"就不是每个人都能提出的问题了。只有接受了进化论思想的人才可能想到这个问题。按照进化论的思想，适者生存，不适者难以生存。那么为什么进化没有将疾病淘汰，换句话说，为什么疾病在极其漫长的进化历程中穿越了自然选择的剪刀，得以幸存？

《我们为什么生病》正是探讨这些问题的一本书。该书的作者之一尼斯是精神病学家。而另一作者乔治·威廉斯，是大名鼎鼎的当代进化生物学理论家。

该书作者认为，从进化的角度看，疾病的产生有六个原因。我们将之概括为四大类别。

其一，有些疾病其实是从进化中获得的防御本领。比如咳嗽，是为了从呼吸道排除异物而专门设计的一种复杂的机制，它是自然选择留下的、一种相互配合的防御活动。再比如发烧，动物感染后，靠着将体温提升2度来防御感染。那些不能提升体温的冷血动物，比如蜥蜴，会找个暖和地方使体温升高2度。体温能够提升的动物都有调节本领。将因感染而体温上升了2度的大鼠放到很热的小室，它会启动身体中的降温机制保持高于正常的2度；改放到凉爽的地方，它会启动升温机制还是保持高于正常的2度。既然较高的体温可防御感染，一直保持它不好吗？那样耗能过多，是浪费。并且对神经系统有损害。进化的结果是，身体可以区分正常状况和身体感染的非常时期，以节能的方式生存。（尼斯，威廉斯，1994：7，28）

其二，进化中的历史遗留问题。（尼斯，威廉斯，1994：125）人类的食管和气管在咽喉交叉，这种设计实在不高明，每个人都体会过吃饭噎着的感觉，每十万人中每年有一个被噎死，全世界曾经每年6万人因噎致死。直到1974年"海姆利克操作法"（异物噎住而导致窒息时，向患者上腹施压以将异物压出气管）发明之前，噎死一直是美国第六大致死原因。其实在设计上将两个通道分开要比交叉简单，昆虫和软体动物就是这样的。但是从两栖类到哺乳类动物都是两道交叉的。我们没有选择。这是历史的包袱。进化不是革命，不能另起炉灶，只能对已经存在的东西做些小修小改。人类的站立应该说是慢慢形成的，但是比起爬行还是太短暂了。因此腰病在人类中非常普遍。原因就是其骨骼结构更适合原先的爬行而非现在的站立。既然进化只能在旧有的基础上进行，就只能同它妥协，太激进了不成。不仅思想和观念，人类的身体本身都是保守的根据和证明。

其三，与细菌的博弈。人类想出了这么多手段，发明了这么多抗菌素，为什么不能最终消除造成感染的细菌。人们通常认为，在药物使用过程中细菌增加了抗药性。但实际上不是每个细菌个体都获得了抗药性，而是在药物杀死了多数细菌的同时，奈何不了少数因突变或带有质粒引进的新的基因的细菌，这些细菌繁衍并在日后成为同类中的主体。几乎每一轮抗菌素所走的道路都是从有效、低效到失效。从更高的层次看，这是一场地球生物圈中最古老的成员同最新兴的成员间的战斗。(尼斯，威廉斯，1994：55—57) 有着 36 亿年历史的细菌是整个生命史中的耐力冠军和主宰者。它无所不在。据说人体重量的10％是细菌构成的。它们是地球上最大的"适者"。斯蒂芬·古尔德这样说："无论将来人类的智能将如何统治地球，细菌地位的改变仍然无法想象。它们的数量之多，居于压倒性地位；种类之繁无可匹敌。它们的生活环境极为广泛，代谢模式又无可比拟。人类的胡作非为可能招致自己的毁灭，连陆生脊椎动物也可能一起殉葬。……但我们无力把 50 万种昆虫一举消灭。对于种类繁多的细菌更加无能为力。"（古尔德，1996：197）细菌导致的疾病只能抑制，无法根除。

其四，不变的基因与变迁的环境导致了若干疾病。比如近视眼、肥胖症、血压高都有遗传的原因。那么为什么过去这类疾病没有今天这样普遍呢？在狩猎的时代，患有近视眼的成员不仅打不到猎物，而且有可能成为野兽的猎物，这种基因一定被淘汰。经过自然选择的成员在狩猎的环境中一定不是近视眼。但是后来环境变了，人们从儿童时代起就必须阅读大量的书籍。狩猎环境中保持完好的眼睛开始了分化，有些依然很好，另一部分成了近视眼，因为他们的基因承受不了如此大量的阅读。（尼斯，威廉斯，1994：105）如果维持现在的阅读，同时将眼睛近视的成员统统消灭，以后的人类一定没有近视眼，因为他们统统继承到了好眼睛的基因。但人类技术上的进步已经使我们脱离了残酷的自然选择。近视对每个人的生存和繁衍已经不构成威胁。肥胖的道理略同。如果回到毛泽东的粮票、油票、肉票的时代，是没有胖子的。在前毛泽东时代有胖子，但那是少数人，肥胖不会成为普遍的病症。在食物丰盈的后毛泽东时代，不少人继承到的基因决定了他们将成为胖子。这些人如果生活在毛泽东时代，或者生活在古代而自己不是贵族成员，照样成不了胖子。人类的衰老应该也是基因的原因。在野生动物中几乎看不到衰老。不是它们没有衰老，而是在体力刚刚下降时，残酷的生存竞争就将它们从刀俎变为鱼肉。只有在温饱医疗的条件大大改善时，寿终正寝才成为普遍现象，衰老现象才与日俱增。人类今天的平均寿命比过去有了很大的增长，但最高寿命几乎没有增长，说明生理机制中有个大限，这是基因决定的。为什么要有此机制？生物学家似乎还只能在这个核心问题的外围转悠。他们讨论女子绝经的机制，体力下降后如果继续保持生育能力，后代将得不到充分的养育而早夭。拒不绝经的基因被自然选择淘汰了。男人为什么比女人寿命短呢？在进化的早期，冒险和竞争的雄性可以获得更多的后代，明哲保身的雄性没有较多的后代。后者很可能比前者寿命长，但是得不到自然选择的青睐。

综上所述，我们面临很多疾病，有些是可以减少的，有些则是无法避免的。该怎样减少那些可以减少的疾病呢？

155

二、神似祖先的生活

当代社会中，疾病的类型正在改变。传染病和营养不良导致的疾病正在被心血管疾病、糖尿病、腰椎颈椎病、抑郁症等疾病取代。这些疾病就是上述的第四种类型的疾病。基因是继承来的，它们又是无法改变的，它们适应传统的生活环境，却不能适应我们现在的生活方式，因此我们更愿意称这些疾病为"生活方式疾病"。就是说，我们的生活方式与我们的基因不匹配，导致了疾病的发生。要减少这些疾病，就要改变我们的生活方式。我们的基因和两千年前的祖先没有差别，回到祖先的生活方式中就可以减少时下流行的疾病。但是回到祖先的生活方式中，既是不必要的，现在的生活方式绝非没有优势，也是不可能的，环境已经大大改观。我们走上的是一条不归之路。"形似祖先"已不可能，"神似祖先"却是可行且有效的。

祖先拥有旺盛的食欲，继承了祖先基因的我们当然也就拥有了旺盛的食欲，祖先的食欲是他们所处的环境拣选出来的优良品质。那是一个食物匮乏的时代，旺盛的食欲会驱策他们以不怕苦不怕死的气概去觅食。旺盛的食欲导致的能吃和多吃也是与环境匹配的好品质。今天找到了食物是幸运，明天就可能挨饿。今天的多吃为明天的挨饿做了储备，被明天的挨饿抵消，决不可能消化不良、营养过剩、胆固醇过多，等等。祖先生活在半饥半饱的状态中，他们已经适应了半饥半饱。在今天与昨天的对比中，我们更可以看到，在半饥半饱的状态中，人们的头脑更清醒，斗志更旺盛，吃饭都更香，并且更长寿。唯一的缺失是一部分人营养不良。在营养达标后，我们应该尽可能接近祖先的状态，也能体验到半饥半饱。但是祖先的半饥半饱是被动的，我们却必须主动追求这一状态，抑制自己的食欲。这正是难度所在。

动物都是好吃懒做的。吃饱了以后，它们最愿意做的就是卧在地上晒太阳。"懒做"有生存优势，它有助于节省能量。这习性也是与动物的环境相匹配的，食物的短缺驱使它们奔波、跑动。除了觅食，最佳的选择不是活动，是休息。从我们与动物共通的特征中，可以推论，祖先也是好吃懒做，我们是他们的忠实传人。他们虽然懒惰，跑动已经很多，如果再不靠懒惰的天性保证自己的休息，就累死了。他们天性更爱休息，却是环境压力下的伟大的运动员。运动使他们强健，远离疾病。我们继承到了好吃懒做的习性，却不再拥有不运动就饿死的生存压力。于是在生存方式上告别了祖先，变得孱弱无力，百病缠身。要近似祖先的运动型生存方式，就只能靠自己逼迫自己去运动。人类以种种方式为自己找舒适，其结果是使自己的身体变得脆弱。比如绝大多数城市人用坐便器取代了蹲坑，它使人们失去了每日被迫深蹲的机会，而深蹲是非常有益健康的。再比如椅子和沙发的选择使得人们很少跪、蹲或盘腿打坐。而这些动作极大地维护着我们下肢关节的柔韧。由此全面反省我们的生活方式，会发现我们为了舒适大大地改变了祖先的生存方式。"巨变"的后果蕴藏着病因。

动物和前现代的人类，要到达所追求的目标，都要走过漫长曲折的过程。一位心理学家从他喂食刚捉到的一只蜥蜴中获得了启示。他把虫子之类放在蜥蜴面前，那蜥蜴却几天不吃。

最后一天，他远远地观察，那蜥蜴向虫子悄悄匍匐，猛然扑上去，将虫子撕裂，然后进食。塞利格曼的解释是："蜥蜴已经演化成匍匐潜行、攻击、撕裂然后才进食。猎食是它的美德，这重要到假如它没有动用到自己的长处和美德，胃口就不会苏醒。动物是一日不做一日不食，它们没有快乐的捷径。人类比亚马孙的蜥蜴复杂多了，我们的复杂坐落在情绪的大脑上头，这个大脑被几百万年的天择所塑造。我们的愉悦和胃口演化成跟我们的行为有密切关系，这些行为当然比蜥蜴更复杂、更精致，但是你不可忽略它，不然便要付代价。认为我们可以经由捷径得到满足，是不对的说法。省略个人的长处和美德不但会使蜥蜴饿死，也会使围绕在金银财富周围的人沮丧、忧郁，在心灵上饿死。"（塞利格曼，2002：184） 觅食的过程常常是备尝艰辛的。人类通过不懈的奋斗，渐渐地减少了这份艰辛，找到了一条捷径，乃至最终豁免了这一过程，使得他的多数成员，可以直奔主题——找到食性。当他丢掉了过程之后，他才慢慢察觉，他丢掉了很多乐趣。乐趣不仅在于目标，更在于走向目标的过程，过程构成了乐趣的丰富内涵。觅食、求爱，均系如此。聪明而又可怜的人类因为屡屡走上捷径，省却了过程，而丢失了乐趣，变得空闲无聊。根本原因在于，"从过程到目标"是祖先的环境的组成部分，这一环境筛选出了祖先的品格和性情。我们继承了祖先的品格，需要过程，不能直奔主题。我们要不时地捡回包饺子、包粽子、做月饼、做香肠的习惯。这样待客、送礼，才够热情，够隆重。也只有这样，才能获得充实，享受游戏每一环节，在每一个环节上表现自己的个性和创造力。还是那句话，前人走入曲折的过程是被动的，我们要着意重视过程。

祖先领受着生存中的强刺激。最突出的例证就是狩猎大动物。领受了如此刺激后，安全归来后需要的是安定自己的神经系统，完全没有必要人为地寻求刺激。不时面对的刺激，将他们的"觉醒度"提到了较高的位置。提升觉醒度的另一重要外因是住宿。动物和祖先都是栖息在露天的场所。他们要自己为自己站岗放哨。就是说，他们的神经系统在睡觉时也不能完全安息，其中一支要保持觉醒的状态，一有风吹草动，要立刻报警。人类渐渐地告别了狩猎，住进了房屋，其生产日益远离风险和艰辛。与之伴随，他神经系统中的"觉醒度"急剧下跌。这是他备感空虚无聊的最重要原因之一。生存中没有了刺激，要想将觉醒度提升到祖先的高度，就必须自己寻找刺激。一些美国学者认为，美国社会物质高度繁荣，犯罪并不减少，原因之一是生猛的青少年在寻求刺激。因此，人类面临的问题是寻找良性刺激。足球的火暴，原因不在足球自身，而在人类的身心中，他要寻找良性的强刺激。

采集与狩猎的生存方式，部落的组织形式，要比农业文明漫长十倍百倍。它筛选和塑造了祖先的性格。当地学者判断，部落的最通常的规模是 50 人（包括孩子）。不足 50 人，难以组成足够人数的狩猎男性团队。人太多，将产生凝聚力的问题，变得不经济。50 人的部落，意味着人与人之间有密切的全方位的交往。祖先的性情是在密切的人际交往中形成的。在前现代的社会中，人们仍保有密切的人际交往。在西方只是近百年来，在中国只是三十年来，冷漠的工作关系取代亲朋关系，成为每日面对的主要对象。前现代的人们没有那么多抑郁症。密切的人际关系，甚至矛盾和争吵都杜绝了空虚和独处。找回密切的人际交往，是神似祖先的重要一环。

三、痛感

　　病和痛，常常是相连的，所以我将二者放在同一章中讨论。虽然痛感和病症不是一回事，病往往导致某种疼痛，疼痛却未必就是病。痛感是什么呢？它是可以消除的东西吗？它有哪些功能？

　　我们从一个案例说起。保罗·布兰德是个麻风病大夫。屡屡溃疡、不能愈合是麻风病人的最独特的病症。布兰德的惊人发现是这种病症的原因竟然是病人"无疼痛感"。他发现麻风病人敢伸手拿炉子里的炭火，脚上踩了钉子都不知道，脚扭了动作照旧并不跛行，夜里会因为不知觉被老鼠咬伤——这一切都是因为他们没有疼痛感，他们不能像常人那样靠着疼痛去感知身体的界限和禁区，从而做出调整。不得已，布兰德使用石膏来抑制麻风病人的越轨行为，短时间内很有疗效。（布兰德，扬西，1995：144—147）从这一特殊案例出发，布兰德开始讨论疼痛在一般意义上的功能。他说："很难教给无痛的人经验教训，这些疼痛系统是天生的，强加在每个人身上的。……疼痛和相关的感觉布满全身，提供了一种'自我'的界限。失去了这种感觉就破坏了这种界限。疼痛在人体的统一与结合中起了决定性作用。……疼痛不是敌人，而是忠实的侦察员。……身体要使用疼痛为手段，舍此没有办法引起你的注意。所以要以疼痛为友，保持欢迎的态度。……健康的人要多参加紧张激烈的体力活动，检查自己的感觉极限。运动员与疼痛为友，通过疼痛倾听身体。"（布兰德，扬西，1995：220—222）

动物学家葛兰汀和神经科学家约翰逊给我们讲述的是异曲同工的故事，只是主角是狗。作者告诉我们，因为动物的前额叶没有人类发达，所以它们的痛感较弱，恐惧感更强。并且动物有掩盖痛感的本能，这或许具有生存优势，让天敌和伙伴看到自己负伤是有弊无利的事情。正是因为它们痛感较弱并加以遮盖，很多人认为动物没有痛感，给动物手术后从不考虑它们的疼痛。个别有经验的兽医知道动物有痛感，认为疼痛利于它们康复。作者观察到动物绝对有痛感，并讲述了这样一个故事。一位妇女养了四条狗，她给其中的一条猎犬动了阉割手术。术后几天一直给它吃止疼药。这条狗一直和那三条狗玩得火热，完全看不出它动了手术。但它的伤口却没有愈合，伤痕越来越大，湿漉漉的。主人最后带它去了医院，兽医说，如果你现在不来，晚上狗的肠子将拖得满地都是。（葛兰汀，约翰逊，2005：178—180）这条猎犬所以发生了如此严重的后果，是因为它没有了疼痛，又不会像人类一样懂得手术的含义，便放肆地和伙伴玩耍。恐惧不是痛感，似乎可以归为范畴更宽大的痛苦之中。动物学家将老鼠的司职恐惧的基因剔除，过后常常发现这些老鼠死在笼子里背部被咬烂。原因是正常情况下恐惧帮助老鼠躲避打斗，而这些老鼠丧失了恐惧也就不去躲避打斗。（葛兰汀，约翰逊，2005：194）

尼斯和乔治·威廉斯为我们讲述了另一种不舒适的感觉，孕妇妊娠早期的恶心呕吐。"这使得快要做妈妈的妻子难过、痛苦。"但是这种痛苦是有着积极功能的。"妊娠早期的恶心呕吐和厌食，可能是为了限制孕妇的食物，目的在于使胎儿接触毒素的机会减少到最小。"这期间胚胎的发育还不需要母亲吸收大量的营养。到需要大量营养时，恶心和厌食已经自然消退。但是恶心和呕吐毕竟难受，于是孕妇求助医生，医生研究出了药物，药物服用的结果却是出生了大量的畸形儿。这种情形说明了那一期间的痛苦是必要的，必须尊重、接受和忍耐的。（尼斯，威廉斯，1994：88）

乔治·威廉斯还讲述了鲑鱼悲壮的生殖过程："由于对生殖成功的过度强调以至于损害了双亲的身体。它们中的某些承担了最长的迁移过程，已知的有鲑鱼和所有溯河性鱼群。在准备产卵的过程中，消化系统会萎缩以至于使得以后的生存不再可能。但是这种萎缩却为配子提供了物质和空间，并且还卸去了鱼的多余的重量，因为在它的溯流旅行中，这种负担对于单纯的生殖功能来说是不必要的，雄性鱼的口部也经历了变化，这种变化有助于在争夺雌性的战斗中取胜，但是却不利于它有效地去完成摄食的功能。"（威廉斯，1962：138）似乎可以认为，自然选择筛选出来的这种机制显然是为了繁衍后代连父母的身体都准备牺牲的，痛苦更不在话下了。但是按照惠子与庄子的争论，我不是鱼，焉知鱼乐与否。也可能鱼是带着巨大的快感并且没有一丝痛苦地奔赴死亡的，自然这超出了人类的想象。比较保守地说，鲑鱼的溯河之行很可能是苦乐交织的。也就是说，苦痛是同它们的繁衍，乃至整个生命旅程结伴而行的。

疼痛的功能虽然在多数场合是通过人类"回避"它来完成

的，但是人类与疼痛的本质关系是"不即不离"，生活的目的决不是要消灭疼痛和痛苦，也不可能消灭疼痛和痛苦。布兰德说了一句非常耐琢磨的话："一个征服了疼痛和苦难的社会似乎很难应付痛苦的残余。"（布兰德，扬西，1995：347）

四、痛苦多于快乐

痛感与痛苦不是一个意思，但密切相关。似乎可以说，痛苦是更大的范畴，痛苦包括了痛感，痛感不能包括全部的痛苦。痛感来自肉身，有些痛苦来自心理和精神，比如恐惧、受挫、失败、无助、愿望不能实现，等等。我们说过，痛感是与整个的生命旅程结伴而行的。痛苦也是这样。当然快感也是动物和人类生存的工具，也是与生命结伴而行的。但是，很可能，在生命的过程中，痛苦是多于快乐的。原因如下：

其一，痛苦是生命中固有的东西。就像痛感是身体中固有的感受能力一样，消灭了它将无法生存。痛感、挫折感、悲观情绪，都是无法消除的东西，因为它们对生存具有积极的功能，但它们都不好消受。没有痛感，身体将走入禁区。没有挫折感，失败了依然高兴，意味着他欣然接受失败，不讨厌失败，如是他将永远伴随失败。当代的一些心理学家在不遗余力地提倡乐观。乐观似乎给了人们更多的乐观。但是我们大约无法完全消除悲观。飞行员不可以太乐观，那样旅客们将是不幸的，因为悲观将使飞行员举轻若重，小心谨慎。投资公司中的决策人员不可以都是乐观倾向的，有了一些悲观的意见才能全面地看待形势。很可能，古代人更悲观，因为那时候生存更严峻，而"哀兵"有更多的生存机会。现代人似乎有了更多的乐观理由，但远没有到了能够消除悲观的时候。事实上，当下的很多乐观意味着自我感觉过好，曲解事实，甚至盲目。

其二，人比动物更痛苦。原因很简单，不是形而上的，没有玄学的味道，在相当程度上不是猜想，因为人类的感觉系统更发达。古典学者已经洞悉了这一点，并且遵循机体的逻辑。叔本华说："最下等的动物如滴虫类或放射性动物等，所感觉的苦恼程度极为微弱；其他如昆虫类等对于痛苦的感受机能也非常有限。直到有完全的神经系统的脊椎动物，才有高度的感觉机能，并且，智力愈发达，感觉痛苦的程度愈高。如此这般，认识愈明晰，意识愈高，痛苦也跟着增加，到了人类乃达于极点。"（叔本华，2006：92）这一认识日益被当代生物学家的解剖实验所证实。人类的神经系统更发达，大脑更发达，人类在最大限度上依赖感觉系统去适应环境。痛苦与快乐就是行为的惩罚与奖励。人类的感觉系统更发达，当然也意味着他的快感和快乐更丰富多样。但是快感和快乐抵消不了痛感和痛苦。一个痛感从产生到消除可以增长快感，但一个快感消除不了一个痛感。它们是两个独立的系统，尽管有一定的关联。就人类成员内部而论，傻子似乎痛苦最少，而"天才者，最痛苦之人也"。（叔本华，2006：8）

其三，人类是最难伺候的动物。一方面人们的需求常常难以得到满足。如叔本华说："人的一切欲望的根源在于需要和缺乏产生矛盾。"其后的杜尔凯姆说："如果他们的需求超过他们所能得到的，或所得与所需略有差异，他们就会痛苦异常。"

（杜尔凯姆，1893：205）这已经很难办了，而人类偏偏还有另一方面的问题。"假如人可以轻易地获得满足，即消除他的可欲之物，那么随着他欲求的对象的消失，可怕的空虚和无聊就乘虚而入。……由此看来，人生像钟摆一样逡巡于痛苦和无聊之间。"（叔本华，2006：8）萧伯纳说："人生有两种悲剧：一种是没有得到你心里想要的东西。另一种是得到了。"（萧伯纳，1902：220）当代的消费研究者屡屡将萧翁的格言夸张变形为："人的最大不幸是基本需求得不到满足，人的第二大不幸是基本需求如此轻易就解决了。"

其四，不可消除的零和博弈。毫无疑问，温饱得不到解决是人类在其漫长的历史中遭受到的最大痛苦。而二十世纪不仅是人类，也是生物历史上的一个伟大的转折点。人类全体成员即将跨过全面解决温饱的门槛。对物质资源的争夺曾经是一场零和博弈，一方的获得意味着另一方的丧失。而人类通过技术的进步以及合作的效能，将这一定量转化成增量，把饼烙大，乃至曾经的零和博弈变成了非零和博弈。人类跨过这一门槛的时段，也正是快乐哲学大行其道的时期。不能说其间没有某种关联。很可能是人类物质上的进展，使大家，包括学者，陡然增长了信心。但是一个无奈的事实是，我们只是在一个层面上摆脱了零和博弈，我们仍旧结结实实地生存在零和博弈的阴影下，人类成员间的竞争本质上仍然具有十足的零和博弈的特征。

食物可以增加，住房可以增加。吸引眼球的总频次不可能无限增长，频次上的差异将永远存在。这是零和博弈。更多的目光投向了他，给你留下的将很少。社会声望上的差距将永远存在，因为声望本身就意味着差距。社会地位的差距将永远存在，上层社会的席位不会增长，因为它根本就不是可以增长的物质，而是总数固定的人头和以人头为基础的目光和声誉的分配。基因决定了我们热衷于一场存差异、见胜负的游戏。因为这份基因具有生存的优势，不具备这一基因的人早就淘汰干净了。剩下的人，也就是几乎全体人类，都在践行着"人往高处走"的生存逻辑。作为整体我们越走越高，其成本却是，就每个个体的感受和体验而论，挫折多，失败多，痛苦多。

第 13 章

沉溺快乐与追求伟大

一、快感，生存的手段

快感和痛感一样，是生存的工具和手段。快感是奖励系统，痛感是惩罚系统，二者一同将我们的行为吸引和驱赶到与环境相适应的轨道上。它们是必不可少的，因此痛感是消除不掉的，没有了它生命将面临灾难。它们又是多则无益、过犹不及的，所以自然选择没有给我们多多益善的快感，它给我们的只是一件恰如其分的工具。多了会怎么样呢？

当代生物学家做过这样一个实验，被以后的学者不断引用：将电极放在三只老鼠的下脑丘，老鼠面前放置三个杠杆，压第一个杠杆释放食物，压第二个释放饮料，压第三个释放迅速而短暂的快感，老鼠很快分辨出三个杠杆并只选择第三个，直到饿死（布兰德，1995：350）。这实验告诉我们，一味沉溺快乐的追求将带来灭顶之灾。读者可能会说，这实验不恰恰说明动物的行为完全是追求快乐吗？不错。但是首先要说这是人为制造的环境，在此环境中它因追求快乐而死亡，如果这种环境持续下去，只有当一只不一味追求快乐的老鼠出现时，才会走出死亡开始繁衍，其后代秉承父辈的基因，也将是不一味追求快乐的老鼠。其次，我们之所以看不到被自然环境中的诱惑吸引、一味追求快乐致死的动物，很可能正是因为它们早就被淘汰了。换句话说，经自然选择存活下来的动物都不是一味追求快乐的。人工环境下的诱惑更强，它们尚未经受这种环境下的筛选。

当代神经学家乔治·科布从另一角度阐述，过多的、没有限度的快乐，对生存有害无益："快乐是一个指导我们行为的奖励系统。但是，快乐必须有内在的限度。假如一个动物过于沉浸在吃的快乐中，它有可能成为下一个掠食者的猎物。快乐必须足够短暂，以使我们可以将注意力集中到下一项任务上。大脑通过两种方式将快乐加以限制，……进化使得人不可能有永久的快乐——太多的快乐只会使我们无法专注于基本的生存。"（佚名文章，2003）性欲当然是同样的，长时间做爱忘乎所以，极易成为天敌的猎物。所以当代的人类希望自己有更长时间的做爱能力，但是自然选择没有给我们留下这样的遗产，因为这样的品性已在原始时代及其之前的严酷岁月中被淘汰干净。

尼斯和乔治·威廉斯说："自然选择没有使人快乐的意图，而我们基因的远期利益常常是要由一些不愉快的经历来保护的。"（尼斯，威廉斯，1994：87）罗伯特·赖特的批判更是直接指向"快乐是生活的最终目的"，他说："博弈论家设法使我们对人类行为的研究变得简洁，设想了'愉快'、'幸福'、'功利性'来概括人们在生活中追求的东西，但因此付出了代价。进化心理学可以指出这种错误，人类不是计算工具，而是动物，他们不仅受理智还受其他因素的指引，长久的幸福不可能被设计去追求。"（赖特，1994：175）

二、从手段到目的

出于对社会变迁的特定理解，当代经济学家重弹边沁的老调：生活的目的是追求快乐，人的行为都是追求快乐。生物学家的反驳是，自然选择没有使人快乐的"意图"，进化而来的我们的身体不是一味追求快乐的部件，但是二者中间其实有一道鸿沟。人类是有意识，有动机，有意图的。而人类的前身，在漫长的岁月中经历自然选择的动物是没有动机和意图的。自然选择的机制同样是没有意图的。达尔文和其继承者早就将目的和意图从进化论中抹掉了。他们偶尔说出"意图"的字眼，不过是一种生动的修辞，前人给我们留下的就是这样一份经历了漫长的有神论时代的语言遗产。他们并不是真的以为自然选择的对象和过程怀有"意图"。如前所述，快感是一种工具，或者说是一种基因决定了的行为策略。无数行为策略参与到一场竞争之中，能留下更多后代的行为策略可以胜出，因为后代继承了这一行为策略。这一切演化，都是在无意图——无论是被选对象还是筛选过程——中完成的。生物学家只是告诉我们，在自然选择的过程中，快乐不占据重要的地位。

但是在灵长目动物中已见端倪，在人类这里则完成了动物进化史上的一次里程碑：人类有了发达的神经系统和意识系统，有了意图，有了目的，有了主观上刻意的追求，其中重要的一项就是快感的沉溺和快乐的追求。在非灵长目动物那里，几乎完全看不到对食性欲望的沉溺。它们的食性活动统统是"快餐式"的，瞬间完成。交配甚至被限定在了发情期，时间上决不溢出既定的轨道。动物进餐时投入多少情感尚不得而知，但是我们已经知道下述事实。它们捕食是节制的，够吃就完，决不滥杀。动物学家从进化论上猜测其原因："首先是因为任何动物都没有取之不尽用之不竭的食物来源，如果一个掠食动物见了猎物就要追杀，那么用不了多久它就要闹饥荒。……另外一个原因就是它要节省体内的热量。……最后一点也很重要，……不顾一切地追逐，捕捉到猎物的可能性不但不会增加，反而减少，因为这样一来负责跟踪行为的大脑回路就会出现短路。"（葛兰汀，约翰逊，2005：140） 掠食动物在与同物种成员发生冲突时会愤怒，而在捕捉猎物时异常冷静，不牵动任何情感。（葛兰汀，约翰逊，2005：132－137）极可能，它们不沉溺于食物。对倭黑猩猩的考察则证明了它们极大地沉溺于性活动。（瓦尔，2005）人类在食性两个方面都有了大大超越动物的追求和沉溺。动物的世界中没有目的。因为人类有了意识，当他发觉原本帮助他生存的某种手段具有格外的意趣，就可能成为他追求的目的。食性因其快感，以及其他的快感谱系，成了很多人追求的目标，行为的目的。当然将生存中的手段转化成目的，在人类这里当不限于快感。

意识到了快感，是否意味着动物短暂的快感在人类这里就将极大地展开，成为生活中最主要的内容？快感成为人类行为目的中的选项，是否意味着它是唯一的选项？快感成为人类的一种追求，能不能说人类生活的目的就是追求快乐？这才是当下的分歧。

灵长目动物和人类之所以更多地沉溺于性，在于它们对快感有明确的意识，以及它们拥有更多的余力，不至于在这一追求中丢失或减少了生存的机会。但是，人类的意识和智力，以及建立在其基础上的能力还在增长，他继承到的有限的司职食性的器官无法与他的综合创造力同步。他的身体已经应付不了他创造的丰裕的美食。他的性器官的局限其实与食欲相仿佛。说人类行为的目的就是追求快乐，是否曲解了人性，矮化了人类？

三、快乐哲学批判

讲到快乐哲学，自然离不开快乐哲学祖师爷边沁的思想。我曾经和主张人的一切行动都是追求快乐的经济学家黄有光辩论，我说边沁的"快乐清单"是有矛盾的。他的回答是：他不知道也不管边沁的思想，捍卫自己的命题就可以了。我惊讶他的无知和褊狭：不站在前人肩上，能够建立伟大的学术思想吗？我不认为边沁在哲学史上是属于深刻类型的思想家，但还是要比当代信奉"人的行为都是追求快乐"的经济学家深刻。所以我的批判还是要指向边沁。他曾经给出了一个"简单快乐清单"，一共十四种快乐（Bentham，1970: 42—45）。随便一看就会发现，其中的内容是有冲突的。比如说，有"感观的快乐"，有"财富的快乐"，但是还有"行善的快乐"、"声誉的快乐"。感观的快乐、财富的快乐很好理解。而追求声誉，比如一个战士的荣誉，为了这个荣誉有时要牺牲感观的快乐，乃至生命；而行善有时要牺牲个人的物质享受。如果说前面的是快乐，就不能说后面的也是快乐。因为这两者在很多时候是冲突的。要么是这个快乐哲学忽视了人生的丰富和复杂，要么是把丰富和复杂的生活给简化了。把不同品质的东西放在一个篮子里，贴上一个标签——快乐，无助于深入的分析。中世纪哲学家奥卡姆提出的思想的简洁之美，几乎成为以后所有思想者的追求，即努力将自己庞大的思想体系建立在一个支点——一个简洁单一的命题上。思想者的这种追求之所以难乎其难，就在于不可以曲解极其复杂的世界和人生，如此获得的美妙的命题是没有意义的。其实，边沁的思想也并不简洁。他没有完成"万流归一"。他用14种快乐来补充他所强调的人类的单一追求——快乐，即"1—14—人类的千百行为"。这简洁的"1"其实是虚假的，只是"1—14"中的前项。还不如用三种追求，取而代之呢——这正是我的思想路径。（郑也夫，2007）

粗通哲学史的人（笔者也属于这一群体）都知道，边沁与穆勒父子都不是倡导感官和物质享乐的人，他们都是很高尚的人。但是我以为，正是因为其"快乐"中的矛盾，企图以"快乐"包容"无限"的失败，导致他们的"快乐"的含义很少被人们接受。换句话说，边沁等人提出的是"大快乐"的观念，但是尽管他们的哲学问世已经二百年，即使不是大多数人也是相当数量的人，在谈到"快乐"的时候，使用的是狭义的"快乐"的含义，至少不包括边沁所说的"行善"、"声誉"。我们自下而上举例说明。"享乐主义"无疑是个大众词汇。享乐就是享受快乐，其词义本身绝对没有收缩为"享受感官快乐"。但是当大众们说到"享乐主义"的时候，包含了边沁快乐中的"行善"和为"声誉"奋斗了吗？绝对没有。再看政治精英。法国一位政治家（好像是蓬皮杜）说过一句脍炙人口的话：只有傻瓜才追求快乐。这快乐里面包括"声誉"和"行善"吗？不可能。

再看科学家。我们前面说过的生物学家认为"自然选择没有造就人类和动物追求快乐"中的"快乐"也显然是"小快乐"，如果是"大快乐"他们的论证很难完成。最后看哲学家，也就是边沁的同人。正是哲学家将边沁和穆勒的快乐哲学称为"功利主义哲学"。不错，这功利当然不限于个人功利。但是功利显然更容易和"小快乐"而非"声誉"、"行善"结合。综上所述，边沁等人企图将很多东西注入到快乐之中，以维持他的快乐哲学的解释力。但是大家不认账，还是从狭义上理解快乐。因为一个字眼包括了一切，就等于什么也没说。

四、由"劝赌不劝嫖"析两种本能

如前所述，感官的快乐和"声誉"、"行善"不可以放在同一个贴着"快乐"标签的篮子里，因为它们是截然不同的东西。追求声誉与行善，往往要牺牲个人的感官快乐。边沁的快乐清单中还有一项"财富的快乐"。其实享受财富的行为，即所谓花钱，和争取做个亿万富翁的努力，也是截然不同的行为。后者其实不是享乐，而是要付出艰辛的努力，牺牲一些个人的享乐的。单纯追求感官享乐，大可不必为自己立下"亿万富翁"的鹄的。声誉与行善的行为本质上是什么样的心理倾向，在追求什么？是英雄情结，在追求伟大。做英雄，追求伟大，岂能没有付出和代价，当然要牺牲诸多个人的享乐。一位伟人说过，"只有傻瓜才追求快乐"，其实就是在表达他追求伟大的英雄志向，他这样的人是不以快乐为目标的，甚至常常要牺牲快乐。

感官享乐和英雄情结，是每个人在不同程度上都具有的内心倾向。这一矛盾，或曰悖论，不可能是边沁独有的，他逻辑上的矛盾不过是社会生活中现实矛盾的集中体现。毫无疑问，社会生活中人们的诸多努力和劳作是为了减少和消除一些苦难——灾荒、疾病，是为了满足人们的一些需求——温饱、居住、交通、医疗，等等。而与此同时，师长们对于少年人的教诲仍不绝于耳：要有吃苦精神，不要安于享乐，艰难困苦，玉汝于成，天将降大任于斯人也，等等。不仅少年，凡肯于思考的人都会发现这一悖论。一方面，我们在消除苦难，在为下一代人建设一个更幸福的社会；另一方面，我们坚持教导他们，不吃苦就难于成才。这不是一个出色的悖论吗？消减苦难的过程就是消减人才，提升人才的方式就是提升苦难。

边沁的学说和社会生活中并行的两种行动，都时时在提醒着一个肯于思索的人：我们玩的是一仆二主的游戏，我们身体中并存着两种本能：追求个人的舒适，追求伟大。它们在本质上是不同的，但在以往的时代中并非时时冲突。它们的差异和冲突，越是走进现当代社会，越是不断展开。

狩猎的直接目的是为了最基本的需求，填饱肚子。而与此同时狩猎也是一条实现英雄情结的道路。特别是当合作捕猎大动物的时候。那个时代中，没有一点英雄气概，连温饱都休想解决。在丛林和荒野中立身当然地需要一种英雄气概。它在相当程度上是与实现基本需求合一的。但是在而后十余万年的文明历程中，曲折艰辛的谋生之路日益转化成举手可达的捷径。让全体部落成员共享一餐肉食曾经是部落中的数一数二的勇士才能完成的壮举，而今的都市中方圆一公里内必有涮肉馆供您大快朵颐。在黑猩猩和原始人的团体里，最好的女子或雌性是属于群体中的最强的男子或雄性的，甚至要经历一场强者间的角逐。而现在，我们有了比食欲和性欲更惬意的感官享受：毒品和药物。明天将通过电流刺激脑神经来追求快感。它们的共性是捷径，直奔主题，将过程和过程中的英雄行为扫荡出局。有人说，只追求舒适，圈里的肥猪温饱齐备，人类要向它们看齐？矮化人类的根本之处，在于忽视了人类的一种本能，英雄情结。它不是涮肉馆、毒品和电流所能实现的。

我们认为，尽管文化可以滋养英雄情结，但就其原初的性质而言，英雄情结是一种本能。这一本能的原初形式是什么？是性炫耀。在雄孔雀那里是绚丽修长的尾巴，在雄性偶蹄类那里是硕大夸张的双角。人类则有所不同，人类走上了不同的道路。他的种内的军备竞赛不是在身体上展开，而是在大脑中的智力和精神所驱动和策划的行动上。能获得更多女性的男子没有固定的特征，诸如身材更高，体重更大，乃至力量更强，而是在成就上，在超越常人的智谋和勇气上。更成功的猎人可以成为部落的首领，占有更多、更好的女人。性的欲望，是英雄情结这一"多级火箭"的初动力。更准确地说，英雄情结的最初目标是性，以后便升华了，大大地超越了性。人类与动物有诸多差别。这无疑是重大差别之一。动物的行动能力和其食性的需求是匹配的，它们的全部行动在侍奉着食性两大主题，食性之外的漫长时间就是休息。它的能力没有大大地超越获取食性。人类潜力的极大开发，使得人类的英雄情结所驱动的行为谱系大大地超越了性。英雄意味着超常，最初的超常追求是性。而后，潜力的不断开发与野心的不断提升相辅相成，超常的追求一发不止，成为独立的、不单独侍奉一个目标的追求。人类的性欲与性能力要求无法与他的野心和扩展了的能力同步提升，前者无力垄断和禁锢后者。市井有句老话"劝赌不劝嫖"，在认识人性上意味深长。为什么"劝赌不劝嫖"？一方面，人的性欲的有限，决定了他多余的精力和财力不会尽数投入嫖娼；另一方面，人类在赌博上的欲望没有身体上的限定，是无底洞。这是一种虚拟的英雄行为。虚拟在何处？在下注。没有风险的行为不是英雄的行为，长此以往意味着生命不能承受之轻。英雄的行为是沉重的，因为他要下注，还因为很多人不敢下注，在古代的社会中通常是以身家性命作注。我们继承到祖先的身体和英雄情结，现实生活的剧变使很多人不堪忍受生命不能承受之轻。赌博其实和毒品一样，都是捷径，都是直奔主题，即拨弄神经之琴弦。但二者指向的琴弦不同。赌博指向的是强刺激，虚拟的是英雄行径中心理上的大起大落。赌博当然不是我们想要提倡的。我们只是由此说明，人类有这样一种本能。在追求不寻常中他不惜吃苦，不避吃苦。

放弃寻常快乐的英雄情结开创了人类的文明。赌博只是这种心理需求上的小小的短路。

自找苦吃与英雄情结有着不解之缘。英雄永远是少数人。尽管英雄是少数人，英雄情结是多数人在一定程度上具有的。也就是说，人们在一定的心理状态下都会自找苦吃。但是这里"自找"是关键。宣扬吃苦精神，鼓励劳工们吃苦，迫使劳工们吃苦，则很有可能是统治者的宣传手段和管理伎俩。如此情境下的吃苦与英雄风马牛不相及。作为知青的一代，我们吃过很多苦，但远离英雄，近乎奴隶。过后我辈中颇多人士将吃苦、英雄、自我三位一体，这种变态的自恋为理解吃苦布下了又一谜团。

五、快感、快乐与幸福

相比之下，快感比较容易定义。因为快感比较好分解，且每一种快感分别和某一感官相关联。快乐和幸福则很难定义。有些研究快乐的学者甚至开宗明义：不下定义。他们说，不下定义大家也大概知道在讨论什么，而定义实在不好下。快乐与幸福的定义所以难下，很可能是因为仅就身心状态而言，关联的不是一个神经回路，而是多个神经回路的不同组合方式，并且不仅是神经回路，还有血液、内分泌等多重因素。

我自己比较确定的有限看法是，快感和幸福是完全不同的东西，二者间的一项最外在的区别是时间。快感是短促的。如前所述，进化没有给我们长久的快感。而幸福是一种持续的状态。在探讨语源和语义的时候，汉语的方块字往往优于拼音文字。但是"幸福"是个例外。幸福的主要内涵甚至不应该是幸运。英语"幸福"的构词却妙不可言：well being。直译是"好的生存状态"。Being 的一个意思是"存在"，西方的一个哲学流派被我们译为"存在主义哲学"，我以为译成"生存哲学"更反映其主旨。我觉得幸福就是一种好的、持续的生存状态。心理学家达马西奥告诉我们，人类有三种情绪：原始的情绪——愉快、悲伤、恐惧、愤怒、惊奇、厌恶；次级情绪或曰社会情绪——困窘、嫉妒、内疚、骄傲；背景情绪——幸福感或不舒服，平静或紧张。（达马西奥，1999：41）他在前些年为我们解释背景情绪："我们一生中体验到的大多是这种背景感受（注：几年以后他改称'背景情绪'），而非情绪（注：即原始情绪和次级情绪），……当某些背景感受持续数小时至数天，并且不随思想内容的变化而悄然变化时，这些背景感受就可能成为某种心情。"（达马西奥，1994：121）我不认为"存在状态"或"背景情绪"可以构成幸福的定义，因为我无力分析哪一种状态和背景才是幸福。我只是感觉到，幸福是那个层次上的东西。我只能举例说明某些状态是好的状态，却无力做出概括，为之定义。

很多杰出的宗教信仰者的生存状态就是很好的状态。但是其一，在一个高度世俗化的世界上，信仰几乎是高不可攀的东西。其二，信仰者并不能垄断身心的好状态。还是从世俗的角度分析更现实，且容易进入。在探讨幸福中，我受益很大的一本书是契克森米哈赖（M.Csikszentmihalyi）的著作。下面就是我消化后对作者思想的阐述。

我们都有过坐在火车站候车室的经历，万头攒动，烦死人了。若是伙伴多，很可能会拿出纸牌玩起来。牌局帮助我们屏蔽了外界的嘈杂，于嘈杂扰攘中建立了内心的秩序。我们生活的时空其实就是一个更大的火车站候车室。诸多的琐事会不断进入我们头脑，为自己的内心建立秩序是极其紧要的事情。建立的方式形形色色。吴冠中先生说，他当年外出写生的时候，不敢多吃多喝，怕没地方解手，画上整整一天，中途不吃不喝不拉不撒，居然蛮好，什么事没有，很舒畅。我以为那就是所谓"气功态"。王小波说，"文革"后的十年中，他没有陈景

178

润那样幸运能沉浸在哥德巴赫猜想中，如果进入其中解不出题目是肯定的，但也一定活得很充实。外科大夫的手术状态最紧张，也最静谧，没有其他念头。这样的工作从事过就很难离开，不是因为报偿，而是因为工作本身将当事者带入的状态，即内在的"奖赏"。诗人作诗也是一种可以屏蔽外界的活动。我认识一位年轻诗人，他说上了贼船就下不来。他中学时开始写诗，上课铃一响他就进入状态，一整堂课老师的一句话也没听见，完全沉浸在自己的诗词构想中。我以为，攀岩的状态是此种状态的极致，身心干净，没有一个多余的动作，没有一丝多余的念头，身心聚焦在岩石上。旁观者不堪其苦，而那纯净的状态会不断将当事者重新拉到攀岩中来。这种工作的性质与道德无关。我读过一本克格勃的书，说有一位克格勃官员每天工作16个钟头，乐此不疲，他的全部兴趣就是设计阴谋。

上述种种活动中的本质特征被契克森米哈赖概括为"flow"，可以译为"心流"。它具有以下要素。一、一种富于挑战性的工作，有深度，要靠相当的技巧投入其中。肤浅的、低技巧的活动即使吸引了一个人，也只是短时期。不停地转换目标以排遣无聊恰恰是精神无序的状态。唯有深度的游戏可以令参与者体验"成长的乐趣"。二、目的不假外求，为写诗而写诗，为攀岩而攀岩，为艺术而艺术。其乐趣不是外在的奖赏，不是活动的结果，而是内在的奖励，即活动本身。三、行为与反馈相互作用，形成秩序。在其秩序中，当事人全神贯注，无杂念，达到忘我的状态。（契克森米哈赖，1990：3章）进入心流的人多是广义的游戏人，而不是功利人。狭义的游戏就是琴棋戏曲、体操球类。广义的游戏则可以囊括一切工作，只要那工作者不是为着结果，而是为着过程中的乐趣。与游戏人相比，功利人的杂念太多，妨碍他全身心投入游戏，因此形不成"心流"，达不到最好的状态。比如运动员打球，最好的状态是只想着球，跟着它的逻辑走，不计输赢。一想输赢，心就不专一了，就离轨了，反倒容易输球，而且精神的状态也坏了。

心流是一种极佳的状态。最直观地看，剔出了杂念，屏蔽了嘈杂的俗世，内心获得了秩序。一般人以为，这种状态的消耗很大。例如，陈景润解数学题是艰深的脑力劳动，消耗能不大吗？但科学实验证明，这种状态反倒比头脑陷入无序的状态更省能，即头脑陷入无序的状态才是最消耗的。(契克森米哈赖，1990：130）这一实验在更深的层次上帮助我们理解，为什么这状态是令人惬意的。

进入这样一种追求内心乐趣的状态是不是需要苛刻的条件，需要雄厚的物质基础呢？完全不是这样。人类学家发现，置身在最恶劣的生存状态下的爱斯基摩人也仍然保有，并常常从事他们热衷的游戏。不是艰苦的环境能阻挡人们追求内心的秩序。相反，当一些因素成为制度力量，成为社会风尚的时候，可以阻挡我们的内心追求。比如金钱，它使得我们过于重视外在的指标：产量、收入、GDP增长，轻视内在指标：心情、乐趣、flow。而后者才是更要紧的指标。为什么内心秩序的建立不依赖过多的条件？因为精神上的乐趣需要的物质很少。相反，消耗大量物质的活动所需专注少，过后留恋少。

综上所述，幸福不是某种物质，不是某种目标，它是从事某一活动的副产品，是因专注于这一活动过程而获得的状态。心流是个例证，它是一种幸福（我们不敢说它是唯一的幸福状态），而它是从事我们所热爱的、富于挑战性的活动的副产品。其后面的原因在于，进化决定快感不能太长，而好的状态可以悠长。如果工作需要长时间的投入，比如狩猎，如果人们投入其中不能获得良好的感觉，将不能坚持，那活动将失败，或难以持续。而进化的结果，显然是将良好的心情与非受迫性活动中的良好状态结合到了一起。它是悠长的，而食性之快感是速生速灭的，两种行为特征合二而一，构成了一种生存优势。

在传统社会中，宗教或某种理想主义，都曾经是可以拢住人类身心的东西。但是在现代社会中，归宿变得个性化。每个人要去寻找能拢住自己身心的东西。对幸运的人来说，工作就是乐趣所在。但对更多的人，工作是谋生的手段，是被动的、不得不做的事情。他们必须在工作之余寻找某项持久的兴趣。兴趣帮助我们热爱生活，帮助我们以相当的强度面对和融入生活中的一些主题。

第 14 章

威慑、欺骗、猜忌、笑

本章中的四项内容有些离散，将它们放置在一个章节中，其一是为了方便，每一项内容单独成章的话太短小，不合比例。其二，从"策略"的视角看，它们有相近的意味。

一、攻击与威慑

动物中的攻击毫无疑问是一种本能，一种进化造就的生存策略，各种动物在不同程度上都天生地会使用这种手段。我们先讨论攻击的积极功能。

从个体看，一个动物可以通过攻击获得更多的异性。同一物种中的不同种群，则可以通过攻击行为来调节和分配领地。我在第 20 章"领地"中将讲到，领地在一定程度上是权力均衡的产物，权力均衡有时是通过攻击获得的。攻击实际上可以作为一个例证来证实达尔文所说的种内的冲突大于种间的冲突。种间冲突有一个限度。一种动物捕食另一种动物，但是当温饱解决时，它就不会再有进一步进攻和捕捉的愿望。而种内的冲突是无时无地不存在的，而且更频繁，更激烈。从攻击行为上可以看到这种情形。在人类和其他群体动物中都存在等级。比较低级一点的动物，比如昆虫；比较高级一点的动物，比如猩猩，都可以看到里面的等级。我前面讲到的性垄断现象，就突出地反映等级。而等级实际上和资源的分配、异性的分配、食物的分配密切相关，因为这都是最切身的利益。而等级越接近的那些成员之间的冲突越是大于等级相差比较大的成员之间的冲突。这个道理是很浅显的。无论是种内的冲突大于种间的冲突，还是同一阶层内的冲突大于阶层之间的冲突，原因都是因为前者要共享同样的资源，而后者或是根本不消费同一资源，或是在享有资源的差异上远远大于前者。

这个道理可以算作生物世界中的一个法则，无论是在动物还是人类这里，在一定程度上都是如此。比如说，有能力争夺某个位置、某个权力的人肯定属于同一个阶层，差异过大根本不可能去争夺同一个位置。即使打工的人争夺同一个位置，毫无疑问也是由于他们置身在同一个工种，乃至同一级别中。这种争夺是激烈和残酷的。相反差距比较大，反而平安无事，因为他们不在同样一个小的生存位置和环境中。

攻击不可能没有负功能。其负功能走到极端，有使该物种灭绝的可能性，因为攻击会带来杀戮。那么动物在自己的行为选择中是如何调整这种关系的呢？实际上我们看到在生物世界中，进攻远远没有发展到这一步，没有使种族灭绝的可能性。因为他们通过完善的调节，通常并非真的打斗，而是威慑，或者用最早研究动物行为的洛伦兹的话来说，叫做仪式化攻击。比如两只公牛交锋时，都是各自用自己巨大的牛角将地皮铲得尘土飞扬，以显示自己的力量。而不是上来就动真的，下狠手，把对方置于死地。相互表演一阵后，处于地势的一方看到对方比自己厉害，自己处于弱势，通常会及时地退却。强大的一方也从来不追赶。通过观察可以看到，动物界残杀的现象其实不多，当然可以举出一些这样的例子，但是这些例子与其天赋的武器的强度远远不成正比。通常发生的是威慑，而不是置对方于死地。洛伦兹进而认为在动物的世界里，嗜杀同类的现象几乎是不存在的。有些生物学家还做过试验，就是把被人类杀掉的其同类的肉给它吃，但是它不吃，很讨厌。似乎可以认为它们已经形成了一种机制，这种机制阻碍同类相食。（洛伦兹，1966：7章）

洛伦兹还有另外一个看法，越是凶残的动物、越是攻击本领卓越的动物，就越有一种强大的机制制约残杀同类，制约吃食同类。比如说最凶残的动物狼，恰恰有最好的自我约束机制，它们从不向同类发起进攻，更没有互相残杀。（洛伦兹，1966：134）因为它的武器——牙齿已经进化到了这样的程度，如果没有约束机制的话，那么几乎会给种族带来灭顶之灾。而在它进化出最强悍的武器的同时，也进化出了一种机制来约束自己。

关于威慑，我觉得自人类披上了文化的外衣以后，仍然可以清楚地看到。在能够通过威慑获得一些利益的时候，谁也不会轻易地动用武器。我直接想到的一个例子就是中国近代的镖局。镖局就是这样一个职业，其成员都是武功非常高强的人，押车护船，替有钱人乃至官府护送金银财宝等紧要的东西。《水浒传》中智取生辰纲即描写此种行当。我看文史资料中清末一位硕果仅存的老镖师在 20 世纪 50 年代写的回忆录中说，镖局不像人们通常说的那样一见面就开打。相反，开打的情况非常少。一般在路上遇到强盗时，先是过话，就是互相通融一下，看看有没有共同认识的人。只是在万不得已的情况下才开打。通常开口搭腔的几句话，非常有意思。强盗问"穿的哪家衣"，镖师答"穿的朋友的衣"；"吃的哪家饭？""吃的是朋友的饭。"其实大家的饭都是相互给的，能让我顺利地走镖，那是江湖的朋友给我面子。那么江湖的朋友也不容易，我也要让江湖的朋友活下来。镖局从有钱人那里拿了一笔钱来送货，也要出让一些给江湖上的强人，然后人家返还给镖局的是安全放行。但是如果没有武器和功夫是不成的：如果没有，别人要把你通吃，不跟你分，你软弱可欺。虽然武器是一种后盾，但是武器决不是要时时使用。频繁地使用不合算，一旦动起来自己也有受伤的可能性。

所以从人类的某些制度化的行为看，和动物极其相似。当然人类后来欲望极大地膨胀，并且因人口增长导致领地的紧缺。而动物没有增长起如此大的欲望。它没有积累财富的欲望，它的欲望受生理的局限。大卫·休谟这一代近代学者提出，由于货币不腐烂，有了货币以后，人的私欲就膨胀起来了。

动物没有嗜杀同类的本性，进攻性最强的动物反而有最强的制约机制。可是到人类这里就不一样了。人类彻底地离轨了。人类每每要动真格的，人类的残杀也提高到动物世界里从来没有过的高度。这是什么原因？原因就是人类成员极大地增添，以至没有退路。如果有退路，有其他地方可以移民，何苦挤在一起打斗呢？而殖民的最后结果就是多余的殖民地不复存在，遂导致争夺殖民地的战争愈演愈烈。

生存如果激烈到这个程度，这个题就不太好解了。要解这个题，不外乎两个办法。一个是深度开发生境（niche）。生境就是一个地方，天上有飞的，水里有游的，地面上有跑的，它们互相无碍。热带雨林的生境最丰富，比沙漠不知道要高多少倍，可以养育很多种不同的生物。它们之间相互无碍，相当于我们几个人在一个桌上吃饭，有人吃素的，有人吃荤的，有人吃猪肉，有人吃牛肉。这样的结果就是消除或减缓对一种食物的竞争，因为他们在食物对象上分流了。这个办法就是开发生境，增加分工的深度，分工越来越细、越来越密，大家不抢一个饭碗。还有一个就是效仿动物，以仪式化的竞争为主，不要以动真的为主。

二、欺骗与自欺

欺骗是生物世界中一种极其重要的生存策略。甚至可以说比进攻更广泛，无所不在。攻击还要一点本钱，而欺骗需要的成本远比攻击要小。很多弱小的生物都可以采取这样一种手段。

在这个问题上，特里弗斯（Robot Trivers）作出了重大贡献。我认为他早就应该获得诺贝尔奖，没有给他是科学界的一个盲点。他在我们前面讲过的利己利他上有巨大的贡献。他首先提出了生物世界中的互惠利他。除此之外，他最早讨论欺骗和自欺，他认为欺骗是生物世界中一个普遍性的策略。

比如说保护色其实也是广义的欺骗里的一种。保护色有的是消极。比如很多昆虫的样子和树叶一样，藏在树叶中逃避天敌。还有些仿真的功能更积极。比如特里弗斯一本书（Trivers，1985）中的一章叫做"欺骗与自欺"，其中提供了好多照片让你看到一些花朵和雌性蝴蝶的背部花纹非常相似。这样，这些花朵就可以吸引雄性的蝴蝶在花朵上驻足。结果就是雄性的蝴蝶帮助了花朵传播花粉。这应该算是一个彻底的欺骗行为，浪费雄性蝴蝶的感情和时间来帮助传递花粉和繁殖植物。

在高级一点的动物中，欺骗也是随处可以见到，有的欺骗手法也是很高明的。比如说猩猩，一只雄猩猩追赶一只雌猩猩，雌猩猩围着树转来躲避，雄性就会拿起一块石头朝这棵树的左边掷过去，雌猩猩就会往右边转。雄猩猩往左边一掷马上就扑向树的右边，把雌猩猩抓住。在猴子中，有的时候猴王向一只小的猴子发出一个命令，小猴子不愿意执行的时候，就把头转过去，假装没有听见，没有听见没有罪吧。猴王看见它采取这种手段也就算了，这个命令就不再发了。还有两只猩猩中，被打败的一方忽然热衷于一个另外的什么事情，比如说玩一个石头什么的。从观察看它显然在掩饰自己被打败的尴尬，让别人觉得它根本没有在乎那件事。在高级动物里，这种手段已经很卓越了。

我再举一个例子。雄雌虽然是同一个物种，有共同的使命，但是我前面讲了，在性资源上面是发生激烈竞争的。比如鱼类就有这样一种欺骗行为。鱼类中的雄性要吸引雌性就要有一块牢固的领地，没有这样一块领地别的雌性就不到这里来产卵。因为没有领地产完的卵是没有安全的。雄性在发情期的时候要看好自己的领地。学者们观察到这样的现象，一条雄鱼把领地看好了以后，一条雌鱼就过来了，在这里产卵。它本来应该马上在卵上射精。但是这时这个雄性发现自己的领地边上还有一条雌鱼在徘徊。这个雄性就想等它也产完卵后，再在二者的卵上射精。它就过去吸引雌鱼，把它也带到领地上去。可是它带的这条鱼，表面上像雌鱼，实际上是一条雄鱼。这条雄鱼是没有领地的，是流浪汉。流浪汉有流浪汉的策略，它在那里假扮成雌鱼。它看到一条雌鱼已经进来产了卵，这条雄鱼把它领进来以后，它就在那里射精。这条雄鱼还浑然不知，以为自己有两堆卵，它把两堆卵都授了精，它以为它的收获很大。其实它一无所获，它的前一堆卵已经被那个骗子获取，已经有结果了，它的举动已经没有任何效果了。那条雄鱼怎么有这么好的本领，能假装成雌性呢？在动物的世界里，雄鱼和雌鱼的区分可能和体色有关。而动物世界里，变色是它们最擅长的手段与本领。很多动物都能改变自己的体色。鱼就具有这样的本领，能把自己男扮女装。

特里弗斯之后，生物学家列举了很多例证来说明欺骗行为在动物的世界里无所不在。欺骗和自欺成了热门话题。（赖特，1994：13章）

接下来我们讨论人类。其实你观察越仔细就越会发现，一句谎话不说的人在世界上几乎没有。在座的谁敢举手说你没有说过谎话？固然你骗人也不见得有多大的收获，收获太大就犯法了。但是小的，甚至善意的谎言，谁敢说没有说过。很多成年人极不成熟，对这个事情没有一个好的理解。他总是训导孩子，要百分之百的诚实，不能骗人，不能说谎话。因为孩子忠实地秉承了动物性，孩子要比他明白。一些大人在面临本能与文化的冲突中是困惑无解的。孩子要是稍微明白一点，可以和大人抬杠，可以追问。通常家长是解答不了的。他告诉孩子无论何时何地都不能撒谎，不能欺骗人。可是转过头来，他就欺骗了孩子，或者欺骗了别人，孩子看得清清楚楚。所以孩子对大人的那种劝告通常是不想完全服从的，对大人的这种批评持一种嘲笑的态度。因为你叫我这样，而你自己根本就没有这样，我作为旁观者看得清清楚楚，你怎么能让我信服呢？这是孩子不信服大人的理由之一。其二就是有时孩子照着大人所说的办了，说了一些诚实的直率的话，所谓童言无忌，孩子的思想没有这么多的世故。有时大人就说"别说这些话，这么没有礼貌！"其实怎么没有礼貌了，不就是说了一个事实吗？大人觉得孩子当着一个亲戚或者朋友的面说了一个真实的事实，对别人是冒犯。

这样大人其实对孩子发出了两个话语。在原则上告诉孩子：不要骗人，不要说假话；但实践中又告诉孩子：别说真话，最起码保持沉默。而孩子其实是最敏感的，孩子接受了两个指令，不知道怎么办。因此得到的结论就是大人是糊涂蛋，他不能给出一个前后一致的说法。

每个社会、每个民族，当然不能都被糊涂虫把持和垄断。如果是那样，就完了。轴心时代的那些文明奠基人确实是大师，他们的见解非常透彻。我举东西两大文明的三位奠基人来谈一谈。苏格拉底，大家知道，他和他的学生讨论正义。他的学生说，欺骗是不正义的。苏格拉底说那未必，他的学生就不解了：欺骗怎么还能是正义呢？苏格拉底说，我给你举几个例子，有一个孩子生病了，但是就是不愿意吃药。于是父亲就欺骗他，把药当成饭，说"吃饭吧！"父亲骗了他，但是把他的病给治了，这个欺骗是不正义的吗？苏格拉底又说，有一个人老想自杀，他有一把宝剑，他的朋友就把这把剑偷走了，使得他自杀没有了手段，你说这个应该怎么看？还有一个军队在阻击敌方，因为敌方人多，己方人少，大家士气低落。这时他们的将军就告诉大家"大家再坚持几分钟，我们的援军很快就到了"。这样就可以提高大家的士气，就坚持住了。那么你说将军欺骗他的士兵是不正义的吗？是罪恶的吗？苏格拉底的学生哑口无言。

这就说明现实生活复杂得多，不是一个简单的指令、教条、原则就可以真正有效地指导社会生活。而欺骗这种策略是从远古时代进化过来的手段。要完全抛弃或者杜绝这个手段将是荒诞的，同时也是不可能的。

我们再看我们中国古代的先哲们怎么看待这件事。孔子和他的学生讨论什么是君子。孔子提出了几个标准，一个是最高的，一个是其次的。最后孔子说："言必信，行必果，硁硁然小人哉！抑亦可以为次矣。"就是说"言必信，行必果"是层次不高的人，但这也可以算是君子的最低标准吧，光具备这个不能说是君子。孟子说得更彻底："言不必信，行不必果，惟义所在。"只要有义在，就是君子，而"言必信，行必果"都是一些枝节问题。

大师绝对是大师，对于人的本性的洞悉，对于人的行为的策略和目标的理解，跨越了几千年，他们思想的成熟和深度还是过人的。

接下来我们要说的就是当代生物学家以及后来的进化心理学家怎么看待人类社会的欺骗问题。应该说他们在理论上有了长足的进步，可以一以贯之地看待欺骗，就是把人和动物打通。他们认为人类社会中的欺骗策略之所以无所不在，通常是因为我们从动物那里继承到了这种因素。他们认为，区别真相和欺骗，进而适当地采取欺骗的策略，是孩子成长的重要组成部分。什么叫成熟？社会化的过程中包括了我刚才所说的内容。所谓成熟了，社会化了，就是知道坦率有时候是残酷的，坦率也不是能够无时无刻地使用的。就像大人说的"你怎么这样没有礼貌"一样，让客人丢面子，大人也因此丢了面子。虽然孩子说的是事实，孩子非常善于说事实，"童言无忌"。那个著名的寓言《皇帝的新衣》里，孩子说皇帝是光着屁股的，大人都不说。而孩子长大了也不说了，为什么呢？一方面坦率有时候是残酷的、伤人的，另一方面虚伪有时候是需要的。比如鲁迅的一篇杂文《立论》，讲的是一个人生了一个孩子，大家都来祝贺。有的人就说这个孩子将来肯定是要发大财的，这个孩子会长命百岁的，还有一个说这个人是要死的。后面那个人就被主人撵走了，而前面的人受到了主人很好的款待。其实只有后面的话是一定如此的，前面的话都是很难应验的。当然鲁迅说得很刻薄了，但是其实在社会生活中有时是不可避免要说客套话的，有时你要安慰别人，此时说的话都不是事实。但是成熟后，你会认识到，以一种虚伪的措辞来表达同情是必要的，其实你的感情也是真实的，你希望因此来安慰他，尽管你使用的是一个谎言。而在社会生活中，抛开别的不论，这样的润滑剂其实是需要的。如果社会完全没有了这样的润滑剂是不成的，这是成长和成熟的一个里程碑。（福特，1996：80）

再有一点就是成熟了以后就会知道，他不能也不敢揭穿这个谎言。所以"童言无忌"也和"初生牛犊不怕虎"结合在一起。当然小孩子较少被怪罪。如果你老大不小了，还是要揭穿很多有权势者的谎言，人家就不会原谅你了。就像说皇帝没有穿衣服一样，小孩子可以免受惩罚，可是大人就不行了。对很多事情、很多谎言，你的成熟就意味着知道却不敢于、不企图揭穿。其实这个世界上是充满着谎言的，但是你不敢揭穿。尼采说了，"统治者无时无地不在撒谎"。其实我觉得尼采偏激了一点，统治者和被统治者都在撒谎。但是两者有差别，统治者的谎言因其地位覆盖的面积大，影响巨大；相反，弱者的谎言影响小，覆盖的面积小，知道的人少。但是人的成熟就意味着世故，你不敢无时无地地揭穿它，那将意味着给你的生存带来很大灾难。

特里弗斯在这个问题上最大的贡献其实不是欺骗，他的贡献更在于他意识到了自欺。欺骗这种现象遍及生物世界，而自欺这种现象即使不被人类垄断，也只存在于少数几种高级动物中。即使如此，人类在自欺的使用上也是赫然高居榜首。特里弗斯告诉我们自欺和欺骗有非常密切的关系，自欺可以帮助欺骗。因为如果你在欺骗人之前已经完成了自欺的话，你欺骗别人时心里就非常的坦然。因为你坦然，所以行骗的时候，表情自然，这样就不会露出痕迹，就容易得手。你要是没有完成自欺就去欺骗的话，就完全是另外一个样子。那要是一个演员、一个高手，才可以显得面色从容，语言由衷，那是不容易的。所以人们在下意识中，不知不觉完成了自欺。有时候是编织了一套意识形态完成了自欺，有时候是在多次欺骗别人中，自己也真的以为是这样了。这时自欺与欺骗就交织在一起，将别人和自己都给骗了。

这个过程听起来很离奇，其实一点也不离奇。你自己可以以生活中的好多事情为例证来帮你证明这个道理。举几个极端的例子。比如阿道夫·希特勒的伙伴曾经为了控制德国人、牵着德国人民的鼻子走，反复宣传"元首的英明"、"元首的巨大洞察力"、"元首的百战百胜"、"元首是我们民族几千年才能出现的人"等等。元首原来明白自己的能力，但是后来在这种鼓噪中，加上外交和军事上的几场胜利，就真的认为自己无所不能。这样自欺就完成了，完成以后，他就成了一个本色演员。在演讲时就显得极其由衷。当然这样最终有可能把自己引向误区。

除此之外，自欺的一个很大功能是可以帮助自己维持尊严。维持尊严不是光给别人看的，起码要维持自己在心理上对尊严的保持。有时其实自己行为的结果很可怜，这时如果自己能成功地自欺一下，就可以在内心保持自己的虚荣心。如果保持不了的话，心态将是非常可怜的。所以欺骗是生存的策略，自欺也是生存的策略。因为自欺可以帮你维持那种起码的不瘫痪的心态。你的生存是需要起码的自尊的。你自己不能把自己看做窝囊废、臭狗屎。比如他是一个惯偷，但是屡屡被人抓到，如果他自己没有很好的机制帮助维持自己的心理，他就不能再活下去了。所以实际上，越是这样的人，越是需要自欺。

特里弗斯提出了自欺的机制，自欺不仅可以很好地维持自己的自尊，自欺也可以维护自己在自己心目中是一个很仁爱的人。比如你其实犯了很多罪，但是你对自己解释说，这件事根本不是我的责任。可以有一个很微妙的心理过程，帮助你彻底解释这完全不是你的责任。你的解释和别人不一样，但是事实却是一样的。你为什么做这样的解释？那是你自己在不由自主地保护自己。这怎么会是我的责任呢？不是我的责任。而后你就可以继续认为自己是一个仁爱的人，不是一个坏人。这就是这个机制里的第一点。

第二点就是可以抬高自己。太低下了，自己就会瞧不起自己，所以要抬高自己、夸大自己。

第三点就是能够自圆。这是一个非常微妙的心理过程，就是"虚假记忆"。这是一个关键词。就是人们在不知不觉中为了当下的感情来扭曲自己过去的记忆。原来你记的是那样，但是现在处境变了，所以不知不觉中把过去的记忆也变了。而且彻底完成这个自欺，认为过去就是那样。这种事情说起来耸人听闻。但是心理学家经过实验证明，扭曲过去的事实的情况不在少数。有一个心理学家做了这样一个试验。在美国"挑战者号"航天飞机出事以后，他在当天采访了好多年轻人，问他们的感受，特别是问他们发生这个事情的时候在什么地方？都做了记录。过了两年，这个心理学家又将这些人找来，还是问他们那时的感受，还问一个很硬的事实，就是出事时你在什么地方。结果发现，没有一个人的感受和地点与两年前所说的一模一样。都是稍微变了一点，其中有三分之一的人说的发事时置身地变了。（福特，1996：186）这就比较荒诞了，当时发事的地点，怎么就忘了呢？欺骗这位心理学家也没有必要啊！总之有三分之一的人记忆转化了，这是不好理解的。这说明人们的记忆在不知不觉地转换，人们的很多记忆是虚假记忆。人们为了当下的处境在不知不觉地将心理世界中的历史改变以自欺和欺人。这两者掺在一起在改换。版本彻底改变了，你再问我，我是真心告诉你，但就是不一样了。

还有一种自欺的机制是愿意看到自己喜欢的，和自己价值观相符合的事实。漠视以至无视自己不喜欢的，与自己的价值观不符合的事实。

　　从另外一个角度来说，有两种类型的自欺，一种是抬高自己，这是我们刚才说得比较多的。还有一种是贬低自己，二者都是为了帮助自己的生存，照顾自己的心情，使自己不至于太悲哀，太瞧不起自己。抬高就不用说了，比如你在一个班级里，学习属于中下等或者下等，你在一个公司里，你的能力和业绩比较差。很多处于这种位置的人，就自欺，认为自己蛮不错，特别是认为自己的潜在能力是非常好的。比如说学习不好，可以推诿说我没有像他们那样学习认真，你看他累得半死，他用了这么大的力气，我要是用这么大的力气会比他强很多。很多这种由衷的想法实际上是抬高自己。至少在很多场合，在说话的时候自己很有面子。还有一种是贬低自己的自欺。这种自欺不太为大家所理解，但是这种自欺也是很有意思的。举一个例子，比如说一个女子，条件非常优越，无论是体貌还是文化素质，却嫁给了一个一无是处的男人。这个女子就要经常在心理上给自己解脱。她就会产生这样一种想法：其实作为一个少数民族的人，要嫁给大民族的人，只能这样啊。咱们到了美国，要找一个主流文明的美国人，而不能找一个少数民族的人，那样生存会很不便，因为少数民族的人生存能力很弱，就只能这样了。然后还会找一些类似的借口。比如说，人不能样样事都成功，要是那样，会倒霉的。这些说辞，其实无形中起着维持婚姻的作用。人都要给自己编织这样那样的借口使自己能够持续眼下的这种生存方式。不然，最终的结果就是自己痛不欲生。

　　欺骗通常采取的一个方式就是吹嘘自己，有了这种策略，在生物的世界中，就还要一种策略与之同步进行，就是识别欺骗。这二者是同步进行的，就像矛与盾的关系一样。那么谦虚是什么？其实就是在欺骗与识别的博弈中产生的一个副产品。当吹嘘越来越流行时，大家对吹嘘的警惕性就会增高。在这种情况下，猛然冒出一个谦虚的人，其实是很容易成功的。人家很容易接纳你，愿意同你合作。

当然我这是把一个硬币翻过来看另一面。我同意有的人的谦虚是由衷的。有的人愿意塑造谦虚的自我：老是吹嘘自己有什么意思。这是文化的产物。但是如果我们用博弈的策略来分析的话，有时谦虚确实更合适，在博弈中比赤裸裸的吹嘘更容易成功。我们不讲你自己是怎么真心看待自己的，我们不说你欺骗。文化完全可以让你相信谦虚才是一种美好的形象。我相信你是由衷的，我自己也不是说完全没有这种自谦的道德。但是我有时也接受另外一种解释。"魔高一尺，道高一丈。"当吹嘘非常盛行的时候，它就不得势了，对它的防范就会猛然增长。这毕竟，或者说至少，是谦虚流行起来的原因之一。

生物学的解释都是不太留情面的，它是这个世界上多种解释中的一种，而且是比较有分量的，是过去比较稀缺的一种声音。希望大家能尊重这种声音，并不是说完全地相信，是可以挑战它的，但是要先把它听明白了。

三、猜忌

猜忌是每个人内心中接近本能的东西，人都有不同程度的猜忌心理，特别是处于一种非常微妙的时候，处于重要的关头。猜忌几乎是与生俱来的。

猜忌首先和性问题最密切相关。获得更多的性资源是动物最强烈的动机，而在性问题上，也是最容易产生猜忌的，也就是猜忌自己的配偶生出的婴儿是不是自己的孩子。出现一些蛛丝马迹，就会猛然唤醒猜忌心。人类的性特征与众不同。多数动物有发情期，并且有一个外在的鲜明信号告诉伙伴排卵期来了。而人类没有发情期，也没有特别的标记告诉其配偶排卵期来了。人类的这种生理特征使得监视更为困难，也使得真实的父亲身份变得更加可疑。约翰斯顿说："关于血统的全球性研究提示，大约10%的男人并不是他们'亲生孩子'的真正生物学父亲。诸如DNA、指纹鉴别这样的先进技术证实，大约15%的父亲不是真正的父亲。"（约翰斯顿，1999：145）瓦尔说："西方医院的血液和DNA鉴定暗示，有1/5的孩子都不是他们出生记录上的那位父亲亲生的。"（瓦尔，2005：72）如此严峻的事实，且自古如此，说明了猜忌不是空穴来风。猜忌心实际上保卫的是你的最基本的利益。每个雄性都是自私的，希望自己的后代越来越多。那么猜忌这一心理机制能帮助他们实现愿望。相反，毫无猜忌心理，就不容易捍卫后代的可靠性，乃至丧失自己的后代。这是猜忌产生的基础原因。

后来，在进化过程中，人类展开了一种普遍性的活动，就是合作，以互惠利他为基础的合作。换句话说，合作通常就是互惠利他。除了"上阵父子兵"这种利他不是互惠利他，而是血缘利他。除此之外，人类的大量活动都是非血缘之间的，而非血缘之间的合作一定是互惠的，不互惠为什么要合作啊？

不互惠就是雷锋行为，而通常最流行的是互惠行为。互惠行为中最容易发生的是，一方趁对方防备不足的时候，背叛合作伙伴。欺骗也是人类继承到的一种本能，欺骗的发生是很频繁的。虽然合作时大家明白是双赢的，但有时某种机会诱惑了一方，他觉得在这时候背叛伙伴好处巨大。特别是一些具备非常特征的行为，比如两个人一起去偷财宝、盗墓。在财宝得到的时候，一个人可以轻而易举地将另外一个人置于死地。当这种机会猛然出现的时候，诱惑是巨大的。这是特殊的案例了。即使是通常的以互惠利他为基础的合作中，背叛和欺骗的风险也不小。而合作又是普遍和必需的，所以产生猜忌就是太自然不过的事。用样板戏《智取威虎山》里面说的一句话说："我不得不防。"猜忌就是这样一种不得不防的东西。

因为背叛的残酷，因为受欺骗的后果的严峻，再加上性行为中我们从祖先那里继承到的那种根深蒂固的猜忌，这种心理就很容易产生于形形色色的社会领域中。

四、笑

人与动物间存在着诸多差异。其中一个比较被轻视的差异是"笑"。我们不敢说人类对动物有多么深入的了解。但是毕竟人类和牲畜有着长时间的近距离接触，动物园中的动物也被人们不断观察。这些有意无意的观察，至少可以看清动物的表情。这些观察使我们确信，"笑"很可能是人类与类人猿动物的专有。灵长目动物专家瓦尔评价 D.Ross 新近的一项研究说："这强有力地证明，类人猿与人类的笑声在进化过程中是相互有联系的。"（佚名文章，2009）即使类人猿和人类共享这一行为，也仍然可以说，笑尤其是人类的特征。

笑，作为人类频繁的表情，应该具有其功能。对自己发笑，不是没有，但显然是少之又少。毫无疑问，大多数的笑是互动的产物，或者是明确地做给他人的。因此，笑所发挥的首先是一种社会功能，"笑必须具有社会意义"。（博格森，1924：5）至于能使自己开心，有益个人健康，应该是副产品。

笑与怒是对峙的两副表情，都是生存中的重要策略。但笑与怒有很大的不同。怒是人类的六大情绪之一。怒是发乎内心，表现于面孔。佯装发怒不是没有，但多数怒的表情是情绪使然。笑则不同。一半以上的笑与情绪无涉，是礼节性的东西，当笑则笑。笑在相当程度上是可以操控的表情。当然这不排除有发乎内心情感的笑。怒的表情是一种紧张，常常令人想到某种激烈行为的前奏。因此你的紧张也会令对方紧张。所以愤怒有威慑对方的功能。微带怒意，即使不含威慑的意味，也具有令他人退避三舍，使自己更为安全的功能。在一个零和博弈盛行的残酷竞争的社会中，常挂怒容是自卫的常备手段。笑的表情与怒刚好相反。它是松弛，"是缓和紧张的活动"。（博格森，1924：130）如此状态绝非攻击的前奏。因此，它意味着邀请对方也放松下来，拉近距离。笑是交流与交往的媒介、润滑剂。人类是将互惠开发到极致的动物，因此人类有最充分的"笑"是不足为奇的。互惠是对等的，互惠中的笑也是对等的、节制的，因而那笑也是有尊严的。但是人类以及灵长目动物都是等级社会，都不乏弱者对强者的谄媚，谄媚的原始手段就是笑。他们要不断地笑，所谓"赔笑"，乃至成为习惯、定式、某种固定和僵化的表情。这是最无尊严的、丑陋的笑。我最喜欢非洲木雕，因为他们都是一脸肃穆。我讨厌国人的表情。我们太爱笑，太会笑，笑凝固在我们脸上，使我们民族的日常表情中少了一点尊严。

动物有愤怒，鲜有笑，说明笑比怒来得晚，是进化中后来的产物。人类情感的进化先于理性的进化。后来的"笑"里挟了理性的成分，因此不单纯，开发出更宽阔的谱系。如果说减少敌意、拉近距离是笑的一级功能，那么下面说到的嘲笑、玩笑和搞笑就是笑的二级功能。

笑是带有理性成分的一种手段。嘲笑是这手段的二级开发，反其意而用之。怒与笑是鲜明而对立的两种表示。嘲笑则刻意要收敛那份鲜明，它是含蓄的抗议，是披上了笑的外衣的不满。

玩笑和搞笑是群体中司空见惯的行为。它们通常不是针对是非问题、道德问题、严肃问题，而是针对做派、举止、服饰，等等。开玩笑的伙伴通过玩笑和恶作剧，企图消除这种身体、精神和性格上的某种僵硬，使社会成员能有最大限度的弹性，最高限度的群体性。这种僵硬就是滑稽，而笑就是对它的惩罚。（博格森，1924：90，97）同时它也是严肃而沉重的生活中的一种调剂。

笑有助于长寿。这可能是因为，我们通常以为情绪可以带来身体变化，其实身体变化也可以影响情绪。即高兴会带来笑，笑也会带来高兴。威廉詹姆斯认为，后者才更有道理。他说："我的理论正好相反，即肉体的变化直接跟随对引起刺激的事实的感觉，而且，我们对这同一些变化的感觉就是情绪。……我们感到难过，因为我们哭了，……感到害怕，因为我们在发抖。"（转引自亨特，1997：205—206）

第15章

感官、情绪、理性

沃森说："21世纪是脑科学的世纪。"当然不是所有人都赞同这一说法。很多人认为，大脑太复杂了，洞悉其奥妙可能要穿越极其漫长的时间隧道。我认同沃森的说法。今天的科学正以前所未有的加速度前行，分子生物学、基因工程等诸多姊妹学科的成果已经为攻坚大脑之城做出了铺垫，脑科学这些年的进展显示出咄咄逼人的态势。笔者不是脑科学专家，甚至不是专业生物学家，只能以一个社会学家兼生物学"民科"的视角，介绍一些脑科学的成果对自己的启示。

一、主观感觉与客观存在

知识的来源是近代哲学家苦苦思索的难题。洛克说：人类的所有知识都建立在经验之上，人类的观念有两个来源，其一感觉，其二反省（即内在的感觉）。既然我们只能借助观念来思考，而观念是来自经验的，因此我们的任何知识不能先于经验。罗素说："从柏拉图时代以来，几乎所有的哲学家，最后直到笛卡儿和莱布尼兹，都论说我们的最可贵的知识有许多不是从经验来的。所以洛克的彻底经验主义是一个大胆的革新。"（罗素，1955，下：140）洛克提出，物体有能力使我们产生某种感受和观念。物体的某些性质为其本身所有，他称为第一性的性质，坚硬、广袤、形状、动静、数目，都属此列。第二性的性质则不在物体之内，如颜色、声音、味道。睿智先哲的论述，既是表达，更隐含着一个跨代的深奥问题：对颜色、声音、味道的感觉究竟是什么？

晚于洛克半个世纪的贝克莱一方面否定了前者对物体第一性和第二性的区分。他说，广袤和颜色都是感觉，且两个性质不可分离地结合在一起。另一方面贝克莱强化了洛克的"感觉"，提出了自己的招牌名言：存在就是被感知，存在而不被感知那完全是不可思议的。贝克莱讨论了颜色。他说，夕阳下的云彩红中带着金黄，而你逼近看云就不是这种颜色；显微镜会造成颜色的差异；黄疸病人看东西都是黄色的。他说："凡直接感知的东西都是表象，任何表象能够在心外存在吗？"罗素这样评论："贝克莱提出了支持某个重要结论的一些正确道理，只不过这些道理并不十分支持他自以为在证明的那个结论。他以为他是在证明一切实在都是属于心的；其实是他所证明的是，我们感知的是种种性质，不是东西，而性质是相对于感知者讲的。"（罗素，1955，下：183）

以后这些思想经休谟到康德，达到更为精致的境地。休谟认为，很多我们以为的因果关系没有逻辑的必然性，只有心理的必然性——我们的习惯和惰性。康德提出：我们不知道自在之物、物自体是什么，我们只知道知觉这些事物的特殊方式；感觉一定涉及时空，它们被排列在时空序列中；时空不是实在的、独自存在的东西，不是事物的性质和关系，而是感觉的形式和形态；同时，时空也不是经验的产物，而是心灵固有的，是先验的。

颜色不存在于外界客体，被先哲敏锐地洞悉。当代学者说：一个人梦中可以看到红色，难道红色能存在于主客两界？与此同时他们也远离了贝克莱的"心"，而将颜色的感受同大脑挂钩。当代心理学家约翰斯顿说："红色并不存在于外部世界，而是脑对于特定频率的电磁辐射产生的一种独特的体验。……它不过是源于神经细胞的组合和相互作用的一种特性而已，它是一种涌现特征。例如氢和氧化合成水时，一系列新的特点便出现了。"（约翰斯顿，1999：9）

这一道理统摄其他感官。"坏鸡蛋臭不可闻，并不是因为硫化氢气体本身有臭味；糖的味道是甜的，也不是因为甜味是糖分子的特性。我们之所以如此，是因为人脑已经发展了神经系统，能够根据外界的不同事物是有利于抑或有害于基因生存，而产生相应的愉快和不愉快的感觉。就是说，只有已经具备了这类评价性主观情感的机体，才能成功地将基因传递给后代。个体无须知道臭味与细菌污染或者甜味与 ATP 生成之间的关系，自然选择已经建立起来了涌现的意识情感与基因生存之间的联系。"（约翰斯顿，1999：14）"有机体对有用的资源（如糖）获得某种意识感觉（如甜味），而对另一种常见的废弃物（如酸）体验到另一种完全不同的感觉（如酸味），机体会把以这种能形成辨别性评价的神经环路传递给后代。"（约翰斯顿，1999：17）

感官是生存的工具，与生存无关的感觉是不存在的。"红

204

色和绿色之间，其波长的差别仅仅为 150 纳米（注：1 纳米为
10 亿分之一米），基本上是相似的。相反，你所在的房间充满
了你的身体发出的红外辐射和当地电台的调幅信号。虽然调幅
信号的波长是红外辐射的 10 亿倍以上，但对这两者，我们既
觉察不到，更无法分辨。……一些特定的能量／物质形式能诱
发生动的主观体验，而另一些却被完全置之不理。是什么生物
学利益促成了这样的安排呢？对于大多数动物，视觉局限于觉
察和分辨小范围频率的电磁辐射，这个范围位于植物叶面反射
光谱的附近。这一点并不奇怪，因为大多数动物的生存依赖于
食物链，而食物链是以植物将太阳能转变成糖的光和能力为基
础的。绿色位于我们感知的可见光谱中间频段，它与叶绿素分
子对来自于太阳的入射光——白光的反射光频率相对应。"（约
翰斯顿，1999：15—16）

　　什么是真实的客体？谁说了算？认识主体的认识大不一
样。我们说有色，其他动物可能认为无色。我们说无色，其他
动物可能认为有色。大多数哺乳类动物只能看到蓝色和绿色。
灵长目动物可以看到蓝色、绿色和红色。鸟类可以看到蓝绿
红和紫外线。人类成员其实也不相同，其中有一些色盲，色盲
也不同，有红绿色盲，还有全色盲。常人看到的色彩，全色盲
者看不到，但是他看到的常人也看不到。二战时盟军招募了一
批全色盲者入伍，让他们对侦察图进行分析，他们什么颜色也
看不到，却能看到挂在坦克上的伪装网。（葛兰汀，约翰逊，
2005：43）狗能识别的味道大大地多于人类。狗能吃屎，说明
屎对于狗是香饽饽。声音同理。不同物种对同一物质的不同反
应，说明了它们发展出各自的神经系统，根据有利有害来形成

自己的愉快与厌恶的感觉。神经系统的功能是服务于身体。自然选择不在乎它是否忠实反映外界，仅在乎它对身体的功能。不同的物种通过不同的感知，把握外界。

我们的讨论从洛克和贝克莱开始，似乎应该回到这样一个问题：我们上面陈述的观点是唯物还是唯心？朴素的唯物论认为我们的主观感受来自外部的客体，颜色、声音、味道都是外部的属性。从这个意义上说，当代生物学家的观点是与之背道而驰的。但是当代生物学家们同样与唯心主义大相径庭。它不是将感觉同虚无缥缈的"心"，而是同大脑、神经系统这些有形的东西连接起来。马克思对达尔文深怀敬意，因为后者为唯物主义奠定了坚实的基础。上述思想是达尔文思想的延伸，当然是唯物的。但正是与朴素唯物主义对立的近代哲学家们给了上述思想最大的启发和刺激。

近代哲学的集大成者康德将知识来源中最玄妙难解的东西推给"先验"，既显示他超越众人的睿智，也将一个问题冻结起来，因为在他那里"先验"之前是不必和不能追问的。康德并不企图，其实也根本无力解释"先验"知识的由来。洛伦茨"在1941年发表的一篇文章中指出，这种关于时间、空间和因果关系的先验知识实际上是人类神经系统进化的结果"。（齐科，1995：24）中国人在惊叹和不解某人超强本领时爱说：非一世之功。其实人类的每个成员的本领和潜能都不是一世之功，祖先在神经系统上的适应经自然选择存留在我们身体中。说这是"先验"其实不错，只是"先验"之由来依旧是问题。这一旷世难题终于得到解释了。

二、两个病案

接下来讨论的是另一个话题，情感和理性的关系。我们从神经科学家达马西奥讲述的两个真实的故事说起。

盖奇是美国新英格兰州一家铁路公司的工人。他是一个大组的工头，身体强壮，精力集中，被上司认为是所有雇员中最高效和能干的。1848 年，在他 25 岁那年夏天，一场爆破事故中，插在填放炸药的石洞中的钢钎（长 1.1 米，直径 3 厘米，重 6 公斤）被炸飞，刺进盖奇左面颊，穿透颅骨底部，经过脑的前部，从头顶高速穿出，落在一百多英尺远的地方。盖奇倒在地上，竟然清醒着。奇迹发生了，两个月后盖奇活了下来，他左眼瞎了，但右眼完好，能说话，走路稳健，双手灵活，思维连贯。他很好地活着，可是性格大变，"好像被一个新的灵魂操纵着"。他现在"变化无常，对神灵不敬，经常说粗俗猥亵的话，而这些不是他以前的特征；他对同事一点不尊重，如果有什么规定或意见与他的看法相左，他会不耐烦；有时相当顽固，却又喜怒无常，优柔寡断；虽然设计了许多未来计划，但刚刚开始实施就都放弃了。他的理智水平和行为表现像个孩子，但同时又具有一个成年男子所具有的动物性激情"。（达马西奥，1994: 13）别人最严厉的指责也没有改变他的新毛病：说脏话。因为他的奇怪举止，被招入马戏团，以后做过农场工人，车夫。38 岁时，即事故 13 年后死于癫痫发作。死后 5 年，经一位医生向其家属请求，开棺取出头骨，找回钢钎。当代学者制作了其负伤头骨的三维坐标图。他们认为，钢钎"没有碰到运动功能或者语言所必需的那个脑区……（而）前额叶皮层的选择性损伤破坏了他计划未来的能力、遵循既已习得的社会规则和做出行为的能力"。（达马西奥，1994：33）

下面是 20 世纪 70 年代的一个病案。埃利奥特曾经是个智力好、身体好、技术好的人，还是好丈夫、好父亲，任职一家商业公司，是弟弟妹妹和同事的典范。他因头痛就诊，切除了颅内一个很大的肿瘤。手术似乎很成功，术后他的智力、语言、行走能力都很好，可是性格大变。他无法安排自己的时间，当迫切需要转换注意力时，他还持续之前的工作。他会一整天读一份文件。同事说：他的行为变得毫无必要的细致，他花费很多时间使得某个步骤的工作做得非常好，却是以整体目标为代价的。他没有决定事情的能力，哪怕是计划几个小时以后的事情。最终他被解雇。以后他在工作和决策中一错再错，最终离婚，过上了领救济金的生活。他超然地讲述自己的悲剧，其神态与事情的严重性不相符合，那份镇定决不是文化习得的，听的人要远比他悲伤。让他看一组遇难者照片，看后他说：他的感受已经改变，曾经能引起他强烈情绪的东西不再能引发任何反应。他在某研究所接受测试，结论是智力上无缺陷，智商很高，但情绪和心理调节上出了问题。达马西奥和他谈话时，看不到他有一丝情绪的表露。达马西奥的判断是："可以把埃利奥特的困境归结为知道但是没有感受到。衰减的情绪和感受在其决策失败中扮演着重要角色。"（达马西奥，1994：42）

二者困境的共同原因是司职感受和情绪的大脑区域受到了损伤。盖奇术后说脏话，是因为丧失了难堪的感受。他们都不能做出任何选择，尽管前者智力正常，后者智商很高。达马西奥从这两个病案中得出一个惊人的猜想：选择和决策不是理性能够单独完成的工作，情感在其中扮演着重要角色。他说："冷静的推理使得他无法为不同的选择赋予不同的价值。……我们从小一直被灌输的那些谆谆教诲……头脑要冷静，要控制自己的情绪。不要让激情干扰你的判断。结果我们通常将情绪认为是一种多余的心理能力。……情绪的衰减可能是产生非理性行为的另一个同样重要的原因。情绪缺失和异常行为之间存在联系，这种背离直觉的联系可能会使我们发现一些关于推理的生物学机制。"（达马西奥，1994：46—48）

三、情绪和理性

当代心理学教科书上通常提到六种基本情绪：愉快，悲伤，恐惧，愤怒，惊奇，厌恶。除此还有一些行为与"情绪"这一标签相关，可以称为次级情绪或社会情绪的包括：困窘，内疚，嫉妒，骄傲；可以称为背景情绪的包括：幸福，不舒服，平静，紧张。它们的共同的生物核心是：集各种复杂的化学反应和神经反应于一体的模式，发挥某种调节作用，帮助有机体维持生命；尽管文化和学习可以改变情绪的表达，情绪本身是生物决定的过程，取决于脑的先天就有的装置，这装置是长期的进化得来的；情绪的装置存在于一个相当有限的皮层下区域；这些装置可以自动运转起来，不需要意识的深思熟虑。（达马西奥，1999：41）

情绪的生物学功能是双重的。其一是对诱发情境做出反应。

动物是该打就打，该逃就逃，该投入就投入，该追逐就追逐。人的反应基本相同。（达马西奥，1999：43）用艾克曼的话说：情绪是自动评估体系群。哺乳类动物基本上就是靠情绪来应对情境。人类的情形有所不同，人类还有一套思维系统，所谓思考性评估。（艾克曼，2003：29—33）其二是对有机体内部状态的调节，比如根据对外部情况的自动反应——改变心跳、呼吸和供血量，以支持有机体完成适当的行动。也就是说，当有机体遭遇某种情境的时候，"进化已经以情绪的方式得出了一个与之相匹配的方案"。（艾克曼，2003：43）

情感与意识都是帮助有机体的，它们是帮助人类做出选择的两种评估系统。如果将生存比作博弈的话，情绪是博弈中的"快棋"，思维是博弈中的"慢棋"。本来是相辅相成。但是，人类理性能力的发达，以逻辑推理为基础的科学在现代社会中日益坐大，以智力为基础的正规学习和考试成为社会晋升的第一门槛——三位一体，导致人们过度崇尚理性和智力。

其实，生活中无数维持个体生存的行为和促进社会晋升的表现都不凭借理性的力量。躲避下落物用不上推理。择偶的成功中激情和执著的因素很可能不小于理性能力。一个杰出音乐家和体育家的很多技能，在相当程度上是非意识、下意识的运动。它们雄辩地说明了没有意识和理性，可以完成很多活动和工作。且有些技能是意识和理性不能达到的。

文学家说：历史和人生相似，关键处就那么几步。也就是说决策至关重要。理性的进化在相当程度上是为了帮助人类决策，但是理性的决策恰恰需要其他因素的支持。在提到其他因素的时候，人们常常说到专注和记忆，常常忘掉情绪和感受。

（达马西奥，1994：133）而情绪和感受在决策中发挥着至关重要的作用。也就是说情绪和感受能力强的人，有时比智力高而情感弱的人，做出了更英明和及时的选择和决策。为什么在人类的素质中，智力优势在社会竞争中不是单一的优势？我们看看下列活动：智力测验，科学研究，投资，婚姻，结盟，交友。智力测验几乎只靠智力就可以完成，因为它们是单纯的，清晰的，信息齐备的。智商高情商低的人在智力测验中优势最大。科学研究同智力测验不同，同后四者也不同。很多研究指出，科学家普遍智商很高，但不是越高成就越大，在一定智商的前提下成就取决于其他心理因素。尽管如此，科学研究是智商高而情商较低的人的明智选择。而后四项活动则是模糊的，信息不齐备的，充满未知的，靠理性根本无法完成判断，越是思考越是彷徨，犹豫不决其实显示出思考者的理性能力和对理性的偏爱，因为单靠理性此题无解，他觉得轻率解题是对理性的亵渎。当理性不能完成一个判断，而情势逼迫你做出判断时，情绪推动了决策。没有情绪，人将迷失在信息中。老牌心理学家萨尔文的话：情绪支配着我们的一切重大决定（艾克曼，2003：6），是一句值得从多方面反复寻味的箴言。也就是说，面对包含混沌和未知的问题，情绪和偏颇的人有解，冷静和理性的人无解。这大约就是电脑为什么不能代替人脑的原因。电脑缺少情绪和感受，而人脑是极为微妙细腻的，经历过比理性系统更为漫长的进化过程。人类的行为和决策是情绪和理性的共同产物。电脑只是在一个维度上追赶人脑。

前面的两个病例说明人类大脑的不同区域司职不同的功能。不同的区域及功能的进化轨迹如何呢？麦克里恩首先提出了大脑三位一体的理论。葛兰汀和约翰逊介绍这一思想："这三部分是在历史进化的不同阶段依次形成的。非常有趣的是，大脑三部分都有各自的智力、时空感、记忆和主体性，似乎我们大脑内部不是一个统一的整体，而是有三个独立的个体，各自为政。大脑中的第一部分也是最古老的一部分，位于头颅内部的最低层，叫爬行动物大脑。后来的一部分位于头颅的中间位置，是旧哺乳动物大脑。最后出现的这部分位于头颅的最高层，是新哺乳动物大脑。大体上说，爬行动物大脑和蜥蜴的大脑相照应，它负责一些基本的生理需要，如呼吸。旧哺乳动物大脑和哺乳动物的大脑相照应，负责处理情感。新哺乳动物大脑和灵长类动物，特别是人的大脑相照应，负责处理理智和语言。所有的牲畜都有一些新哺乳类大脑，但灵长类动物和人类的新哺乳类大脑要大得多，也更为重要。大脑三部分之间由神经纤维连接，但每部分都有各自的主体性和控制系统，'最高层'无法控制'最低层'。过去研究人员曾以为大脑最高层起着宏观调控作用，但现在他们已经不再这样认为了。这就意味着人类身上也许真的有部分动物本性，它和人类本性截然不同，相互独立。……进化的过程就像扩建房子，而不是把旧房子拆了，再从地基建起。"（葛兰汀，约翰逊，2005：53）"比较两者的皮质下结构如杏仁核时发现猪的大脑和人的大脑看起来一模一样，根本找不出任何区别。但是当我观察新皮质时，发现两者之间的区别一目了然，人脑的新皮质很明显地比猪的要大。……人类的新皮质比大脑下部结构要厚得多，它们之间的比例就像一个桃子与核桃之间的比例。动物的大脑皮质要小得多，以至于一些动物的'桃子'和'核桃'一样大。"（葛兰汀，

约翰逊，2005：52）

我认识一位见多识广的长者，他说出了一句我一直深有同感却没有说出的话："我认识的多数智商极高的人，情商都很低。"如果颅骨内的体积同样大，较大的新皮质或许意味着较小的皮质下组织。就先天而言，是不是对一些人来说，智力的硬件更高是以情感的硬件降低为代价的？就后天而论，是否过分依赖和崇尚智商的人，会闭塞了情感的开发和使用？我感觉，智商极高而情商较低的人适合于从事科学研究，而非象牙塔之外的社会生活中的竞争。而生活中的成功者，往往是智商和情商的综合分值更高的人，靠单项能力打不了天下。

进而产生了另一个想法。野生群居动物中首领的位置，是单纯凭借体力获取，还是加入了大脑的因素？动物学家发现猴子首领大脑中的一种神经递质 5- 羟色胺的水平要明显高于普通猴子。固然后来又发现，首领的位置与 5- 羟色胺的水平有互动关系，即首领位置的获得也可以导致 5- 羟色胺的提升。（赖特，1994：227—228；里德利，1999：171—176）但是 5- 羟色胺作用的发现至少提醒我们，在动物领袖素质的研究中，需关注肌肉外的其他因素。我猜想，情商高下，具体而言司职情绪的大脑区域的发达与否，很可能在争夺王位中占据优势。这一假设如能证实，意义非凡。而如果情感系统在动物的竞争中是制胜的利器，就可以顺理成章地认为，它在人类这里也占有重要地位。对智商的迷信，使我们丧失了对大脑中其他部分的充分重视和理解。

我们说了感觉和情绪的若干好话，但是在进化的历程中，在人类的大脑秉承到的司职运动和情感的两个部分之外（或之上）毕竟增添了一个新的部分。其独特的、不可替代的功能是什么？达马西奥说："意识的装置处理的是这个问题，一个有机体可能会怎样处理在其基本设计中所没有预想到的环境挑战，从而使生活的基本状况仍然能够得到满足。……没有意识的生物能够内在地调节内部平衡，同样能够呼吸空气，寻找水源，并在某种环境内将生存所必需的能力转变为与进化适当匹配的类型。有意识的生物比没有意识的生物有一些优势。有意识的生物能够在自动调节的世界（与原始自我交织在一起的基本体内平衡世界）与想象的世界（在这个世界中，不同特征的表象可以相互结合，来产生一些还没有发生的情况的新表象）之间建立一种联系。这个充满了想象的创造物的世界——计划的世界、阐述情景的世界，和预想后果的世界——与那个原始自我的世界是相联系的。自我感把一方是事先的考虑与另一方是先前存在的自动化联系起来。"（达马西奥，1999：233）

意识与理性是昂贵的。获得和使用它是有代价的。我们丧失了很多动物的微妙感觉，泯灭了很多祖先的神秘直觉，这都是理性代价的明证。"意识并不是那个知识果实的全部味道。……我们很可能是由于意识而被驱逐出伊甸园的。"我们希望在反省之后尽可能找回一些不是必然要丢失的东西。但是也必须正视意识和理性的功能："意识是进入文明的一个极其重要的许可证。"（达马西奥，1999：239）

第16章

语言是本能

一、语言学与生物学

讲生物学的思想怎么说到人类的语言了？这不是我们生拉硬拽，而是当代语言学家将语言学同心理学，乃至生物学挂了钩。这要从乔姆斯基说起。

乔姆斯基是极少数富有原创力的学者。他建立自己学说的逻辑上的起点（真实的起点或契机笔者不清楚，而有时候科学创造的真实契机是非理性的，甚至是匪夷所思的）是，他不能相信语言是"习得的"。他从猿类与儿童两个方面反驳通过学习可以掌握语言。他对猿类的说明比较简单：猿类虽然拥有智力和学习能力，却无法学会人类的语言，因而语言能力是一种特殊种类的东西。对儿童的论述则繁复一些：可供儿童支配的资料，仅仅构成他不久以后学习掌握的语言学资料的一份微小样品；这些资料或多或少是有缺陷的，儿童听见的是不完整的和远远偏离语法规则的句子；学习往往经历和依赖于一个强化的过程，儿童却没有经过强化就掌握了一种语言；儿童语言的获得没有经过教授，并且远比成人掌握得快。

从这一深层怀疑出发，乔姆斯基开始了他的离经叛道，或者换句话说是回归经典。他认为洪堡前后的一些人关心的是"作为人类智力的索引，区分人和动物的标尺"的语言在本质是什么。而走向专业化后的语言学界转向了关心一些小的、技术性的问题。用他的话说，此前语言学研究的对象是语言，而此后即他所开启的新的倾向是研究语法。语言的研究注重的是寻找差异，特别是人类学家博厄斯鼓励和从事的对少数民族语言的研究。而语法的特征决定了其研究注重的是寻找相同之处。正是从这种研究中，乔姆斯基提出了"生成语法"、"普遍语法"、"核心语法"这些概念。所谓生成语法，就是生长出句子的那个语法。普遍语法与核心语法的意思几乎是一样的，就是指英语、日语、汉语后面的共同的东西。他认为，普遍语法是与生俱来的。他说："我们把这种图式叫作'普遍语法'。我们实际上可以把普遍语法看成遗传的程序，看成决定可能的人类语言可能实现的范围的图式。……它在经验所树立的条件下被具体化、提炼、整理、加工，从而产生在达到稳定状态时表达出来的特殊语法。"（乔姆斯基，1992：181）

　　他把语言研究同心理学和生物学挂钩。他说："我愿意将语言学看成是心理学的一部分，它集中注意力于一个特殊的认识领域和一种心智能力，即语言的能力。……能力这个词是按照不同程度的严格性来使用的。当我说，一个人在一个特定的时间有能力做某件事时，我的意思是说，就那个时候这个人的身体构造和心智结构来说，如果把他放在适当的外在条件下面，他可以不需要进一步的学习与训练，以及体力的增强等等就能做某件事情。"（乔姆斯基，1992：125）"语言研究的长远意义在于：这个研究中有可能相对尖锐和明晰地提出心理学研究的核心问题。"（乔姆斯基，1968：80）他说："人的语言能力很像生物学所已知的其他的器官。……在人的语言中似乎也是生物的天赋属性严格控制着语言的生长过程，或者控制着——用一个有些被人误解的术语来说——所谓语言的习得。……人具有一种生物属性：一旦接触了适量的经验，就有一套符合要求的语法会演化出来；按上述观点，研究的重点就应该是弄清这种属性。"（乔姆斯基，1992：180，199）他还说："语言研究是人的生物学的一部分。……由于过去一代中生物学所取得的戏剧性的成就，也许关于人的心智的本质和心智的产物的某些古典问题不久也可以并入自然科学的总体之中，这不会是一种奢望吧。"（乔姆斯基，1992：198）

乔姆斯基之后，进化心理学家史迪芬·平克在其《语言本能》（1994）中，以常人都能读懂的风格，旗帜鲜明地阐述其核心思想：语言是一种本能。本章主要介绍的正是平克的思想。

读到这里，您至少可以理解我们这一章的用意。我是将这种语言研究看做进化心理学的思想来介绍的。而近年崛起的进化心理学，正是以生物进化论的思想为其基础的。这一学科开发出来的诸多新思想应该引起我们特别的关注。

二、儿童的语言天赋

平克的《语言本能》一书如此轻松地颠覆了我们多年来的

习惯看法，雄辩地论证了语言不是文化的产物，而是人类的一种本能。

语言是一种普遍的存在，没有一个部落是没有语言的。"我们有石器时代的人，却没有石器时代的语言，他们的语言一样的复杂精密，一点也不原始。……没有任何记录说明哪一个地区是语言的摇篮。"（平克，1994：35，34）——平克是这样开篇的。接着，他笔锋一转说，普遍性并不能推导出语言是本能。他论证这一命题的中心手段是分析孩子语言的发展。

当年的奴隶主为了防备奴隶结伙，故意将不同语言背景的奴隶放在一起使用。这些人为了交流就必须攒出一种临时的代用语。初期的殖民地往往也会产生这种语言。这种语言被称为"洋泾浜"，自然它是简单、粗糙和破碎的。而一位研究者指出，洋泾浜变成复杂完整语言的唯一办法是，将刚要学习母语的孩子引入到这一语境中，孩子们会使洋泾浜蜕变成全新的、表达丰富的、具有内在法则的语言。（平克，1994：42—45）

尼加拉瓜在1979年桑地诺掌权时才有了第一个聋哑学校，学校推行的读唇语，效果很差。孩子们便在游戏时，在坐校车时，把他们在家里沟通时的手势加了进来，发明了自己的手语系统。现在尼加拉瓜流行的手语就是这样形成的。

有一个聋童叫西蒙。他的父母也是聋子，他们是在十五六岁以后开始学习手语的，手语能力很差。西蒙只接触父母，与外界无来往，他的手语却比父母高明得多。（平克，1994：49）

这些例证暗示着，孩子的语言不是教会的，他们是带着"程序"来的，只要外界给予一点影响和诱发，他们潜在的能力就会发育成长。用乔姆斯基的话说："一种语言的语法必定是由儿童从呈现于他的资料中发现出来的。"（乔姆斯基，1968：100）平克说，曾有人建议健全儿童的聋哑父母让他们的孩子多看电视，但是没有一个孩子靠电视可以学会语言。这是因为孩子必须在此时此刻发生的事情与听到的语言的相互印证中理解语言的内容，乃至识破语言的逻辑，即语法。电视与真实话语对孩子学习语言效果的对比，可以佐证，孩子是自己找到"语法"的。（平克，1994：328）

孩子学会一种语言只需要三年的时间，这是奇迹。与此同时，孩子们学习别的东西，要慢得多。平克说，如果没有与生俱来的"语法软件"，这是不可思议的。为什么这么快就掌握了语言？这是自然选择的结果。语言是在人类社会生存的基础条件，"快"便是"适者"，"慢"可能遭到淘汰，自然选择导致了那"软件"好用。但是既然"语法软件"是与生俱来的，大人应该也有，为什么洋泾浜要到了孩子手里才变成丰富成熟的语言？因为那软件过期作废，与时俱退，越年幼越好用，青春期一过就退化了。平克用生物蜕变的现象来类比，并且认为永远保持这种"迅速学习"的机能肯定要付出身体上的代价，不经济也没必要，原始时代掌握了一种语言就足够了，进化的历史不会考虑到现在的人们过了少年期还要学英语，考托福。

平克提出，语言软件独立于人类大脑里的其他部件，因此语言能力独立其他能力。"失语症"患者很警觉，有注意力，知道自己在哪里，其非语言部分的智商仍然较高，只是跟语言相关的智力不行了。还有一些智力很低，但语言能力极佳的白痴，可以滔滔不绝地讲述流畅且符合语法的幼稚的废话。两个例证从相反的角度证明着语言能力的独立性。（平克，1994：60—63）

孩子们为什么从小生长在什么环境中就能学会什么样的语言？他们与生俱来的语法软件为什么如此通用？我们前面介绍过乔姆斯基的"普遍语法"的思想，正是解答这一问题的。他说：火星上的科学家如果来地球访问的话，会觉得地球上的人是说同种语言，只是单词不同。（转引平克，1994：276）语言学家比较了很多种语言，认为其语法极其相似。乔姆斯基说，生活中的人们关心的是语言的差异，相同之处似乎没有关注的必要；科学家却关心相同之处（乔姆斯基，1992：183—184），因为它可能是解开重大奥秘的钥匙。

三、语言与思维

由上节的内容会顺理成章地产生一个问题：语言和思维的关系。人们是使用语言（比如汉语或英语）来思考，还是仅仅在表达时才为思想披上语言的外衣？

这个问题磨砺过很多思想者的智力。大致说，人们在语言与思维的互动和互助上没有分歧。分歧在于：有没有独立于语言的思维？有没有独立于思维的语言？争论大约还在继续。但似乎是持肯定观点的证据更多一些。这些论据主要来自三个方面：动物的行为，儿童的行为，特殊的思维形式（比如，对于空间和性状的思维似乎更明显地不必借助语言）。

苏联心理学家维果斯基（L. S. Vygotsky: 1896—1934）似乎可以被视为解答这一问题的先驱。但是不知什么原因，乔姆斯基和平克这些学者几乎没有引用过维果斯基的言论。维果斯基引用柯勒的实验说："在动物身上出现了初期的智力——即严格意义上的思维——与语言完全没有什么关系。类人猿会制造和使用工具，也会迂回曲折地找到解决问题的办法。在这一阶段中类人猿所表现出的创造力，虽然只能算作初步的思维，但仍可归属于思维发展的前语言阶段。"（维果斯基，1934：37）他又说："儿童的牙牙学语、哭叫，甚至他说出的最初的词语，是明显与思维发展毫无关系的言语发展。"（维果斯基，1934：48）"自己默默背诵一首已经背熟的诗，或在心理上复述因实验目的而提供给他的句子，那么，这样的活动可能并不涉及思维加工——尽管华生认为发生过。"（维果斯基，1934：54）他总结思维和语言的关系："思维和语言具有不同的发生学根源。这两个机能沿着不同的路线发展，彼此独立。它们之间的关系不是明确的和不变的。类人猿在某些方面（萌芽状态的使用工具）表现出人类智力那样的东西，而在完全不同的其他方面（言语的语音方面，释放机能，社交机能的开始）则表现出像人类语言那样的东西。在类人猿身上，没有人类所特有的思维和语言之间非常接近的一致性。在思维和语言的发展过程中，思维发展有前语言阶段，言语发展有前智力阶段，二者的表现是非常明显的。在儿童的言语发展中，我们能够确证有一个前智力阶段，而在思维发展中有一个前语言阶段。在某个时刻，这两根曲线会合，因此思维变成了言语的东西，而言语则成了理性的东西。"（维果斯基，1934：46，49）

奎因说："对'自然等级'的一种有效把握，对不同差别作出程度不同的反应的倾向，肯定在'红'这个词学会以前，就已经'在那里'了。所以，在语言获得之初，词语完全是在

同这类相似性和区别的联系中学会的，它们不借助词语就已经被发现了。"（转引福尔迈，1973：203）

尽管前人已经作出了多方的探讨，平克仍然建立了自己的论点和找到了独特的论据。平克说，没有语言也可以思考。他引证席勒（Susan Schaller）《无字的人》（*Aman Without Words*）中的叙述。席勒认识了一个完全不懂任何语言的墨西哥移民伊底·方索，方索的眼睛透露出他的智力与好奇。席勒教他手语，方索很快显示出他懂得数字和加法。席勒教他"猫"的手语，他立刻明白了所有东西都有名字的原则，他内心的堤防崩溃了，他要席勒教他诸多东西的名称，于是他们可以交谈，他开始讲述他的生平。他还带领席勒去见另一些没有语言的底层人，他们会修锁、玩牌、作哑剧，他们有抽象思维能力，只是没有语言。（平克，1994：83）

那么思想靠什么？平克说，靠表征，表征不一定是英文，说英语的人思想时也不一定用英语，而通常使用更简化的表征去思考。其实我们每个人马上就可以设身处地地去反省自己是如何思考问题的。你看见一个有翅膀却不认识的小动物，你判断它会飞。你的思想在执行一个三段式：鸟会飞，它是一种鸟，它会飞。但在这过程中，你的思考没有借助语言。它在一瞬间就完成了，要比借助语言快得多。语言不是用于思想，只是用于表达思想的。平克说："人并不是以英文、中文来思考的，他们是以思想的语言来思考的。这思想的语言可能跟所有的语言都有一点像，它也有符号来代替概念，符号排列的顺序来代表谁跟谁做了什么。……思想的语言一定比口语来得简单，特定谈话的字和结构都没有了，字的读音甚至字序都变得不必要，因此一个说英文的人很可能用一个类似英语，但是已经简化的英语形态在思考。"（平克，1994：98）为什么语法是复杂的？因为思想是复杂的，表达思想的工具便也必然是复杂的。

维果斯基也作过这种思考。他说："思维和言语不一样，思维并不是由彼此独立的单位所组成。当我想与别人交流下面的思想，即今天我见到一名赤足的男孩身穿蓝衬衫沿着街道奔跑，我们并不把其中每个项目分别对待：即男孩、衬衫、衬衫的蓝颜色、他的奔跑、不穿鞋子等。我把所有这一切在一次思维中构想出来，但是表述时却用分别开来的词语。……在讲话者的心中，整个思维是立刻呈现的，但是在言语中，它必须一个项目一个项目地相继展开来。"（维果斯基，1934：164）维果斯基将受到语言影响之后的人的思维称为"内部语言"。他说："内部语言并不是外部语言的内在方面 —— 它本身是一种功能。它仍然是一种言语，也就是说，与词语相联系的思维。……思维的流动并不伴随着言语的展开。思维有其自己的结构。"（维果斯基，1934：163）

维果斯基和平克在认识上的相同之处是，都强调思维与语言的不同。差异在于，维果斯基认为语言毕竟影响了思维。而平克认为，思维有时甚至不受语言影响。

四、语言进化论

乔姆斯基和平克都认为语言是本能。既然是本能，就可以用进化论来解释了吧？但是平克认为他与乔姆斯基存在着分歧，乔姆斯基不认为进化论可以解释语言的产生。乔姆斯基说："我们可以把这个天生的心理架构的发展归因到自然选择上去，只要我们了解这种说法是没有实质根据的，它不过是一个信仰。……我们现今可以来谈语言的进化吗？事实上我们对这个问题仍然是一无所知。进化理论对许多事情可能很有解释力，但是对语言的演化它是一点帮助都没有。这个答案可能是在分子生物学而不是进化论。"（转引平克，1994：412）

与乔姆斯基不同，平克是坚定的进化论辩护者。他先举出大象的鼻子。大象的鼻子有三英尺长，一英尺厚，内有六万条肌肉。可以拔起大树，可以拣起绣花针，可以探路，可以帮助潜水，可以起酒瓶盖，等等。这实在是大自然的奇观。人类的语言正和大象的鼻子一样，是大自然的奇观之一。这没什么可好奇的，这种奇观在大自然中很多，比如蝙蝠、电鳗、响尾蛇、骆驼，等等。独特的品质，有时不过是因为共享这一特征的近亲物种已经灭绝了。很多人认为只有找到了某种能力载体的完整的物种谱系才能说明进化的作用，于是他们硬要从猩猩身上挖掘出语言的潜力。如果其他灵长目动物都灭绝了，他们就一定要从猪马身上寻找语言的潜力了。他们不知道，因为姊妹物种的灭绝，独特的品质在大自然中并不少见。

为什么人类的语言能力这样卓越呢？不错，自然选择无力选择"最好"。只要稍微好一点，就可以获得生存和繁衍的优势。但是"最好"是漫长的过程中积累而成的，不是一蹴而就的。语言的适应性是什么呢？可以交流的人在狩猎中，效率高，风险小。因此能说会听的人得到了自然的选择，听说能力差的渐渐被淘汰。但是还有一个关键的难点，就是狩猎用得着这么高明的表达和交流能力吗？这不是"杀鸡用牛刀"吗？不错，牛刀一定是在杀牛中进化出来的。对付野兽需要结盟。而一旦结盟以后，就既要面临外部的竞争，又要面临内部的竞争。对付外部的竞争可能不需要精确细致的语言，但内部的竞争需要和导致的种种策略，比如说服、谈判、勾结，等等，却可能使语言不断升级。平克说，部落的酋长往往善于预言（说明他的语言能力好），同时又往往拥有更多的妻子。这最生动地说明了语言有助于其持有者的繁衍，因此成为自然选择的对象。

其实，乔姆斯基听到这种辩护后也未必赞同。因为他虽然不是否定进化论的人，但他是在寻找微观的解释。而进化论提供的是宏观的解释。对于进化论的这一特征，威廉斯和迈尔都明确地表达过，我们在前面已经介绍。

听过乔姆斯基和平克的语言本能说以后，很多读者会说：语言是先天与后天互动的产物，先天也不可忽视，他们强调了先天的作用这是他们的贡献。平克听说过这种说法，他说："假如我们所知道的语言本能被归类到这个无意义的先天／后天、遗传／环境、生物／文化、天生／经验这样的两分法的话，我是会很沮丧的，互动这种陈腐的说法没有什么意义，没有告诉我们更多的科学上的信息。"（平克，1994：472）哪一种本能不需要依赖后天的最基本的环境去发育呢？当老虎一出生就被关在笼子中，成年后它的捕捉猎物的本能还存在吗？而我们可以因此认定那不是本能吗？大象的鼻子极其灵活，富有多种功能，堪称奇迹。没有人怀疑那是本能。平克认为人类的语言就像大象的鼻子一样。语言需要学习。但是学习不是因，而是果。（平克，1994：170）"学习并非是取代天赋的另一种选择，若是没有天赋的机制供他学习,学习根本不可能发生。"(平克,1994: 473) 是因为你携带了天赋 —— 一种语法, 所以你才能够在蒙昧中神速地学习语言。

　　平克坚定地站在遗传行为学的一边, 反对文化决定论, 反对人天生是一块白板的说法。他说: "极端的实证主义并不见得是一个比较进步, 比较人道的教条。人的心智若像一块白板, 正是独裁者的梦想。一些心理学课本中提到一些'事实': 斯巴达和日本武士的母亲在听说她们的儿子战死沙场时会微笑。因为历史是将军们所写的, 不是妈妈们所写的。我们不必理会这种不可思议的说法, 其目的是很清楚的。" (平克, 1994: 494)

第 17 章

遗传与环境

一、两种解释，此消彼长

优生学自 19 世纪 80 年代形成。它是一门取向积极的应用性学科，以改良人种和社会为目的，而其理论基础是遗传学，它坚信遗传对人的素质和行为的决定性作用。自产生起，它便迅速成为一股时代的风潮。学者萧伯纳、韦伯夫妇、政治家丘吉尔（他是 1912 年在伦敦召开的第一届国际优生学大会的领导者之一）、希特勒都趋之若鹜。以后纳粹的种族主义政治实践使得优生学声名狼藉。但是思想和学术上对遗传决定论的批判其实早就开始了。

德裔美国人类学家博厄斯（Franz Boas，1858—1942）将抵御优生学思潮视为自己的使命。20 世纪初叶，他几乎是孤军反抗优生学。但是三十年河东，三十年河西，在以后的半个世纪中，博厄斯和其弟子本尼狄克特、玛格里特·米德为代表的文化人类学家同行为心理学家华生 (John Watson，1878—1958)、斯金纳 (Burrhus Skinner，1904—1990)，遥相呼应，几乎完全执掌了人类行为的解释权。

博厄斯坚信文化在塑造和形成人的性格和行为中的决定

性作用。他反对优生学的思路,认为没有必要筛选出不适应者,文化完全可以使他们变成适应者。玛格里特·米德以其生花妙笔描述着她的田野工作,证实着老师的文化决定论思想。在《三个原始部落的性别与气质》(1935) 一书的结论中,她提出社会在男性和女性行为模式上有三条道路可走。其一是如多数传统社会所作,将男女人格标准化。其代价是扼杀了女性 (以及男性) 背离社会模式的潜在才华的发挥。其二是消除男女间的差异,其代价是导致社会复杂性和丰富性的丧失,这种复杂性是以男女、年龄、阶级等差异为基础的。其三是不搞模式,既尊重差异又尊重个性,允许每个男女向任意性别方向发展。这一结论是深刻并富有启发性的。但其前提是"在人格的形成过程中,自身性别的解剖结构作用与社会制约作用相比是微不足道的。……两性人格是由文化所致。……所谓的男人气女人气是社会性产物"。(米德,1935:283,295,297) 我们愿意在另一前提上赞同米德的结论,即同遗传相比较,文化未必是决定性力量,但对行为有很大影响,因此应避免文化对个性潜力的压制。但是遗憾的是米德的结论其实是附带的,她全书的主旨就是论证两性人格是由文化所致。她的根据是对三个原始部落的考察,一个部落中男女都是男人气,另一个部落中男女都是女人气,第三个部落的男人女人气,女人男人气。读过米德的书,我们会产生两个疑问。其一,这是真的吗?其二,为什么多数民族不是这样呢?在《萨摩亚人的成年》(1928) 一书中,米德描述了一个田园诗般的社会,那里没有等级,没有竞争,没有暴力,大家和平共处,那里拥有的价值观与美国社会截然不同,完全是卢梭所说的自然人的状态。米德著作受到的欢迎标志着博厄斯的人性观的胜利，即人生来是一块白板，文化为之刻上了人格和行为。但是在这本书出版后55年，弗里曼重新研究萨摩亚人的著作《米德及萨摩亚》问世了。该书以扎实的证据揭示出米德的每一项观察都是错误的，说明了那里有等级，有暴力，有战争，有起义。米德的神话破灭了，她的研究显然在侍奉一种先验的理念。

华生和斯金纳从心理学的角度否定遗传学。他们否认本能的存在，否认行为的遗传性。他们认为行为可以还原为刺激－反应，控制了刺激即奖惩，就将控制人的行为。他们是环境决定论和教育万能论的宣扬者。哈洛的一个简单的实验给了行为心理学沉重的打击。他的实验为两个婴猴提供了两个替代"母亲"，一个是由金属线制作的配备了牛奶的巧妙装置，另一个是用毛巾做的可拥抱的猴子，但是没有牛奶。尽管从前者可以得到牛奶，婴猴仍然依偎在毛巾做的猴母亲身旁。这实验清楚地显示出决定行为的不仅仅是奖惩。华生当年说过一句雄心万丈的豪言："给我一打健康的儿童，只要他们身体没有缺陷，让我在我自己特殊的世界中教养他们，我可以保证，在这十几个儿童中随便挑出一个，我都可以把他训练成任何一种专家，如医生、律师、艺术家、商界领袖，或者甚至可以把他训练成乞丐或窃贼，而无须考虑他祖先的天赋、嗜好、倾向、才能、职业及种族。"今天这话已很难被人相信，因为它不符合基本常识。我的一个朋友是职业田径教练，他对我说："我每年最重要的工作不是训练，而是到中学生运动会上去挑选人才，不是那块材料就不可能培养成职业田径选手。"可信各行的状元都当如此。

正是三十年河东，三十年河西，当代的行为遗传学家终于出场了。他们反对文化决定论的主张，但是他们不想走向同样荒谬的另一极端——遗传决定论。他们说："没有预先安排我们做的我们做不了，而安排我们做的但环境没有提供条件我们同样做不了。"（斯蒂恩，1996：17）他们刺破了环境决定论的一些证据的表象，比如他们说：家里书多的孩子喜欢读书，为什么其中就没有父母基因的因素呢？这话极其雄辩，遗憾的是它只是说明了在这一场景中环境的影响是可能的（远未证明这是必然的，决定性的），遗传的影响同样是可能的（决不是断然不可能存在的）。但因为遗传基因与环境因素每每交织在一起，要拆开二者，雄辩地说明遗传（或者环境）的独立作用，殊非易事。所幸他们选中了一个突破点。就是对异地抚养的同卵双生子的研究。同卵双生子是大自然馈赠的稀罕物，二者的基因完全相同。但是双生子的成长环境大多也相同。从小分离、异地养育成人的同卵双生子就是稀罕当中的稀罕。这项研究可以比较接受了同样遗传基因的人在不同环境中的性格和行为之异同。其实优生学的奠基人高尔顿在一百年前已经提出了这个想法。20世纪二三十年代英国人伯特研究了53对分开抚养的双生子。1937年美国人纽曼等人做了19对分开抚养的双生子的研究。1965年丹麦人尼尔森对12对分开抚养的双生子做了研究。自1979年始美国明尼苏达大学的布查德教授先后检验了70对分开抚养的同卵双生子，从而将这一研究推向高峰。与此同时，行为遗传学家也在从事另一项研究，就是对被收养的兄弟姐妹与血缘关系的兄弟姐妹的比较研究。这两种研究，特别是前者，为解答遗传与环境在对性格与行为的影响上孰优孰劣这一扑朔迷离的问题，开辟了新的蹊径。

二、基因的力量

这些异地抚养的同卵双生子表现出若干戏剧性的、很难归结为偶然的、耐人寻味的相似性。布查德观察到两个 39 岁的大男人都有咬手指头的习惯。另外两位都喜欢啤酒，都喜欢听装的，这都不能说明什么，但是他们都用小指开易拉罐应该排除了巧合的可能性。有两位中年妇女回忆起幼年时代，她们在 10 岁时有相同的梦魇，都梦见嘴被门闩和鱼钩关住了。有两位兄弟在同一年都开始患偏头痛，几年后同时消失，再后又在同一时间复发，而后又一起消失——总是同步。布查德发现这些从小分开抚养的同卵双生子有着同样的或高度相似的说话方式、身体仪态、幽默感、气质、婚史、职业、服装品位和习惯等等。

自然，学院派的严肃学者同新闻媒体的兴趣殊为不同。他们企图以严格的方法透视遗传或曰基因对疾病、智力、性取向、精神障碍、瘾行为、暴力犯罪的影响。我们分述如下。

疾病。调查发现，父母死于心脏病的子女死于心脏病的概率是常人死于心脏病概率的 4 倍，兄弟死于心脏病的异卵双生子中的另一方死于心脏病的概率也是常人死于心脏病概率的 4 倍，而同卵双生子是常人的 9 倍。被收养者的死因通常与生父母而非养父母相似。

智力。斯蒂恩综合了包括 11 万个研究对象的 111 项独立研究，作出如下概括：以下二者的智商相关系数分别为，同一个体的两次测试 0.9，一起抚养的同卵双生子 0.86，分开抚养的同卵双生子 0.72，一起抚养的异卵双生子 0.6，分开抚养的异卵双生子 0.52，一起抚养的兄弟姐妹 0.47，分开抚养的兄弟姐妹 0.24，一起生活的父母和其子女 0.42，分开生活的父母和其子女 0.22，一起收养的被收养的子女 0.29，配偶 0.33。基因与环境的影响力显然都存在。学者们通过两种方法推算智商的"遗传率"。其一是分开抚养的同卵双生子的相关系数 (0.72)。但是尽管分开，仍可能有部分成长环境是近似的，因此他们认为这一指标可能偏高。其二是一起抚养的同卵双生子的智力相关系数减去一起抚养的异卵双生子的相关系数后乘 2，结果为 0.52，即 $(0.86 - 0.6) \times 2 = 0.52$。这一思路是，前者的基因 100％相同，后者的基因 50％相同，因为都是一起抚养的，所以前者的相关系数减去后者，也就是抵消了相同环境的作用，剩下的是 50％ 的基因的作用，所以还要乘 2。综合这两种计算方法，一些学者认为，智商的遗传率为 60％，也就是说环境因素在智力中只占 40％。

同性恋取向。研究显示，同性恋有文化和心理之外的身体原因。研究者为同性恋男性、异性恋男性、异性恋女性三组成员注射相同剂量的雌性激素，结果发现，注射三天内，异性恋男性血液中的黄体生成素（LH）的含量出现抑制，异性恋女性血液中 LH 的含量急剧上升，同性恋男性的血液竟与后者近似。异性恋女性与同性恋男性在语言测试上都优于异性恋男性。

在双生子中一方为同性恋之中，52% 的同卵双生子和 22% 的异卵双生子也为同性恋。寄养兄弟只有 11%。

精神障碍。人群中躁狂－抑郁症患者低于 1%，父母和兄弟姐妹患此病的人的患病率达到 10%。但环境的影响也很大，遗传的只是易患性，且与多个基因相关。32% 的同卵双生子和 7% 的异卵双生子同患此病。但是此种病病症有个不寻常的特征，就是它有时会伴随着创造力的爆发。舒曼终生都是躁狂－抑郁症患者。艺术家患此症概率是普通人的 2—3 倍，诗人是普通人的 10 倍。病症，特别是精神上的病症，有时也是优势，这将使优生学的实践面临严酷的挑战。

上瘾行为。76% 的同卵双生子和 61% 的异卵双生子同为酒精中毒者。但即使如此，学者们认为，在上瘾行为中环境的作用比基因更大。

犯罪与暴力。领养儿童的研究显示：生养父母均无犯罪的子女犯罪率为 14%，养父母犯罪子女犯罪率为 15%，生父母犯罪子女犯罪率为 20%，生养父母均犯罪子女犯罪率为 25%。9% 的同卵双生子和 2% 的异卵双生子都走向自杀。研究者还指出，没有犯罪基因，暴力犯罪是糅合了机会与倾向的。凶杀往往是冲动下发生的，往往没有预谋，往往是熟人所为。但是，酒精滥用、家族的社会封闭、抑郁症、易冲动和注意力涣散的性格，都容易导致暴力，而这些因素是有遗传性的。对易冲动性的测量表明，在 31 项研究中，同卵双生子的一致性平均为 51%，异卵双生子为 20%。社会因素不是暴力犯罪的全部原因，因为在遭受社会疾苦的人群中只有很小的百分比转变为犯罪。

三、遗传行为学家的新观念

今天的遗传行为学家大多并不忽视环境的作用，他们在强调长久以来被忽视的遗传作用的同时，企图更深入地认识遗传与环境的复杂关系。进化论研究者早就指出，很多疾病的基因为什么在进化中没有被淘汰，是因为过去的生活环境不会诱发这些疾病，比如过去的饮食习惯不会导致大面积的心脏病、糖尿病，血缘团体的同居抑制了同性恋倾向的抬头。饮食习惯的改变，居住方式的改变，导致了病症和反常行为的出现。但是另一方面，在今天的既定和同样的环境中，为什么有些人得病有些人不得病？基因是一些疾病和同性恋的直接原因。而具体看，各种情况又有差别，肺癌的外因更重要一些，而同性恋中基因的作用更重要一些。

基因行为学家还提出了一些新鲜的、耐人寻味的见解。

人们通常以为，随着人的成长先天的作用越来越小，环境的作用越来越大。基因行为学家反驳这种见解，他们提出："遗传决定了发育的模式与时间表，甚至决定了衰老的模式与时间表。"（斯蒂恩，1996：17）赖特说："孩子越大环境会有更多的作用的机会，但基因的影响并不像人们期望的那样逐渐消失，而是随着年龄的增长而增长。……它（基因）更可视为等待自身达到的事情。"（赖特，1998：97）它很像是在等待一个定点列车的到达。里德利说："基因的影响随年龄增加，而共享环境的影响随年龄消失。你的年龄越大，你的家庭背景对预测你的 IQ 的作用就越小，而你的基因的预测作用就越好。有着才华出众的父母的孤儿，在被一个愚人家庭收养后，也许在学校成绩平平，但是到了中年却可能成为一个才华出众的量子力学教授。一对愚人父母的孤儿，若在一个双双得到诺贝尔奖的家庭中长大，在学校也许会表现更好，但到了中年可能就只是做一份不要求多少阅读技能或深刻思想的工作。……基因对解释 IQ 的相对差异的贡献从幼儿那里的 20%，上升到儿童阶段的 40%，再到成年人的 60%，而到中年人那里则甚至可能达到 80%。……到成年期，智力就像个性：大部分是遗传，小部分是由于个人所独有的环境，极小部分是你所成长的家庭的影响。这是一个反直观的发现，它摧毁了那种认为基因先起作用，培养后起作用的观点。"（里德利，2003：95）

斯卡尔的主张："非共有环境"（孩子们虽然在一个家庭中，但因性格的差异导致父母对待他们的方式并不相同，而性格在很大程度上是基因决定的）比共有环境起的作用大得多，而首先是基因促成了"非共有环境"。基因塑造了爱激动的孩子，他父母对待他不同于其他孩子，因此他有了自己的独特的环境。注意力不集中的孩子发现老师对他不好，对优秀学生更好。一句话，基因和环境是交织在一起的。（赖特，1998：48）里德利说："环境不是某种僵化的实在之物：它是由行动者本人所主动选择的独特的影响因素的集合。具有一定的基因，会使一个人倾向于经历一定的环境。具有'运动的'基因，会使你想在体育场上锻炼；具有'知识的'基因，会使你寻找知识活动。基因是后天培养的代理者。……环境，作为小的遗传差异的一个放大器，把喜欢运动的小孩推向给他们以回报的运动，把聪慧的小孩推向给他们以回报的书本。"（里德利，2003：96）

"非共有环境"的概念异常深刻。它将一个寻常却模糊的认识结晶成理论。"非共有环境"一方面突破了僵化的环境论，指出基因的特殊作用，另一方面将基因和环境结合起来。里德利说："高尔顿在一个重要的方面完全错了。先天并不主宰后天；它们不是相互竞争，它们不是竞争者；根本没有先天与后天对立这回事。"（里德利，2003：96）

我想以个人的经历来佐证斯卡尔的"非共有环境"，虽然我的例证中直接看到的是性格，而非基因，与非共有环境的关联。插队时代，我有一位挚友，我们同为叛逆抗上的知青，他是头领，在我们农场近万名知青中他几乎成为神话，在当时"抓革命，促生产"的形势下他公然带领大家探亲超假，劳动时不冒尖，他的群众威信极高，自然是领导的眼中钉。后来他最好的朋友都劝他改变作风，怕他吃大亏，只有我说大家不要劝他，他的作风会为他开辟出自己的道路。果然如此，开始招收工农兵学员时，一贯"表现"好的知青不一定走成，他只放弃抗上一年，就被推荐上学，因为领导怕他，巴不得招安他，送走他。我自己的情况也有近似之处。我在我的系里属六亲不认的另类，屡屡投票否定了人家的学位、职称。开始自己心里也发憷，后来听到的反应是：他就是这么个人，不是故意要跟谁作对。这样我就在别人特别给予的"宽大"政策中一意孤行了。人们可能置身在同一个环境中，却以不同的性格和行为造就出不同的小环境。

四、学术争论与政治正确

遗传行为学的研究接连在学界乃至社会引起巨大的争论。两个最为敏感的问题是遗传与智商的关系和遗传与暴力犯罪的关系。

最激烈的环境论者对智商测定持彻底否定的态度，并且提出了一些很有启发性的看法。比如加格纳（H.Gargner）认为，不存在普遍的智力因子，智力分为7种类型：语言，音乐，空间，逻辑－数学，运动，个人，人际交往的能力。但是更多的人们似乎还是赞同智商测定。更耐人寻味的是，对智商的基本看法上的争论远没有对种族间智商差异的争论来得激烈。几十年来，对种族间智商差异的大争论接连发生了三次。

多年以来，心理学家都了解，美国黑人儿童测定的智商比白人儿童低15分，很少有人对这一测试和统计提出异议。流行的解释是恶劣的环境造成了黑人的劣势。1969年，詹森发表文章，提出原因不是儿童们的环境，而是他们的基因。这文章一问世就引起轩然大波。记者们过后评论：这篇小小的论文可以引发一场国内战争。

西里尔·伯特曾经是享有盛誉的英国心理学家。他是通过双生子研究遗传问题的老派学者。他从其研究中提出智商的遗传率是0.77。他死于1971年。1975年一些人提出他编造数据，他是骗子。这一争论一直持续了二十年。

1994年默里和赫恩斯坦的著作《钟形曲线：美国生活中的智力和等级结构》出版。该书论证的三个基本观点是：智力对当代生活中成功的重要性，智力的遗传基础，平均智商的种族差距。此书复活了詹森引起的争论。

遗传行为学家的主要辩护词是，个体的差异大于群体间的差异。"随便找两个瑞典人，他们基因上的差别比他们的平均和美洲印第安阿帕契族的平均还要大12倍。"因此对遗传行为学的深入了解只能减少种族歧视。但是这种解释几乎是徒劳的。其实对这种裹挟了浓厚的"政治正确"气氛的争论，应该提出的最重要的问题是：人群的差异，包括种族，究竟可不可以成为科学研究的题目，认识这种差异对人类有没有积极的意义。

遗传与暴力犯罪的关系比前者更刺激人们的情绪。遗传行为学家认为二者有间接的关系，应该深入研究，药物可以削弱犯罪的倾向。1992 年美国马里兰大学计划召开一个名为"犯罪的遗传因素：研究结果、使用和含义"的学术会议，因题目的刺激而被反对并最终取消。1995 年在马里兰终于召开了更名为"遗传学与犯罪研究的意义和价值"的讨论会。会场一度被抗议的群众占领，他们高喊着：如果带着镇静药物进入贫民区，我们就将对你们发起攻击。遗传行为学的学者们对药物的使用提出了两个看法：对一个暴力倾向很重的人注射镇静剂不是比进监狱强吗？药物治疗究竟由个人来选择还是社会来选择，应该是价值观问题，而不是科学问题。

这些问题 —— 种族差异可否研究，药物治疗由谁来选择——不仅重要，而且切近。

五、动物的习得性

强调基因和遗传的思潮 20 年不衰，大有后来居上之势。自 21 世纪初叶始，钟摆终于回头，对后天习得性的再认识重新崛起。不同学科的学者从各自的角度强调后天在起作用。

一些动物学家提出，脑容量越大、大脑结构越复杂的动物，

比起大脑简单的动物，行为中后天习得性因素所占比例越大。（葛兰汀，约翰逊，2005：134）

　　以最基本的行为"吃"为例。人工繁殖和饲养的食肉类动物的野化是个难题。有两只放到野外的小老虎，"一开始它们不管自己饿不饿，见了动物就追。一天夜里，它们大开杀戒，捕捉了七只羚羊。……它们并不是为了获得食物才追杀猎物，而是为了捕杀而捕杀。"（葛兰汀，约翰逊，2005：140）很可能它们不知道这些动物能吃。而"只要把那些死掉的动物开膛，露出里面的内脏，它们就什么都明白了。……小虎生来就知道怎样捕杀猎物，但其他的事情则需要学习才能知道"。（葛兰汀，约翰逊，2005：141）为什么何物能吃要通过后天学习？因为只有这样才能开发出一份更宽的、弹性的食谱。"由于必须要通过学习才能认识到什么可以吃，什么不可以吃，人类和动物就能够灵活地适应生活环境的变化。如果动物仅仅依靠本能觅食，一旦它本来的食物来源忽然消失或减少，它就有可能会被饿死。"（葛兰汀，约翰逊，2005：136）

　　动物对天敌的恐惧是源自先天还是后天？有一点是肯定的，就是不能来自个体的经验，因为切身经验的结局多半是葬身虎口或狼口。但先天与后天的情况仍然可能并存。"潘克赛普发现，实验室里长大的老鼠也会害怕猫，虽然它们从来没有见过猫，也没有闻到过猫的气味。你只要把一束猫毛放到它们的活动区域，它们马上停止玩耍。恐惧的动物一般不玩耍，显然这些老鼠很害怕。"（葛兰汀，约翰逊，2005：204）羚羊则是另一种情况。"小羚羊注意到别的羚羊遇到狮子就拼命逃跑，于是它也就跟着逃跑，现在我们知道班杜拉博士的说法是正确的，这部分上应该归功于迈尼卡对猴子和蛇的研究。……迈尼卡博士的实验表明，要让实验室里长大的猴子也像野外的猴子那样害怕它是很容易的。她让前者观察后者是怎样对蛇惊恐万状的，结果那些不害怕蛇的猴子也马上开始害怕起来，并且以后如果它们遇到蛇，还是会感到害怕。只要让它们看一下别的猴子是怎样害怕蛇的，它们就会一辈子怕蛇。整个过程只要几分钟。……猴子并非一生下来就害怕蛇，这种恐惧也是后天获得的。……但它们生来就有怕蛇的倾向。"（葛兰汀，约翰逊，2005：248，207）

羚羊例子中的核心特征是什么？是模仿，是有样学样。模仿，是从动物到人类的共通的学习中最基本的手段。模仿可以迅速打通与生俱来的某种倾向，比如上述的猴子怕蛇。模仿还可能形成一些同天生倾向毫无关联的行为。威尔给我们讲述了猫的"便盆文化"："我们的一只猫来到了便盆前准备撒尿，而此时它的三个孩子也尾随而来。猫是一种缺乏隐私的动物，所以它的后代们才能贴着便盆，如此近距离地看着母亲的一举一动。小猫的视力不是很好，因此它们并不清楚自己看到了什么。这时候，其中的一只笨拙地爬进了便盆，并学着母亲的样子抓挠着移开那些填料。然后突然间这个小家伙也蜷起身子，背着耳朵，专注地尿起尿来。没人教它该这么做，但我们也很难相信猫天生就认识便盆这种现代产物。因此看起来，小猫的这种举动是由母亲的行为引发的。"（威尔，2001：13）

"日本宫崎县，有个叫幸岛的小岛，岛上住着几十只野生日本猴。其中一只猴偶尔看到人洗芋头，于是便模仿人，在吃芋头前洗芋头。这样洗芋头的动作就逐渐地在同伴中间传开。

现在世界上只有这里的野生猴有用海水洗芋头吃的习惯。用海水洗芋头，可能有盐味，这也是其中的原因。"（祖父江孝男，1987：166；威尔，2001：179）在5年的时间里，大约十分之三的猴子有了这一习惯。威尔认为，日本学者1953年观察到的这一现象，颠覆了动物的习性绝对地源自基因的传统观点。（威尔，2001：179）

迄今为止，人类所观察到的动物的最长学习过程是黑猩猩用石头敲开棕榈果。将世界上最硬的坚果放在一个坚硬的平面上，找一块尺寸适宜的石头，用相当的准度和恰当的力度去击打。观察者认为，这些黑猩猩的熟练程度超过任何第一次操练的人类。而掌握这技能，黑猩猩必须学习多年。日本学者松泽哲郎观察和记录了这一过程。年幼的黑猩猩在敲打棕榈果的成年黑猩猩旁，偷几个棕榈果和石块摆弄，有时也随机地组合二者，当然不可能敲开。"做了三年无用功后，它们才开始把坚果放在两块石头中间，一块用来当作石砧，另一块当作锤子，并把多种动作协调在一起，敲开了坚果。它们还需要做进一步的协调和精练，只有在六七岁以后，它们的技巧才开始接近那些成年长辈的水平。"（威尔，2001：202—204）通常的观点认为，如果一种行为能够通过模仿普及一个群体中，一定是被模仿的行为中包含着某种奖赏。而小猩猩的敲打几乎是五年的无用之功，几乎相当于人类读小学的年头。如此模仿的动机不可能是功利上的奖赏。威尔认为："灵长目动物的社会学习来自于盲目的因袭态度——一种强烈的归属感和融入感……即基于观察式学习基础上的归属和认同。"（威尔，2001：206）

讲完上述内容后，一位同学给我提出了一个很好的问题，刚好连接了人与动物："人类的性行为是纯粹的本能，还是包含后天的习得性？"应该说，现实中发生的是融合二者。不受一点启发，本能的倾向也差不多可以搞通这一奥秘。而实际上，在性成熟期之前，没有受到过一点启示的人是罕见的。时下的网络社会，男女之道以图文并茂的形式铺天盖地。在过去，农村人更多地受到的是牲畜的启示。城市人更多地受到的是书籍的启示。旧时婚嫁年龄太早，成婚前父母还会出示秘藏的春宫图点拨新人。动物中的情形似乎和前述的对天敌的恐惧是先天还是后天相类似。多数灵长目动物的性行为没有私密性。"对黑猩猩而言，只有当它们担心会招致更高地位成员的嫉妒时，才会把性爱地点转移出公共的视野。……当两只倭黑猩猩交配，小倭黑猩猩有时会跳到它们上面一睹细节。"（瓦尔，2005：58）而我们怀疑，一些独居的动物，比如老虎、海豚，有没有窥见同类交配的机会。人类应该介于二者之间。性行为是私密的，但还是受到了少许点拨。退而言之，即使我们认定，没有受到一丝启示的青年男女也可以完成性爱，毕竟性行为的多种方式、姿态、技巧，是文化的产物，是后天习得的。同一文化环境下，两个人的性倾向及能力是基因的产物。而一对在与文化完全隔绝的状况下长大的青年男女的性行为，在我们看来多半是蹩脚和低效的。

六、早期刻印

早就有人提出，幼崽或婴儿出生后的最初岁月对其性格形成至关重要。而将这一认识提炼成关键词且引入学术领地的是动物行为学创始人洛伦兹。他的两个关键词是"刻印"和"关键期"。他认为，"存在着一扇狭窄的时间之窗，只有在此期间印刻才能发生。如果有鹅出生不到15小时或是已经超过3天，它就不会印刻行为。一旦发生印刻，它就会坚持下去。……印刻作用的关键性在于，它是一种本能。这种行为不可能是学会的，因为它是该幼禽的初次经历。"（里德利，2003：156—157）

大家在最初岁月的印刻作用上有很大的共识，但对印刻的解释，先天派和后天派是大相径庭的。虽然，洛伦兹认为那是初次经历，没有学习过程，因而不是学来的，是本能。但是既然这行为是降生后得来的，环境论者就不可能认同洛伦兹的解释。有趣的是争论从出生后的最初岁月，回溯到子宫。20世纪60年代，古特里布做了一个实验。他发现刚降生的绿头鸭对同类的叫声有极大的偏好，虽然它从未听过，却能判断出那是同类。古特里布为孵化小鸭的母鸭做了声带手术，使其无法发出声音。于是，小鸭出生后丧失了对母亲选择偏向。古氏的结论是：小鸭能判定声音，是因为它们在孵化出来之前已经听到了母亲的声音。"他觉得这摧毁了整个本能概念，因为它带入了一种出生前的环境触发因素。"（里德利，2003：158）

大多数男性的无名指比食指长，而女性的无名指和食指同样长短。曼宁指出，这是人在子宫时睾酮暴露浓度导致的。"控制生殖器生长的同源框基因也控制了手指的生长。……忘记手相术，这是真正的预测。无名指不同寻常地长的男性有更大的危险患上孤独症、失读症、口吃、免疫机能障碍，他们也会生育相对较多的儿子；而无名指不同寻常地短的人，患心脏病和不育症的危险更大。……无名指的长度是在子宫中就被印刻下来的。"（里德利，2003：161）布兰查德发现，每多一个哥哥，男性成为同性恋的可能增加1/3。他认为，这是因为男性胎儿会启动母亲的免疫反应，导致子宫内的变化，进而导致下一个男婴的特征。（里德利，2003：166）

一名叫巴克尔的医生分析了1911—1930年英格兰出生的5600名男性的命运。出生至一岁时体重最低的孩子死于缺血性心脏病的比例最高，体重低的婴儿的死亡风险是体重高的婴儿的3倍。灾荒期孕育的胎儿，出生时体重较轻，即使以后生长正常，后天易患糖尿病，"这很可能是因为他们节省的表现型与战后充裕的食物之间不能相配所导致的"。巴克尔提出了一种对饥荒的适应。"一个营养不良的幼儿的身体，由于刻印有出生前的经历，所以出生时就'预料'到一生都生活在食物匮乏的状况中。它的整个新陈代谢都适应长得较小，储存热量、避免过度运动。相反当幼儿发现身边物质充足的时候，它就会通过快速生长来补偿，但这样一来就会给他的心脏带来压力。"（里德利，2003：159—160）

语言的学习也存在关键期和刻印的问题，过了关键期事倍功半，甚至根本学不会。里德利在语言学习上企图融合本能论与环境论的观点，他说："它是一种暂时的、先天的、通过经验从环境进行学习的能力，是一种为了习得后天的先天本能。想把它极端化为先天本能或后天培养，你倒是试试看。"（里德利，2003：175）

很多刻印是发生在出生之后的。那么子宫中的刻印是先天

244

还是后天呢？这两个字眼不够严格，很难用它们来深入讨论。用更精确的语言就是：基因和环境。基因应该是早就确定的了。而印刻应该属于环境的作用，它是直接改变了性格，还是在一定程度上改变了基因，并同基因联手形塑着性格呢？

七、大脑的后天重组

以往人们普遍认为，胚胎中的神经细胞肯定是不断增长的，不可能处在衰减的趋势中。因而胚胎中神经元不断衰减和死亡的发现，令人们震惊，并诱导人重新思考这一问题。"Viktor Hanburger 发现鸡的胚胎细胞的脊髓某处有 2 万多个神经元，而成年鸡该处只剩下 1.2 万个，也就是说只有 60% 的神经元存活下来。"（齐科，1995：8）另一些学者做了这样的实验。"他们将新生猫的一只眼的眼睑合上，发现在一个星期后，猫眼睛与大脑第四皮层的连接有所改变。将大脑皮层与闭着的那只眼连接的神经轴突明显减少，而连接睁着的那只眼的轴突异乎寻常地多。"（齐科，1995：9）该实验表明，睁着的眼睛后面的神经键保留了，而被缝合了一星期的眼睛后面的神经键消失了。这实验似乎还意味着"大脑的正常发育不仅依赖于基因的遗传，也取决于生物体与外界的交互。基因提供中枢神经系统的整体结构，而神经系统的活动以及感官刺激将该系统予以完善，使其正常工作。这一完善过程并不是靠增加新的成分和连接，而是通过消灭原始存在的一些东西来实现。……大脑正常发育也就涉及这样一个剪除过程——大脑发育的一个重要部分就是消除掉它的一些神经键。……在大脑发育和成熟的过程中，不常使用的神经键连接将变弱或消失，而常常使用的神经路径将被保留并加强"。（齐科，1995：10—12）

为什么要预备如此众多和密集的神经元供后天剪除？答复是："神经键的密集使正在发育的大脑具有很大的弹性。……1岁前的儿童能够辨别任何人类语言的声音，而在1岁时，他们渐渐丧失了辨别非母语语音的能力。……在他刚出生时，辨别这些音的神经键连接是存在的。但由于在他生活的语言环境里这些连接从来不曾使用过，因此这些连接很快就消失了。……这一发现证实了大脑发育是一个逐渐丧失神经键连接的过程，当大脑发育完全时某些能力就会丧失。"（齐科，1995：11—12）

遗传行为学曾经打破了老派环境论的一些僵化的认识。现在轮到从环境的视角思考遗传论的一些僵化的认识了。我们距离解释遗传与环境的关系，或许还有很长的路要走。但我们在认识上毕竟高于昨天，告别了昨日的谬误。

第 18 章

驯化与文明

一、生物地理学的视角

一个人智力的高下是什么因素决定的？在上一章中我们介绍了行为遗传学家的观点，他们认为遗传的作用超过了环境的影响。这一观点打破了环境决定论曾经占有的一统天下。

那么一个民族文明或文化的高下是什么因素决定的呢？主流学术界的各派学者几乎无例外地反对种族主义者的解释。多数学者认为，造就这一差异的原因要从文化和历史的发展中去寻找。但是随着生物学思想的崛起，终于产生了一种新的解释——生物地理学的视角。这一解释企图通过透视农业与畜牧业的产生，即人类文明的基石的建立，来说明决定文明高下的一项至关重要的因素。

一部人类文明史，各民族在其中扮演的角色说来竟然也很简单。在人类文明史的晚期，欧洲人占了上风。其早期，则是亚洲人占了上风。文化地理学家认为，埃及因为其南部沙漠的隔绝，在交流上几乎是属于欧亚而不是非洲。

农业与畜牧业的出现，毫无疑问是文明历史的第一步。英语的"文化"（culture）中所包含的耕作、栽培、养殖的词义，从语源学上揭示了农业、畜牧业与人类文明的不解之缘。有了农业，才有了其后的连锁反应：能量获取的增长，定居（虽然采集的部落也有定居的），密集生存方式的出现，新型组织方式的产生，粮食的结余，非农业人口的出现——国王、官员、军队、手工业者。以后的手工业和工业无不是建立在农业文明的基础之上。而畜牧业几乎是与农业相辅相成的。动物的驯化，特别是大型动物的驯化，至少导致了四项重大变化。其一，食物上增加了肉与奶。其二，农耕上增加了强悍的劳力。其三，军事上先后有了战车和骑兵，直到坦克出现之前，骑兵始终是最具攻击力的军事手段。其四，杀伤力巨大的病菌的出现。

农业与畜牧业最先在欧亚大陆得到了普及。亚洲人与欧洲人正是凭借着这两支力量，成为文明赛场上的"强势集团"。农业和畜牧业的发生，在本质上都属驯化。寻找驯化成功的原因，就当然地可以成为解释民族与文明高下的一个最重要的突破口。

生物地理学家显然没有蹈入行为遗传学家用遗传解释智商的道路。但是他们在某种意义上是异曲同工的，那就是生物学意义上的天赋。所不同的是他们以两种不同的天赋来解释两种现象。一种是以个人的天赋解释个人的性格和能力。另一种天赋是一个民族所生存的土地上的动植物的天然分布。戴蒙德雄辩地告诉我们，一个民族动植物资源上的天赋，即上天的赐予，是他们能否独立打开驯化动植物大门的钥匙。幸运者可以独自敲开。不幸者只好等待他人的传播和引领。

二、驯化植物

农业考古学家认为，有确凿证据证明世界上有 5 个地区——新月沃地、中国、墨西哥中南部、安第斯山脉地区、美国东部，在古代独立发展起农业。还有 4 个地区很可能也独立发展起农业，但证据尚不够充分，它们是：非洲的萨赫勒地带、热带西非、埃塞俄比亚、新几内亚。为什么其他地区未能独自发展起农业？

农业是怎么产生的？人们通常理所当然地认为，粮食生产是发现的，是发明的。而戴蒙德认为，粮食生产不是发明的，不是有意识的选择，是某些行为的副产品，是逐步形成的。早期的农民要比采集和狩猎更辛苦，他们的体质、寿命也都弱于猎人。并且因为声誉的考虑，男人是不愿放弃猎人的身份。粮食生产是在漫长的过程中不期而至的。现存的原始部落中的情况会给我们提供一点启示。人类学家发现，新几内亚的土著在采集时知道清除地面上的其他植物以增加主要植物日后的产量，在采集生薯蓣时将可食用的根块切下来埋入土中，为日后的采集铺垫基础。由此，渐渐地有了混合经济。以下因素可能导致了采集与种植两种方式的此消彼长。其一，野生植物的减少。反之在野生食物（包括鱼类）并未减少的地域，农业不会被选择。其二，驯化植物的好处在增长。其三，其他技术的发展，如脱粒、储藏，它们为农业的产生无意识地作出了准备。其四，人口密度的增长，它与粮食生产互为因果。以采集狩猎为生、经常变换营地的母亲只能带一个孩子和很少的随身物品。只有在孩子不成为累赘时，才能生育第二个。而农业种植要求定居，定居导致生育率提高，其生育率高过前者一倍。选择了种植一定是因为在该地种植比采集更具优势，而定居下来人口的增长，增加了对粮食的要求，又反过来强化这种生产方式。这就构成了自催化过程。

那么为什么最终多数地区没有独立走向农业？戴蒙德不认为这是人种差异所使然。他举了一个非常生动的例子。他到新几内亚作野外考察，偶然断了粮。陪同的当地人找来一些蘑菇。他担心有毒，当地人愤怒地说，这不是侮辱人吗，我们向你介绍了几百种树，怎么可能不懂得蘑菇，接着就讲出了当地没有毒的29种蘑菇。由此推论，戴蒙德认为，几乎每个民族对自己地区的野生植物都了若指掌。同时，无论何处，在接受一种优良作物上面，都不存在某种文化保守主义约束人们的手脚。但是各地的生物区系和环境是大不相同的。比如新几内亚，他们受制于自己地区野生植物品种的短缺。他们只能完成对甘蔗和香蕉的驯化。

全世界一共有20万种会开花的野生植物，只有几千种可供人类食用，只有几百种得到或多或少的驯化，而成为主打的十几种食物占了人类植物食品全部产量的百分之八十。在数十万年的时间中，人类几乎尝试了这个星球上的全部植物。在任何一个地区有价值的植物要想逃过初民们的眼睛是不可能的。但如果该地缺乏有价值的植物，将是无可奈何的。也正是这一原因，决定了世界上的多数地区在古代不可能独立走向农业。

与此对照，新月沃地能够成为农业文明的摇篮的原因正是其植物种群的丰富。其一，品种繁多。该地占有了全世界56种最有价值的野生植物中的32种，包括小麦、大麦。其二，由于气候变化大，促进了一年生植物的演化。一年生植物必然是矮小的草本植物，不会费力气去生长不能食用的木质或纤维质梗茎。并且其果实比木本植物更耐储存。其三，该地短距离内地形高度上富于变化。这样就错开了植物的成熟期，并演化出适应性很强的植物系列。其四，因为该地没有丰富的水产品，在采集与狩猎资源短缺遂开始向农业转化时，没有与之竞争的其他生存方式。这种优越的条件使得新月沃地在公元前8500年左右率先成功地驯化了小麦、豌豆、橄榄。享有与之近似的优越条件的中国也在公元前7500年左右驯化了稻和黍。（戴蒙德，1997：6—8章）

三、驯化动物

驯化小型动物对人类也有很大的帮助。比如鸡、鸭、鹅，从狼驯化成的狗，再比如蜜蜂、蚕，等等。但是如上所述，大型动物的功能是无可匹敌和不能替代的。在20世纪前完成驯化的大型动物只有14种，它们均为食草类哺乳动物。其中9种只能算作地区性重要动物：单峰驼、双峰驼、羊驼（和美洲驼）、驴、水牛、牦牛、爪哇野牛、印度野牛和驯鹿。只有5种遍布世界，且非常重要：牛、绵羊、山羊、猪和马。大象不在此列，因为我们驯化的定义是：使某种动物在圈内有选择地交配，从而与野生祖先有所不同，以便繁殖和饲养它为人类利用。这14种动物中的13种是在欧亚大陆驯化成功的，只有羊驼和美洲驼是在美洲驯化成功的。澳洲和撒哈拉大沙漠以南的非洲一种也没有驯化。

为什么驯化大动物在世界上如此不平衡？因为大型野生动物的分布就不太平衡。北美洲的大型动物绝少。澳洲几乎没有。全世界共有148种大型动物，可作驯化之候选。其中欧亚大陆拥有72种。撒哈拉沙漠以南拥有51种。欧亚最多，但是非洲也不少。为什么非洲的斑马和野牛都未驯化成功？

答案近似于上面所说的植物驯化，不是该地的人不行，而是该地的动物不行。

我们先说间接的论据。其一，驯化动物同驯化植物一样，没有文化上的障碍。当有机会获得欧亚大陆驯化出的大型动物时，其他地方的人从不拒绝。其二，各个大陆几乎所有的传统社会中都有调教和饲养宠物的现象或记录。宠物自然都是从野生动物中驯化而成的。有些宠物的驯化难度很大。这证明了这些民族并不缺乏驯化动物的能力。

我们接下来直面这个问题。考古学的证据显示，人类对大型动物的驯化全部是在公元前8000年至公元前2500年完成的。其顺序是羊、猪、牛、马、驴、驼。也就是说，从4500年前至今，就再也没有具有重大意义的动物驯化了。一百多年以前的那位优生学家高尔顿就说过："每一种野生动物都有可能得到驯化。有几种在很久以前就驯化了，但其余的大部分有时仅仅由于在一个小小的细节上出了问题，就注定永远野生了。"制约人类驯化动物的有以下一些原因。

其一，饲料的约束。被人类驯化了的大型动物统统是食草类动物，绝非偶然。生物能转换的效率通常在10%左右。也就是说，一只食肉类动物吃掉10磅肉食，只能增加1磅体重。

换言之，如果饲料最终都以植物来换算的话，饲养食肉类动物比饲养食草类动物昂贵10倍。这至少注定了，饲养食肉类动物作人类的食品，是得不偿失的。

其二，生长速度。有些动物生长太慢。比如大象和猩猩，生长成熟需要15年时间。人工繁殖得不偿失。

其三，圈内繁殖问题。古代的人类始终企图驯化陆地上跑得最快的猎豹，帮助人类狩猎。但是猎豹古怪的求爱和交配方式——以雄性追逐雌性数天为交配的序曲——在圈内是不可能实现的。

其四，有些动物性情残暴，几乎无法改变，比如熊。人类为避免风险只好放弃。斑马和野驴都属此列。

其五，有些动物神经紧张，比如瞪羚，在野外这是它自卫的本能，但在圈内就极不适宜了。

正是以上这些原因，极大地制约着驯化的广泛成功。欧亚大陆的人们幸运地拥有了牛、马、猪、羊的野生的祖先，于是他们的驯化成功了。其他各大洲的人们不幸未能拥有这些物种，因而他们无法享受从驯化中获得的福祉和优势。（戴蒙德，1997：9章）

四、纬度的力量

但是以上关于欧亚大陆得天独厚地享有了驯化的优势的推论，显然还不周严。世界上只有5—9个地区独自开发出农业。而其中毕竟包括了非洲、澳洲和南北美洲。为什么这三大洲早生的农业未能像欧亚大陆那样走向普及？

戴蒙德跳出了以往的所有解释，提出了一个如此简单，却超出大家想象力的解答。那就是各大洲纬线长度的差异。欧亚大陆的横轴（即纬线）长度超过纵轴（即经线），其他各洲都是纵轴长度超过横轴。同时，欧亚大陆的纬线长度是其他洲的一倍以上。同一纬度往往意味着温度、雨量、昼长、季节变化、疾病等方面的近似，从而造成驯化成功的植物在传播上的易行。不同纬度上植物的传播则几乎不可能。戴蒙德说："请想象一下，一个加拿大农民如果愚蠢到竟然会栽种在遥远的南方墨西哥生长的玉米，那会有什么结果？"（戴蒙德，1997：187）很多在生态上非常适合粮食生产的地区在史前时代没有学会种粮食，虽然一些生产粮食的地区就在他们附近。比如，农业和畜牧业没有从美国西南部传入加利福尼亚，从新几内亚传入澳大利亚。这都是纬线的不同所使然的。

　　戴蒙德说："动物也一样，能够适应与纬度有关的气候情况。在这方面，我们就是典型的动物，这是我们通过内省知道的。"（戴蒙德，1997：187）现在的人类已经不是典型的动物，因为他越来越依靠外在手段去生存，比如衣服和其他取暖设备。但是远古时代的人类一定能够像动物一样感知大自然。

　　生物学家发现，同一作物，如果是多次独立从野生植物驯化过来的，它们染色体的不同排列会揭示出它们起源的多重性。相反，如果是一次驯化后的传播，染色体会显示出很大的一致性。以这一尺度检查几大洲的农作物，发现新大陆的作物至少是在两个以上的不同地区独立驯化的，而旧大陆的作物竟是在一个地区驯化的。这雄辩地说明了前者与后者在作物传递上的顺利与挫折。

人类的农业在 11000 年前始于新月沃地。中国早期的粮食生产独立于新月沃地，高大的山脉曾经阻隔了两地间作物的传递与交流。但是从公元前 2000 年始彼此的作物已种植在对方的土地上，因为纬度毕竟一致或接近，高山毕竟不是大洋。到公元元年原产于新月沃地和中国的作物已经贯穿欧亚大陆，甚至从大西洋上的岛国爱尔兰直到太平洋岛国日本。

上述两个原因导致了欧亚大陆顺利地被农业文明覆盖，而其他各洲迟迟未能全面进入。一个农民多半打不过一个猎人。但是技术、武器、文人、政府和病菌都是在农业的基础上发展出来的。这就注定了农人的后代与非农人的后代在财富与权力上的差距。（戴蒙德，1997：10 章）

五、细菌

戴蒙德在指出钢铁、技术、武器、集中统一的政府都是在农业与畜牧业的基础上生长出来的之后，特别提出了一个从农牧业中生长出来的鲜为人知的因素——细菌。他说，在白种人征服新大陆时，他们身上的细菌杀死的印第安人远远超过他们的武器。1519 年 600 名西班牙人在墨西哥登陆，去征服几百万人口的阿兹特克帝国，初次交锋他们损兵三分之二。使他们取得决定性优势的是天花。1520 年西班牙人传染给对方的天花病杀死了阿兹特克帝国的一半人，包括其皇帝。1618 年墨西哥的 2000 万人因传染病减少到 160 万。与此同时，印第安人缺乏一种细菌可以有效地打击对方。戴蒙德没有将细菌归因于人种，而是认为它们与钢铁、枪炮一样直接或间接地起源于农业。

　　为什么病菌是产生于农业文明呢？人类社会中的传染病大多是从动物的疾病中演化而来的。病菌需要有宿主，它们在人体外是不能生存的。如果病菌杀死了所有的人，病菌自己也就灭绝了。所以流行病的病菌只能演化并此起彼伏于规模和密度较大的群体中。天花出现在公元前1600年左右，腮腺炎出现在公元前400年，麻风病出现在公元前200年。这些传染病是以稠密的人口为其生存基础的，因此它们是在农业造就了定居和人口的密度与规模后才诞生的。随着人类与流行病菌的长期博弈，基因中缺乏抗体的人死亡了，具有抗体的存活下来，存活下来的成员自然拥有更多的继承了此种基因的后代，因此最终该群体可以同这种病菌共存且抵抗住它们的袭击。采集和狩猎的小型群体不可能演化出流行病菌，并且因为他们没有经历过这一适者生存的漫长选择过程，当外部的大群体带着他们身上的病菌到来的时候，小群体将遭遇灭顶之灾。（戴蒙德，1997：11章）

　　读戴蒙德的这一论述，使我想起大仲马小说《基督山恩仇记》中的一个小片段。大仲马讲述了古代人的一种谋杀伎俩。一个人从微小的剂量开始，每天服用砒霜，并逐渐增加剂量，因为慢慢适应了，最后他能够一次服用较大的剂量。于是他可以在与另一个人饮用同一杯饮料时，神不知鬼不觉地杀死对方。大仲马所说的伎俩中的道理显然是拉马克"用进废退"的思想。而戴蒙德讲述的病菌中的道理则是标准的达尔文的自然选择的思想。前者成功的范围和幅度都是很有限的。后者造就的差异则既属必然，同时落差巨大。

第 19 章

趋异、分工与生态学

一、什么是生态学

生态学是研究物种和环境的关系的一门学问，也可以说是研究大自然当中生命间的关系的一门学问。简单地讲，主要有以下几种关系：共生的关系，共栖的关系，寄生的关系，捕食的关系。概括这四种关系的特征，可以说物种间存在着两种特征的关系，一种是依存，一种是竞争，往往是既依存，又竞争。物种之间的关系和物种内部成员的关系从特征上而言，其实是近似的。因为这两种关系都共享着上述两种特征。同种之间，很好理解，既有依存又有竞争。而物种之间可能理解难一点，实质上与同种内的特征是一致的，既有依存又有竞争。

生态可以从微观角度看待，也可以从宏观的角度去看待。从微观角度上看，看到的是一些小生态，但因为生态多指种间的关系，不可能太小。比如说一片森林或一条流域所包括的生态问题，就要算微观的角度了。从宏观角度上看，实际上就是一个大生态，整个地球上的生态系统。

大自然当中，简化地说存在三类生物：动物、植物和真菌。从宏观上看，三者之间存在着一种依存的关系，构成了一种生态。地球上的所有生物，从根本上说都离不开能量。而生命的能量说到根本都是从太阳的能量中获取和转化的。但是动物没有直接获取太阳能的办法和手段。在地球上的生物中，只有植物这样一种生命形式可以将太阳能转化为可被自身利用的能量。它们通过光合作用，可以把太阳能转化为生物能。动物没有这种手段，它们只能间接地通过植物来获取能量。而真菌的作用是把腐烂的动物、植物的尸体分解掉，否则地球上就会尸骨成山，严重污染。再从微观上看，就可以看到植物和动物之间的交换关系是很深入的。比如植物在白天时，进行光合作用释放氧气，同时吸收二氧化碳。虽然在夜间植物与动物一样都是吸入氧气，吐出二氧化碳，但夜间的吞吐与白天有阳光时的吞吐相差甚远。也就是说，总体而言植物所消耗的二氧化碳大大高于它制造的氧气。这样久而久之，如果地球上都是植物，就糟糕了，就会氧气过剩，二氧化碳短缺，植物就不好生存了。所幸地球上存在着另外一种生命形式，就是动物。动物的特点恰恰与此相反，动物是吸入氧气，吐出二氧化碳，二者进行了很好的交换，两者相互吸收对方的排泄物，吐出的东西可以被对方利用。

在微观上看，小生态，比如说森林。森林其实就生态系统来说是有丰富内涵的，林子里整个的生态由五个层次构成。第一个是土壤，下面有蚯蚓等生物。第二个是土壤之上的低矮的草皮等。第三个是更高一点的灌木。第四个层次是一些高大的乔木。最后一个是林子的上空，那里飞翔着一些鸟类。每一个层次都有很丰富的内容，有很多的生命形式。五个层次互相之间又有一种交换关系，或者说共生关系、寄生关系或捕食的关

系，共同组成这样一个生态。（参阅麦克康门斯，1978）

流域的生态就不介绍了。但很愿意给大家介绍一下水的特征，水的生态是建立在这一特征之上的。大家中学学习物理学的时候学过一些水的特征，但通常没能和生态结合起来，所以一些深刻而微妙的道理被忽视掉了。水在不同的温度下密度是不一样的，水在 4 度至 0 度时密度扩大了，造成水的单位体积的重量，即比重减轻。0 度水成为固体时，体积大了，比重小了。达尔文的进化论在大自然中排除了目的论、有神论，排除了有意图地设计大自然、支配大自然的观念。但确实有一些微妙的事情使我们匪夷所思。这一特征使得江河湖泊中的水随着温度变化而上下对流。水温变低了，水就变轻了，最终变为 0 度时，冰层结在上层，而比较暖和的液体的水在下面。如果水的特征改换一下，结果将完全不同。如果水像空气一样，温度低了下沉，上面的水接受低温后向下走，如此逆向对流，在严寒季节再深的湖泊和河流也将完全结冰。现在的实际情况是一定厚度的冰起到了保温的效果，使下面的水保持液体状态。这意味着水中的生物不会因为水结冰而丧失生存的条件，水中的生命可以继续生存下去。这种极其微妙的特征构成了水中生态。这种物理特征是生态特征的基础。如果性质逆反一下，那将会是灾难，水中的生命就将失去存活的条件。

二、达尔文的趋异学说

早期生态学思想的集大成者还是达尔文。在今天全面看待达尔文的思想，已经不像人们当初认为的那样只是继承了以马尔萨斯为代表的冲突的思想，达尔文同时还继承了和谐的思想，他继承了这两方面的遗产。

达尔文在其早年时就是林奈的崇拜者。读了林奈的著作后，达尔文对自然界形成这样一种看法，就是大自然是一个复杂的网络，大自然里充满着和谐、依存。比如说一种植物，能靠自己存活吗？不可能的。当你开花时，你要借助蜜蜂给你传播花粉；当你结果时，你要借助鸟将你的果实传到别处，这样这一植物才能将自己的后代繁衍、覆盖到地球的每一角落。所以他提出大自然是一个复杂的网络，其成员相互依存。这是他学术上，他整个理论上第一阶段的思想。

他的第二个推断是认为每一个物种以及每一物种中的每一分子都在大自然占据着一个位子。最初他使用 place 这个词，以后更多地使用 office 这个词，即官场的位子，一个办公室或一个官职。每一个物种，物种中的每一分子都要占据这样一个 office。我在思考了 place 和 office 的差别以后，就理解了达尔文为什么要用 office。因为 office 确实比 place 更合适。一个级别的干部就像一个物种一样，局级干部可以说像食肉类一样；处级干部就像食草动物一样；再低级的科级干部就像昆虫类的。每一个 不同级别，像每一个不同物种一样，占据的 office 和 place 是不一样的，获取的营养是不一样的。首先是不同的类要瓜分，完成这个位置的分割之后，同一类的人还要争夺位置。这里也有占不到岗的，下岗的，比如都是局级干部，有的人就上了岗，有的人就上不了岗，不得不退休，不得不下岗。我们原来都是局级干部，我们占不了别的级别的位置，我们占不了部级干部的位置。局级干部和部级干部占据着不同的位置，不同的 office，而同一个 office 上的人要为各自有限的位置去争夺。他提出这样一个位置说，这个位置说并不是什么太新的说辞，追溯到很远很远的柏拉图就说在大自然中不同的物种居于不同的位置。但是达尔文和柏拉图截然不同的是，柏拉图认为这是上帝裁定的，而达尔文认为是大自然自然选择造成的。由此达尔文开始其第三个推论。

从第三个阶段来看，达尔文在继承了林奈等人的思想后，确实发生了一个大的转折。因为以后他又获得了另一营养，就是马尔萨斯为代表的学术思想的营养，于是他告别了那种简单天真的和谐思想，将之与冲突的思想、斗争的思想结合在一起。他继承了马尔萨斯的思想，生下来的比活下来的多太多了。每个物种为什么要有这么旺盛的生殖力，为什么不存活一个生一个，或存活一个生两个，多一个就罢了？为什么为了存活一个要生十个、百个？他从这一差距中看到了物种之间，以及物种内部同种之间为争夺位置的激烈冲突。在这里我们看到一个非常有趣的现象，达尔文很可能在提到自然时无意地使用了 office 这个词，但大自然和人类社会生活确实可以构成一个非常有趣的对比。大自然当中的现象就是产生新的生命体，幼子产生得太多了，要争夺位置。而在人类生活、城市生活中，出现的是一个与之非常相似的问题，就是我们进入成年的劳动力太多了，就业机会、岗位太少了。在大自然那里是出生的生命太多了，要为生存而奋斗；在人类社会中是产生出的新的劳动力太多了，将遭遇竞争。达尔文在第三阶段的思想中强调了竞争的积极功能。在这点上特别好和人类做对比，有下岗的人了，有就业大军了，就有望提高岗位上人的能力。因为你如果不行，人家就会取而代之，下岗者不断提高自己的本领，失业大军会推动在岗人员能力的提高。在生物界同样是这样，存活下来的一定是体质更强健的，经过争夺，体质更强健的生存下来，获得异性，繁殖出后代，导致后代更强壮，更宜于在自然界生存。简单地说这就是物竞天择、适者生存。

这还不是他全部的思想。下面介绍他第四阶段的思想。这阶段的思想在达尔文整个学术研究中，只是在其晚年淡淡地写下了一笔，但这一笔相当重要，可以供生物学史的研究者再三再四地思索它的意味，并且奇怪为什么达尔文没有把这一思想发扬光大，以至于我们通常都认为他的第三阶段思想是其主要思想。那么第四阶段是什么呢？它仍然延续着前面几个阶段的思路，位置少，物种的成员过多，这个冲突怎么解决？一部分人出局，非常残酷的事实，这是第三阶段的思想。而第四阶段达尔文又指出另一种思路，有的时候可以和平地解决，不需要消灭一部分同类，不需要使一部分同类出局，这是趋异的思路。什么叫做趋异？这是生物学的词汇，面对生物界的一些现象而产生的词汇。这个词汇如果用社会科学的词汇来做类比的话，非常有助于大家的理解，就是分工，再分工，产生越来越多的新的工作岗位，新的工种。如果说工种是定死的，比如有十个工种，有50个人，一个工种能承受5个人，当这个工种有6个人、7个人时，就一定要有人出局。这时我们面临两个选择，一是让一些人下岗，在大自然中就是物种中一些成员必须死亡，因为该物种的营养是有限的。除了这一思路外，还有另一思路，实际上在人类进化历史中，这个思路也是一条康庄大道。分工是怎么产生的，有人说是因为效率高，这叫做目的论。我是花了比较大的笔墨来批判目的论的人，我写了一本书叫《代价论》，其中有一章是批判目的论的。目的论是懒人的思想，懒人认为一个事物为什么产生，因为它有某种功能，所以它产生了。我们认为一个事物已经产生了，我才知道有这样的功能，那你几乎没有解释它为什么产生。产生是从无到有，你不能用它产生后的功能来解释它的产生。一个事物有效率，可以让它继续存在，可以发扬光大，但这不是它产生的原因。为什么要分工呢？杜尔凯姆作了这样一个深刻的解释，是因为老的工作竞争者太多了，一部分人吃这碗饭吃不下去了，换句话说就是人口的膨胀使人越来越多，原来就业的位置越来越少，把这部分多余的人逼得要选择新的职业，这样就能活下来了。本来你是种地的，他是种棉花的，他是纺纱的，我没有活可干，就得选择一个新的职业。你们天天都是自己做饭自己吃，我来给你做早点，很有销路，这样我就活下来了，没有和你们任何人抢饭碗。这是分工。我们再谈趋异。趋异就是从相同走向不同。每个物种中的成员在大自然中占据着彼此雷同的位置，每个位置的竞争都是非常激烈的。老虎之间的竞争是非常激烈的；豹子之间的竞争是非常激烈的；山羊之间的竞争也是很激烈的，因为同种成员在争夺同一种物质，同一种营养。开辟一个新的位置就成为生存的一个思路。这个新的位置是怎么开出来的？达尔文的思想可以作出解答。物种有很好的稳定性，稳定性是根本的，它由遗传来实现；但在我们承认这一前提下，还须承认物种的另一个特征，它还有变异，变异非常之微小，但放在时间长河中就会慢慢呈现出来。比如蛾子基本上是浅色的，但不排除千万只蛾子里面有一些蛾子颜色发生变异，微微发黑，深灰色乃至黑色。这时环境发生了一个变化，就是人类把自然界污染了，工业革命爆发后英国开始有大烟筒，英国的植物都披上黑色的外衣。浅色的蛾子在黑色背景下暴露得格外触目，鸟类就能非常方便地把浅色的蛾子捉住吃掉。但有幸的是在千万只蛾子中有一些经过变异，颜色比较黑，就能潜伏在黑色背景中而不被鸟类吃掉。这样经过了一代、三代、五代、十代，所剩下的蛾子通通都是黑色的了，浅色的蛾子没有了。这是达尔文的本质思想，适者生存。为什么变异？根本原因不是达尔文所能解决的。达尔文以后的一个生物学家蒙德尔提出了为什么变异，那是很复杂的分子遗传学问题，我们在这里不讲了。但每个物种覆盖的面都非常大，譬如我们人类，我们的品性有微小差别，我们加在一起覆盖的面更宽，就像蛾子，基本上是浅色的，但是当中要有一些黑色。我们的变异也是非常之宽，当自然界发生巨变时，我们的一部分适合新的环境，另一部分可能要死掉。既然有这样的变异，就有可能开创出一个新的亚种，新的亚种就有可能找到一个新的位置，即依赖和获取与父辈不同的新的环境、营养与资源。这点微小的差别使他们获得了生存在没有被其他物种覆盖的真空地带的优势与生理条件。当不断有变异者存活下来时，物种便分化了。这就是趋异的思想。（本节主要源自沃斯特，1994：192—203）

三、食物链与生境

食物链与生境是生态学中的重要思想，完成于动物学家埃尔顿。有趣的是作为动物学家他却把他的研究取名为"动物的社会学和经济学"。他提出四个规律。

第一是食物链，就是甲吃乙、乙吃丙、丙吃丁，这样构成的一种链条。食物链通常是三个、四个，也有两个的，但从来不超过五个。我们动脑筋想一想，想出三个是很容易的，比如说狼吃羊，羊吃草。再复杂一点是四个链节，最复杂的是五个链节。有些动物处在长短不同的各种链节中。比如山雀，它吃一些植物的种子，因此是两个链节。它也吃毛虫，毛虫吃叶子，构成了三个链节。山雀还吃蜘蛛，而蜘蛛吃昆虫，昆虫吃树叶，这就构成了四个链节。因为有多种植物，多种昆虫，多种食草动物，还有多种食肉动物，很多动物的食物源还远不止一种，因此它们加在一起复合成的食物链的网络是非常错综复杂的。在生物种类非常少的地带可以划出这个网络，比如在北极地带。在热带雨林中就很难搞清楚了，因为关系错综复杂，网络极其庞大。

第二个规律是食物规模。

第三是物种分布。食草动物只能吸收其草食中的能量的10％，食肉动物同样也只能吸收其肉食中的能量的10％。这样食物链的网络必然要构成一个金字塔，底部的生物数量大；顶部数量低于底部，分布比较稀疏，繁殖要慢于底部，否则找不到食物。比如老虎的分布就不能太密集。人类是一个特例。

第四，他提出了一个非常重要的概念：生境（niche）。这个概念是一个鸟类学家首先提出的，被埃尔顿发扬光大。生境这个概念按生物学的解释也是比较微妙的。学者们说，当我们强调经济的时候，生境这个概念很近似于食物源，就是我们说过的：大家虽然在一个桌子上吃饭，却不吃一样的菜。再比如在一个小范围内，有天上飞的，有水里游的，有地上跑的。它们在一个空间里，但相安无事。生境如果比较丰富，就是指在一个单位空间里面，生物种类更多；生境比较贫瘠，生物的种类就比较少。种类多不一定竞争很残酷，可能大家各取所需，相安无事。（沃斯特，1994：346—353）

四、物种灭绝的历史

物种产生、演化，物种也在灭绝。整个大自然中，物种时时刻刻在灭绝。这不是说一个物种当中一些个体死了，而是说该物种整体灭绝了，这是整个大自然生命进程的一个组成部分。回过头来看，地球上曾经发生、一直演化到今天的生命历史，就可以看到物种灭绝是常态，不是一些稀少的个案。这个地球上曾经存在的物种的99%已经灭绝了，已经成为化石了，不再是活的事实。这应该说明了灭绝是生命进程中的一部分，它是一种常态。地球上的化石记录着我们这个星球上曾经经历过五次大灭绝，所谓大灭绝就是指某一时期大批物种灭绝。五次当中最大的一次是在2.25亿—2.45亿年前，这次地球上96%的物种都灭绝了，经历过这次大灭绝之后，只有4%的物种存留下来。再有一次就是包括恐龙在内的那次大灭绝，发生在0.65亿年前。那次大灭绝造成地球上75%的生物灭绝了，只有25%幸存下来了。古生物学家提出这样一个命题：较长的稳定期后，通常是短暂的急剧变化。用社会上的话说，就是矛盾积累，爆发出来了。

我是个悲观主义者，坚定地认为一次新的大灭绝的序幕已经拉开了。从数字上看，1970 年时人类以及人类饲养的家畜占全世界动物总量的十分之一，现在，即 30 年后，这个比例是四分之一。（赖希霍尔夫，1999：37）看这个进程，兼并与破产的进程，不是一种急剧的变化吗？用生物学家的行话来说，这种数量及种类的减少，特别是种类的减少，叫做"生态简化"。他们认为生态复杂才稳定，生态简化就不稳定，越简化越不稳定。比如在热带雨林里，少 10 种、8 种生物没任何问题。如果南极减少几个物种的话，就会对整个生物链造成严重的干扰，一种生物的减少就意味着接踵而来的一种或两种生物也将退出舞台。因为它没有了食物，或者减少了二分之一的食物，那当然是致命的打击。热带雨林里通常不是一种生物仅仅捕食另一种生物，因此减少几种无伤大雅。补充一点，大自然无时无刻不发生物种灭绝，同时无时无刻不产生新的物种。这也是通常情况下，此消彼长的过程。但是大灭绝的情况下，是入不敷出，是极端的时期。现在处于这一种状况，就是因为大自然之中，有一个物种能力急剧增长，成员数量极大膨胀，他们把地球上的生态支配了，覆盖了，也破坏了。这样一个局面造成的直接后果就是生态的简化，生态的简化再往前展望，将是极不稳定的时期。（本节参阅威尔逊，1996：3、10 章）

五、依存哲学与生态哲学的悖论

　　当代保护环境的思想有很多，在这里只想极其简单地勾画一下依存哲学。依存哲学毫无疑问是当代环保思潮、当代生态思潮里面的一个基础思想。这是一个大哲学家怀德海提出的。怀德海在西方的知识界名气很大。他应该说和罗素是亦师亦友的关系，比罗素年长一点，合写过著作。早年也是数理学家，涉猎的东西非常广。我认为他的思想比罗素深刻。怀德海一直提倡整体论，他认为从个体是无法认识事物的本质的，必须从整体上才能认识，从整体才能真正把握事物的本质，这是他一个很重要的思想。比如说树，要想认识树的本质，从单个的树木认识不了，必须从树林下手才能认识树的本质，从一棵树认识是以偏概全。

怀德海晚年提出"依存哲学"。再说树的例子，树作为一个物种，能够适应环境，能够持续生存下去，是群体的胜利。相反来说，一个单个的个体要想存活是几乎不可能的。孤零零的一棵树，即使存活下来了，也是极其艰难的，而对于一片树林中的每一棵树来说，存活是很容易的。实际上，我们通常看到的只是地面上的状况，没看到地下。树的存活取决于它的根系在地下吸收水分。一株树孤零零的根系对于拦截和储存吸收水分都太困难了，相反一片树林的根系已完全交织在一起，形成了一种独特的机制。这种机制可以共同拦截储存大量的水分，储存的结果有利于每一株树的生长。所以怀德海提出，这是整体的胜利，群体的胜利。他还说，大自然之中没有粗鲁的个人主义，一个个体不能生存下来，物种成员间是相互依存的。怀德海说真正的现实是完全彻底的患难与共。这仿佛是与达尔文的观点背道而驰了，反其道而行之。依存哲学应该是生态学的一个重要基础。换句话说，是生态学的一面重要的旗帜。（沃斯特，1994：369—374）

这一思想是很有魅力、很有感召力的，似乎也很深刻。但如果冷静下来，放在严肃的科学的视野里来继续思考这一思想，就来了问题。这一问题就是依存哲学与其他生态哲学中共同存在的悖论。我的结论是，这样一种新的生态伦理是很难找到一个坚实的支点的。现在这样一种形势，如前面所讲，大灭绝的序幕揭开了，能不能力挽狂澜，在一定程度上取决于能不能建立一个被全人类共享的生态伦理学。令人遗憾的是，这种生态伦理学的支点很难找到。首先，看看自然界的和谐、生物链的平衡。很多人提出，大自然具有调节能力。比如说，狼吃羊，羊吃草，这三者自然调节。当羊多了，草就少了，草一少，羊就会减少，羊一减少，草又多了。狼与羊也类似。这里似乎出现了一种自然调节的状况。有人就把这种状况看做是大自然的一种常态，大自然的一种铁律，大自然调节机能的结果；当人类还没有崛起的时候，大自然非常和谐，有天然的调节能力，长久地处于一种平衡状态。真是这样吗？应该说这种看法其实只是一厢情愿地看到了大自然的一面。事实并非那么美好。如果真是那么美好，那五次大灭绝从何谈起呢？在没有人类的状况下，大自然调节的机制也不是万能的，也不是一定能够自发调节的。威廉斯说："灭绝的危险并不导致种群中的某个部分采取紧急措施。"（威廉斯，1962：25）拜尔茨更以思辨和怀疑的眼光对生态伦理做出了深刻的思考，他说："我们可以在自然中为我们的道德行为找出标准或者至少找到定位方向的想法，证明只是一种幻想；'价值论能够成为本体论的一部分'（乔纳斯语）的希望必须放弃。"（拜尔茨，1993：169）

换一个角度说，均衡与和谐是理想吗？如果说是理想，可以马上找到对立物。它的对立物偏偏被人类奉为一种理想，即进步。是更想要均衡，还是更想要进步？哪个更理想？二者在很多情况下是对立的，当追求进步时，就可能不均衡；当执著于均衡，可能就要放弃进步。这二者的对立就构成了尖锐的悖论，价值观上的冲突，就使人类很难获得共识。追求均衡，就被认为是保守主义，至少是不进步的；反过来，进步可能会带来灭顶之灾。这是一个很大的冲突。

新道德要人类放弃人类中心论，不要觉得自己高居自然之上，要老老实实把自己放在大自然之中做普通一员，要尊重万物、尊重自然。可是这一支点很有一些问题，大自然中哪个物种不是以自己为中心的？狐狸尊重过兔子的权利吗？兔子尊重过草、白菜的权利吗？其实它们都是赤裸裸的自我中心论，尊重其他生物不是进化赋予每个生物的天性。如果生物都自我中心，而后形成一种平衡，这是怎么一回事呢？进化论否定了冥冥之中有个上帝或者有意识的东西在操纵，否定了预先的设计。似乎只能认为，这种平衡有时会获得，有时会失去。可能平衡的时间长一点，或短一点。"平衡—破坏—平衡—破坏"这才是一部真实的历史。就像中国历史上的分与合，有的学者认为统一占有绝对的压倒优势，这很成问题。可能统一占的时间比分治的时间长一点，比如说七三开，但三成还少吗？还属偶然吗？分治绝不能说是一种变态，而是常态中的另一项。分与合是两种状态，分并不是没有收获。中国历史上最有创造力的时期是春秋战国，以及提供了卓越政治智慧的三国时代。生物学家说，一次大的灭绝之后，产生的新的物种如雨后春笋般生长起来。回到本论题，尊重其他生物不是自然的天赋。人类提出新的伦理基础"要尊重别的生物的"，这不是大自然进化出来的本能，而是人的理性。这高扬了人类的理性，这恰恰不是自然的产物，实质上还是人类中心论。这说明走了一圈又回来了，这就是典型的悖论：放弃人类中心论这一思想本身就是人类中心论。坚持这样一种伦理，实际上是捍卫人类的理性、人类中心。这不是说尊重万物的实践不好，没有道理，而是说其理论在逻辑上就有毛病。在这里，我们仅指逻辑上的问题。我本人就是环保主义者。但当严肃地进入到学术的时候，从逻辑学上反省的时候，不得不承认这伦理缺少坚实的支点。难点就在这里。人类中心论放弃不掉，就像自己抓头发想把自己拎起来，这不可能。

再谈一点，环保主义者或者生态伦理学反对肆无忌惮地消费，但在实践中和理论中都有一个难题。比如，我们能够像东郭先生爱护狼一样爱护病菌吗？当病菌侵袭自己身体的时候，不要杀了它，不要吃什么杀菌药，行吗？绝对不成，一定要杀掉。再比如对待一件名贵皮毛的大衣，似乎可以放弃。这两种情况就是两端，一端是一定要杀死，另一端是可以放弃。问题在于这两端之中有无数中间环节，这中间环节在人类成员之间将产生激烈的争论。事实上，微不足道的利益是可以放弃，但事关重大的利益是绝对不可以放弃的。中间环节则很难办。第一，中间环节对每一个人都是一个困惑。第二，人类成员之间认识绝难统一。特别是第三，我们陷入囚徒困境：每个人都希望别人去保护资源和环境，自己去使用；同时自己去保护没用，只是牺牲了个人利益，保护不了环境，因为别人并不配合。

道德的支点曾经是上帝，各种宗教曾经为社会提供了道德支点。现代人的思想方法把宗教排除在外，所以尼采说上帝死了。尼采没有可惜上帝死了，而是可惜人类没有道德支点了。因为在漫长的历史里，宗教是道德支点。当有一个至高无上不能怀疑的东西作支点的时候，道德是稳定的。同时，人类社会在漫长的时间中，变迁很小很小。由于变化小，比较稳定，古人提供的道德一直延续。而现在社会不断经历巨变，这样道德支点就很难寻找了。因为祖宗没有提供，因为上帝已经被杀掉了。道德支点需要的是非常坚硬的东西。但是以往坚硬的东西都没了，现在需要当代人给当代人去造一个道德。这简直是开玩笑！我们根本造不出一个坚硬的东西，我们造就的伦理连逻辑学都不符合。我们现在陷入的就是这样一种困境。

第 20 章

领地、部落性与大型共同体

一、领地的必要性

迄今为止的动物群体和最初的人类群体统统是血缘群体。而血缘群体与领地有着天然的不解之缘，并以领地为基础开始其进化的历程。其原因如下。任何一个物种的生存都需要一定的空间。这是自明之理。同时，任何一个物种要生存下去，都需要一个稳定的生态环境。尽管它有时不得不适应环境的变迁，但那只是非常时期，在漫长的生存历史中，它总是要努力置身于稳定的生态环境中，从而继续自己的行为方式。对空间与稳定性的共同需求，导致了领地的产生。换言之，只有领地才能满足物种对稳定的空间的需求，因而领地行为成为生物世界中普遍的生存战略。多数鸟类、脊椎类、哺乳类动物，乃至很多其他物种，都保持着领地行为。

什么是领地？领地的概念基本上是指同物种之间划分出的排外性势力范围。不同的物种因摄取的资源不同，即使在同一个地域，也是生活在不同的"生境"（niche）中，因而无冲突，可共存。不同物种领地重叠的现象颇为常见。如果是相克的不同动物，彼此间只有追逐和逃避，没有隔离和分治，也不属领

273

地范畴。对领地作出过专门研究的阿德雷(Robert Ardrey)说："领地是被一个或一群动物保护着的单独占有的区域，或是水域，或是地域，或是空域。"（Ardrey，1967：1）多数其他学者的定义与之仿佛。但德国学者雷豪森（Paul Leyhausen）认为，保卫不是领地行为的必要内容，排外才是关键点，比如狒狒不打仗，彼此不闯入对方的领地。（Ardrey，1967：110）这一说法亦有其道理。就概念而言，领地可以指一对配偶的占有地，也可以指一个群体的占有地，我们的关注点是后者。

在多数情况下，领地的形成是竞争的结果。如洛伦兹所说："领土的边界决定于权力的均衡。"（洛伦兹，1966：44）

领地行为作为一种生存策略，完成着以下功能。

领地为其占有者提供着稳定的食物资源。食物资源的密集程度往往决定了领地的规模，占有领地的动物往往根据历年来食物收成最坏的年份决定其领地的大小。

领地是择偶与交配的场所。领地为择偶和交配提供了极大的便利。一方面，如果不划分领地，成员密集，择偶的竞争将过于惨烈；另一方面，如果不要领地，听凭个体均匀地分布在大自然中，将增加择偶的寻觅难度，使物种难以繁衍。择偶与生殖的需要，要求一个领地上的物种保持在最低数量以上。科学家对各地野人传说表示怀疑的主要根据是，群体太小了，不能维持繁衍，而繁衍所需要的起码规模又决定了它与人类遭遇的次数不该那么稀少。因此可以说，领地是缓冲器，既不使种群暴增，又防止种群灭绝。（威尔逊，1988：100）

领地更是养幼的场所。幼崽是最需要安全的。对很多物种来说，领地是繁衍后代所必需的。阿德雷说："多数领地物种中的雌性，对没有领地的雄性不作反应。"（Ardrey，1967：3）即使有了配偶，没有领地，育幼和养幼仍然几乎是不可能的。因此没有或丧失领地，意味着后代的灭绝。而有了领地，不可能找不到配偶。阿德雷的说法耸人听闻，却未必没有道理，他说："在动物进化的世界中，领地是比性别还要古老的力量。男人与他脚下的土地的纽带要比与他睡觉的女人的纽带更强有力。在你的一生中，你知道多少人为他的国家而死，多少人为女人而死？"（Ardrey，1967：5—6）

从很多哺乳动物到人类的一以贯之的领地行为，使我们很难将人类的领地视为纯粹的文化现象或人类的创造发明。毋宁说，它是披上了文化外衣的一种并未彻底脱去的本能。何况领地在现代人的社会生活中仍然行使着不可或缺的功能。

因此，文化与源自本能的领地行为的关系，不是否定和断裂，而是衔接和变异。海德格（Heini Hediger）说："可以认为动物王国中的领地的自然史是人类财产史的第一章。"又如希普（W. Heape）所说："对领地的权利的承认是文明的最重要的属性，它不是靠着人类进化的，而是动物生命史中的一个与生俱来的因素。"（Ardrey，1967：101，102）

二、边界

奥地利动物学家洛伦兹曾经为暖海中珊瑚鱼的华丽色彩而

困惑不已："这种有黑天鹅绒似的扁平半圆横带，闪着亮黄边，而下缘镶有闪亮湛蓝边的东西，真的是鱼吗？或这独一无二的小片深蓝星空，洒布着微小的白青色亮光，正从我下面的一珊瑚块中冒出来，好像是倒悬着的天空，这东西，也是鱼吗？这是多么神奇的颜色，多么不可思议的图案。令人以为是绘旗或广告。"（洛伦兹，1966：126）经过长期的观察和思考他才明白，这色彩就是它们领地的界标："珊瑚鱼的华丽色彩在种族生存上的功能是：使每条鱼在自己的版图内，对同类——也只是同类——引起激烈的防卫举动，它也代表着恐惧感鼓舞出来的预备信号，准备对领域的入侵者发起攻击。这鱼群中的每个成员都排斥其他的同类鱼，不准它们在它的领域内定居，而用其他方式谋生的专家则不影响它的谋生，就像同一村子中的医生的行医不影响到技工的行业。"（洛伦兹，1966：126，40）

　　每一种领地动物都创造了自己独特的领地边界的标志。鱼靠自己的色彩，鸟类以及某些猴子靠自己的叫声作领地的界标："可以从鸟的歌声中听出：一只公鸟正在一个选定的地方上宣布它的土地所有权。"（洛伦兹，1966：41）多数哺乳动物是用"鼻子思考的动物"，它们"用气味来表示土地权"。海马利用喷溅的粪便来标记领地，某些有袋类和啮齿类用唾液标记领地，食肉类动物以及犀牛、猿猴用尿来标记领地。与其他标记相比，嗅觉标记的优点是，危险性小，持续时间长，在领地主人不在时仍发生作用。（伊梅尔曼，1990：153—157）

　　同领地动物一样，人类也制造着他的领地界标。阿德雷说："狗对你叫与其主人修篱笆在动机上没有什么两样。不仅如此，狗的叫声与篱笆在功能上没什么两样。"（Ardrey，1967：5）

276

所不同的只是，人类造就的边界的标志比动物具有更大的多样性。

动物凭借自己的身体特征来提供领地的边界标志。人类的身体特征也不乏这种功能。不同领地上的人们的服饰有鲜明的差别，服饰发挥着动物身体色彩的功能。不同领地上的人们的语言以及口音的差别，使之与鸟叫异曲同工。人类习俗的差别则可以理解为动物体味差异的扩大化。

人类更多的是凭借非身体的标记作领地边界的标志。

人类的边界标志与动物的差别，体现在截然不同的几个方面。其一，人类的某些领地在相当长的时间中是固定不变的，比如国界、省界、州界、县界，等等。与之相伴的边界标志是有形的、物理的。其中自然的界线如高山、大河、沙漠、湖泊；人造的界线如城堡、长城、柏林墙、三八线。其二，人类发展出这样一些领地，它仍然保持其排外性的空间，但这空间不是物理的而是文化的，比如传统社会中封闭的等级，又如同乡会、秘密社会。其边界的标志是趣味、风尚、习俗、背景、乡音、黑话、切口，等等。其三，意识形态的联盟和人类现存的几大文明形态，为人民提供着排外性认同，比如冷战时代的两大阵营，比如基督教世界、佛教世界、伊斯兰世界和儒教世界。意识形态（或文明形态）的边界有时与某国国界重合，但它显然含有超越民族国家的又一重意义；有时则索性切割了民族国家。边界、领地、认同在人类文明中的重大功能，使我们不可轻视亨廷顿在世纪末发出的文明冲突的预言。自然，以上几种边界在清晰性、识别性、牢固性、封闭程度，乃至功能上，都是大相异趣的。将它们归为一个类别，是为了从中透视出人类行为中的一种内在的机制和意义。

边界及其标志的功能是什么呢？边界没有独立于领地的功能，边界服务于领地，边界就是领地的组成部分。没有领地就没有边界，没有边界也同样没有领地。领地使得复杂的、合作的、信任的社会关系得以产生，边界努力找到合适的标志，去适应人类形形色色的关系和领地行为。找不到恰当的边界标志的领地是不能存在的。

三、部落性与团粒结构

博弈论思想家艾克斯罗德一针见血地指出："生存下来的策略一般都是结成大小不等的群。"（艾克斯罗德，1984：126）不是一切动物都以群体为生存策略。很多鸟类（候鸟除外）是不结群的，它们似乎不需要。智力卓越的海豚也不结群，原因恐怕在于它们在海洋中几乎是一人（鲸鱼）之下万人之上，以个体为生存单位没有任何困难和危险。但是灵长目动物统统是群体动物，或者说"部落型"动物。毫无疑问那是自然选择的结果。领地的占有者，要么是个体或家庭，要么是部落。因为灵长目动物统统是部落型动物，所以它们是以部落划分领地的。换句话说，在灵长目动物和人类这里，领地最初是以部落划分的。

我们很难说清楚，为什么人类乃至全部灵长目动物都是群居动物。我们可以确定的是，我们统统地都离不开群体，群体是我们生存的基本条件和必然前提。它是被规定了的。而群的规模，虽然是变动着的，却也受到一些因素的强有力的制约。

阿德雷说，原始时代的狩猎部落大约 50 人。因为这种规模的部落中拥有 10 名左右的成年男子，它们是狩猎的最佳人数组合。再少了不够用，再多了不必要。在满足生存与生产的基本合作人数的前提下，规模越小越好。因为小团体有更好的机动性，更因为小团体便于解决"识别性"，进而便于解决"向心力"的问题。当部落成员增长到一定程度时，便会分裂出另一个部落，殖民到一个新的领地中去。

宏观地看，只要生存就必须结成群，小团体是基本生活与生产的最佳选择，于是整个社会就形成了"团粒结构"，特别是当社会变得复杂并开始分层后。社会的复杂化没有打碎小团体。因为基层团体太大了难于整合，缺少向心力，不便利。以大型团体取代小团体，最终的结果是个体"原子化"，社会"一盘散沙"。一盘散沙的结构显然不如"团粒结构"。狩猎时代的小型部落，在人类进化的历史中应该是寿命最长的组织形式。这种形式和规模一定在人类的性格中打上了深深的烙印。但是今天的人类仍然以小团体为其基层单位，不仅仅是"部落性"的遗产，而且是现实生活的逻辑，即团粒结构仍然具有最大的合理性。约翰斯顿在《情感之源》中引用王晓天的研究成果：小群体比大群体的成员相互依赖性强，利他性强，肯为对方冒风险。当群体成员为 120 人时，选择肯与不肯为对方冒风险的人数各半，由这种规模开始，群体越小，成员越肯为对方冒风险。（约翰斯顿，1999：189—190）

博爱在现实中几乎是不存在的。在今天仍然是理想，在早期的历史中更属奢侈品。基督教不是宣传博爱吗？宗教在本质上就不是现实的东西。而更多的宗教是不讲博爱的。基督教的教义带有更多的博爱是因为它是圣保罗流亡时的产物，而流浪不是人类生活的常态。但即使是这样一支宗教在历史上也屡屡显露出它不宽容的一面。其原因与世俗生活是一致的。那是我们下一节要讨论的内容，即敌友情节。为什么小团体之上又要结成更大的共同体，则是第五节要讨论的内容。当代社会学家指出，我们进入了很多两分法式的思想误区，"个人与社会"也是其中一种。个人不可能孤零零地置身在社会中的。小群体的研究告诉我们应该建立三分法：个人、小群体、社会。在现代社会中，个人是一脚踏在密切合作的小群体中，一脚踏在陌生人组成的社会中的。

虽然部落之上已经有了中型共同体和大型共同体。但是部落所养育出的"归属感"根深蒂固。自然除了性格之外，还有社会结构的原因。结果是，人类永远要在区别与对峙中寻找均衡：我的部落（或曰社区）与他人部落的对峙，我的城市与其他城市的对峙，我的国家与其他国家的对峙，等等。

一句话，人类是不可救药的"部落性"动物。

四、敌友情结及其他心理满足

领地在其行使着物质资源配置功能的基础之上，还满足了动物与人类的一些心理需求。

领地为其占有者提供了安全感。这安全不仅来自它们对领地的保卫——如是，似乎是它们自己而不是领地给了它们安全，还来自领地神秘的力量。在动物的世界中，入侵者几乎无例外地败绩于领地占有者。最通常的说法认为占有者对地形地貌更熟悉，这一解释缺乏足够的说服力。"一些优秀的生态学家从对熟悉的信任与对陌生的恐惧来解释这种现象。"（Ardrey，1967：105）另一些学者则认为真实的原因尚未找到。

领地提供的其实不仅是安全感，而是安全感与适量刺激的结合。达林（Frank Fraser Darling）说："我愿提出一个假说，领地的一个重要功能是提供边缘。领地是一个有着两个焦点的地带：巢穴与边缘。"（Ardrey，1967:170）在领地的中心享有的是安全，而在边缘则可以找到与邻居发生摩擦和争执的刺激。没有安全将是焦虑，没有刺激则是无聊。人类的这两种心理需求是冲突的，安全的绝对保障将导致无聊，刺激过大又会牺牲安全。在其他情况下，二者难于两全，领地的生存策略则可兼收二者。

领地提供的第三种，也是更为微妙的心理满足，是认同感。认同的反面是老子所说，为万物之始的"无名"之状。但这认同所追求的无名之反面并非著名，而是区别性，不是他人对我的认可，而是我对自己的确认和归属。区分是非常艰难和微妙的工作。完成区分的一个最便利的手段是划定范畴，而领地是最硬性的、易辨认的，很可能也是最古老的范畴，"领地化就是这样（便利区别）一个机制"。（艾克斯罗德，1984：78）

领地和部落在其形成过程中造就了一种简单化和扩大化的心理机制，这一机制反过来加强了领地内外的差别，这机制被阿德雷概括为"友－敌情结"（amity-enmity complex）。阿德雷认为："友善即使在大自然中存在,也是不充分的,必须制造。"如何制造呢？他提出这样一个公式"A＝E＋F"，A为友善，

E为同一物种成员中生长出的敌意，F为偶然性的灾害。即同类中外部的敌对与灾难的压力愈大，内部的友善和团结愈强。

(Ardrey，1967：269—270)

这一认识并非新鲜的思想。制造外部矛盾以强化内部团结，是政治家们屡试不爽的手段。理论家们也早已洞悉了外部冲突对内部认同的促进。马克思说："只有在对另一个阶级进行的斗争中，单独的个人才会形成一个阶级；否则，它们只是作为竞争者而处于敌对状态。"斯宾塞提出，社会的人必须服从两种法则：友善的法则（amity code）和敌对的法则（enmity code），过多的社会成员不服从友善法则社会将成为碎片，过多的成员不服从敌对的法则该社会将被击溃。科塞概括齐美尔的思想："冲突有助于建立和维持社会或群体的身份和边界线。与外群体的冲突，可以对群体身份的建立和重新肯定作出贡献，并维持它与周围社会环境的界限。模式化的憎恨和相互对立可以起保护社会分工和分层系统的作用。"（科塞，1964：23）萨姆纳说："本组织内部的友谊与和睦关系及对其他组织的敌意和冲突是相互关联的。"（科塞，1964：4）

古典社会学家在冲突理论方面给我们留下了丰饶的遗产。从亨廷顿引起巨大争论的《文明的冲突》中，我们可以看到古典冲突思想的复活。亨廷顿引述当代小说家迪布丁的话："如果没有真正的敌人，也就没有真正的朋友。除非我们憎恨非我族类，我们便不可能爱我族类。"（亨廷顿，1996：4）而在当代学术界，为冲突话语引进新的思想资源的当属生物学家们，他们的独特之处在于跨出了人类与文化的范畴，以生物进化的理论去解释生物世界中一以贯之的敌友关系。在这一思潮中，基思（Arthur Keith）是发端者，而洛伦兹的《攻击论》和阿德雷的《领地的必然性》是这一思想之集大成。基思说："人类的进化建立在不公平的基础上，人们偏执的心理使之愿意服从二元法则。我们欣然相信我们的朋友处处都好，我们的敌人处处都坏。我们的心理隶属于我们的偏见，到了难以置信的程度。人类的本性是一种二元构成，爱与恨同样都是其中的一部分。意识要求我们有恨的义务，正如同要求我们有爱的义务。士兵的意识中有两重角色：保护人民，摧毁敌人。"（Ardrey，1967：286—287）阿德雷则说："敌对是相反意向（cross-purposes）的生物学状态，它是一个生物体对自己物种中的任何乃至全部成员的天然的反应。只有在保卫共同的利益而将敌对一同转移对外时，才谈得到有效的社会友善。"（Ardrey，1967：272）

领地给予其占有者的物质报偿和心理满足，最终对社会结构有哪些积极的影响呢？换言之，以领地为基础的社会结构在进化中的优势是什么？

领地的进化优势是其可望产生和发展复杂而稳定的社会关系。原因如下。第一，领地为其成员带来了识别性。这种识别性不仅是上述的领地内外的鲜明区别，而且因为领地规模的有限，增加了内部成员间的识别性。识别性是持续关系的基础，而持续性关系，即"重复性博弈"，是合作，乃至一切复杂关系的基础。第二，人类的很多本领和规范是靠模仿，而不是个体独自的"试错"得来的。领地是模仿的必要条件。更高明的本领，更合理的规范和以模仿为基础的学习，无疑都会促进更复杂的、合作的社会关系。第三，当一个领地中物种数量膨胀时，领地中的部分成员会一同殖民到其他地域，建立新的领地。这就促进了更大范围中的模仿，进而导致了文化的传播和交流。

领地行为的另一优势在于它是一个稳定的进化策略。与领地对立的是"游动"的策略。我们在前面说过，动物世界中的经验证明，领地的占有者总是能够成功地击败入侵者。当然，这入侵者既包括其他的领地占有者，也包括同物种中奉行"流动不居"策略的成员们。我们在前面还说过，我们尚不能充分说明，领地占有者较之入侵者所具有的优势源自何处。这是在微观的意义上，即功能生物学所面对的"怎么样"的意义上而言的。在宏观的意义上，即进化生物学所面对的"为什么"的意义上，占有者较之入侵者的优势是可以得到雄辩的说明的。因为"入侵者胜"的策略有一种自我毁灭的倾向。"稳定的进化策略"的提出者梅纳德－史密斯称之为自相矛盾的策略，即如果"入侵者胜"，那么一旦入侵者胜利后就必须千方百计地避免成为领地占有者，便将永远充当入侵者。而永远流浪和入侵过分浪费精力、始终不得安宁，且当所有成员都采取这一策略后，将是无休止的血战，因此它不可能成为稳定的进化策略。由此反证，领地行为是稳定的进化策略。人类历史上似乎有过与之相反的例证，游牧民族屡屡击败定居的农业民族。这是因为，在微观的层次上，人类确实以其文化的力量使战争脱离了生物学的轨道。我们后面将对此作出专门论述。但在宏观的层次上，游牧最终被定居彻底取代，它符合领地是稳定的进化策略的命题。

五、领地之争与大型共同体的产生

　　领地行为是战争的根源吗？领地必然导致战争吗？我们在前面引述过雷豪森的观点：保卫不是领地行为的必要内容，排外是关键点。不错，其他哺乳类物种中也有领地冲突导致相互残杀的现象。但是大多数灵长目动物不再靠侵略，而是靠回避来保持各自的排外的空间。动物学家观察到，一个大群狒狒偶然闯进了一个小群狒狒领地的中心，当小群狒狒返回时，大群狒狒立刻撤退。狼似乎以侵略和残杀著称，但大群狼从不进入小群狼的领地。或许是因为领地占有者在与入侵者的战斗中保有优势，在漫长的进化过程中灵长目动物基本上选择了回避，放弃了侵略。不仅如此，多数哺乳类动物，在面对领地内与领地外的冲突时，基本上表现为仪式化的战斗。"大量的侵犯行为是由威吓和仪式程序组成的。动物要花费大量的时间和精力，以便诱使它们的对手相信它们是有力的、危险的。当同一物种的成员之间发生冲突的时候，最常见的是仪式化的争斗形式。在这种较量中，那些被摔倒在地上，被推出竞技场地之外的竞争者，通常是承认自己的失败。它会在不受伤的情况下离席而去，到别的地方去碰运气。"（拉姆斯登，威尔逊，1983：45）很多动物在进化中发展出"防止伤害同类分子的可靠的抑制力。嗜杀同类在混血脊椎动物中是罕见的，哺乳动物中根本没有。最嗜杀的肉食动物，尤其是狼，却是所有动物世界中抑制力最可靠的。"（洛伦兹，1966：10章）

　　为什么在领地行为中动物以回避取代了侵略和战争，而人类却未能做到，是个异常深刻和重要的问题。我们对其原因作如下猜想。首先是因为人类早已成为杂食动物。他不仅素肉兼食，并在素肉中都容纳了极宽的食谱。因此本能不使他局限于某地，相反，资源不同的地域都会对他构成诱惑。第二，也是最关键的，是人类自第三纪中新世始，成为世界上最成功的狩猎者。这一身体弱小、智能优越的物种，在生存压力下，完成了两个重大选择：拿起了石头——开始了其武器的进化，结成了狩猎的群体——实行了最成功的合作。食肉类动物的领地一向是比较大的，但靠着生物链的约束，各物种的数量均不会有突破性增长，故其领地也无须大肆扩展。而人类以武器与合作为基础的高超的狩猎本领，使其人口激增。以狩猎为生存基本手段的部落需要保持一个最佳的有限规模。于是部落不断分家和殖民。寻找猎物、开辟殖民地与领地稀缺、人满为患的矛盾，导致了回避的终结，进而是侵略与战争的发生。这不是说，人类以侵略彻底地取代了领地，而是意味着两种倾向和双重身份的出现。如阿德雷说："侵略者与领地占有者是在古老干燥的非洲大草原出生的异卵双生子，是人类精神深处的亚伯和该隐。"（二人为《圣经》中亚当之子，后该隐杀死其弟亚伯——笔者注）（Ardrey，1967：267）第三，自部落时代（最初为血缘群体）起，各部落就有了自己的文化——禁忌、规范、崇拜物。文化的特征在于靠模仿来传递，遂导致了部落内文化的一致性和部落间文化的巨大差异。久而久之，各部落间的文化差异远远大于它们的生理差异。这样，部落间的文化差异又强化了前面所说的"认同"所需要的"敌对"。而这类禁忌和崇拜的不同所导致的战争，正是现代意识形态战争的古老的前身。

　　物种内部的战争使人类脱离了生物亿万年进化的轨道。而离轨意味着：要么创新，要么灭绝。战争为人类带来了什么新鲜东西呢？动物的群体是血缘的群体。因而在领地型动物那里，领地与血缘是合一的。由此推论，人类最初也必定如是，即其领地与血缘是合一的。而现代语言中的"地缘"大多已不必包含血缘的含义。从血缘迈向地缘，是人类的社会关系不断扩展，走向复杂化的一个最重要的里程碑。战争在这一转化中发挥了关键的作用。战争导致的掠夺、通婚、融合，打破了原初的领地上血缘的纯洁性。以后，战争在人类历史上不断扮演摧毁陈旧的社会关系的功能。甚至先前武器的出现已经极大地改变了人类。在原始社会中，武器的出现和应用，曾经意味着平等。为什么很多灵长目动物是一夫多妻，而人类得享一夫一妻？人类的这一倾向和制度，很可能是在漫长的原始时代形成的。雄性体魄的差距，很可能是获得异性多寡的根源。武器的出现在极大的程度上弭平了身体的差距。相互的威慑和力量的均衡是促进异性均分的重要原因，而无发情期的生理特征加大了垄断的难度。以后的多妻制只是漫长历史中主流制度之外的少数人的小插曲。在一切场合中靠威慑都比靠实战解决问题更理想，但不要忘了威慑是靠间断性的开战建立其信度的。当仅靠和平的手段不能解决问题时，威慑与战争仍是人类建立秩序的手段之一。

　　尽管武器和战争在社会历史中发挥过积极的功能，但从来都是以有限的使用为前提的，不然就将是生物进化历程中从未发生过的物种的自我灭绝。那么该如何抑制战争呢？大约可以在三个方面努力。其一，交换的畅通和生境的开发。努力使强者与弱者通过市场交换而非战场交战，来实现各自的收益和社会定位。领地之争之所以主要发生在同物种间，在于它们生存在同样的"生境"中。人类的进化已经造成人类生存环境中"准生境"的产生，它是削减冲突的重要手段。其二，动物的仪式化争斗是进化的珍贵礼品，值得人类借鉴。人类竞争场上的胜者其实不需要超量的物质财富，他们更需要的是精致而稀缺的荣誉象征。人类应该在创造象征物上面更有作为。其三，是我们下面将要讨论的大共同体的建立。

人类的杂食习性与不同地域的兼容性，人类狩猎本领的提高造成的领地扩张的欲求，人口的增长导致的殖民地的稀缺，三位一体地将人类塑造成最富侵略性的生物。而为了免于同归于尽，人类又不得不制约战争。制约战争的最直接、最有效的手段就是部落间结成更大的共同体。其最初的方式是部落结盟，结盟方式有平等的，有臣属的，有松散的，有密切的。一个较大地域上的无数小部落间的平等联盟，极难制约战争，保持稳定。而在征伐基础上，靠着对原有部落关系的妥协和重组而建立起的带有等级臣属关系的共同体，证明是稳定和持久的。这就是封建制。

那么奴隶制呢？它不是先于封建制吗？奴隶制和封建制不是一个层次上的制度。封建制因其在漫长的历史中在人类社会关系中占据主导地位，而造就了人类历史上的一个重要的社会形态。以"奴隶制本身作为占支配地位的劳动方式的社会是罕见的"。(戴维·莱文语，见于《布莱克维尔政治学百科全书》"奴隶制"词条)，因而历史上有"奴隶制"，没有与封建社会和资本主义社会等量齐观的"奴隶社会"。根本原因在于，这一制度不是一种"稳定的生存战略"。其一，抢夺或廉价购买成年奴隶确实是一本万利的勾当，因为奴隶主没有支付或充分支付奴隶的成长费用。但是这种暴利难以为继，准确地说，暴利的限期只有一代。奴隶主必须为下一代奴隶的再生产支付费用，因而收益远远低于掠夺的奴隶。其二，人力资源的有限和掠夺由近及远中成本的递增，导致可持续性掠夺或廉价购买近乎不可能。极而言之，即使全世界都经掠夺沦为奴隶社会，炫目的暴利也只存在于第一代掠夺的成年奴隶，以后必将是利润递减，丧失制度上的吸引力。第三，奴隶制导致一个社会内部关系的高度紧张，注定了它是不稳定的。考斯基在其《基督教之基础》（1908）中雄辩地揭示出罗马帝国创造了炫目辉煌后急剧衰落的原因——奴隶制。部落战争时代就有了奴隶制，封建社会中保留着奴隶制，以后有南北战争前的美国南方种植园，苏联的古拉格群岛。人身占有的巨大刺激力使其星罗棋布在漫长历史的各个阶段中，而其内在的脆弱又决定了它只是社会肌体中某一部分的癌变，不可能成为主导和常态的社会制度。

封建制直接产生于原始部落时代的末期。这在逻辑上几乎是当然的。而研究越是进展，封建制的起始就越是逼进部落时代。唐人柳宗元在《封建论》中说："人不能搏噬，而且无毛羽……必将假物以为用者也。夫假物者必争，争而不已……近者聚而为群。群之分，其争必大，大而后有兵有德。又有大者，众群之长又就而听命焉，以安其属。于是有诸侯之列，则其争又有大者焉。德又大者，诸侯之列又就而听明焉，以安其封。"柳氏认为封建制几乎在生民之初即已开始。顾颉刚认为，从商代甲骨文看，武丁之时已经有了许多封国。杜正胜则认为封建不止一两次，很可能是多次。如是，最初的分封很可能是非常久远的事情。从语源学看，"封"字最初是"起土界"、"疆界"的意思。划分界线，并建立臣属和联盟的关系，在部落时代后期一定是司空见惯的。史册上的"封建"不过是更大规模的、造成了更为持久后果的记录。

《史记》记载，周武王伐纣之前在孟津盟会了八百个诸侯国。近代史家多认为此说有所夸张。但即使只有一百或几十个拥戴的诸侯国，也说明了部落联盟的历史一定是相当漫长了，极可能其中已不乏保护与被保护的关系。因此这一历史进程一定是被盟主的野心与诸侯的要求合力推动的。诸侯要求"龙头大哥"做什么？要求他摆平局面，建立秩序。大的保护人也从来是以承担这一使命自居的。

西周时代的封建大致是这样进行的。天子将征服的全部领地划分为若干部分，将这一块块土地与土地上的人口赐给周人与友族的宗亲子弟。或曰封建包括三个要素：赐姓，即赐服属的人民；胙土，即赐领地；命氏，给予国号和礼器等象征物。诸侯国，即分封地中，包括三等人：周人（新统治者），殷人（旧统治者），当地土人。封建实际上是族群与领地的再编组。（许卓云，1987：5 章）

对这一过程，我们可以用社会学语言作如下解释。部落间的冲突是商周之际面对的主要问题。为解决这一矛盾，在更大的地域中建立秩序，周朝的开创者，首先着手于划清界线。第一是各大群体的生存空间，即领地，也就是诸侯国间的界线。第二是亲族后代社会定位的界线，即嫡庶之别；这一制度从天子家系推延至诸侯、士大夫；最终演成宗法制。第三是社会成员间的等级制。这一系列界线几乎都是天然的——地界、血统、长幼，因为只有这些界线是简明和易识别的，要找到同样简明的人造界线，还须等待长时间的文化积累。这些清晰的界线，使社会中的每个成员明白无误地归属于某个群体、某种地位。划清界线后，便着手以分封解决旧部落或曰旧领地间的冲突。所谓"分封"——将亲族和友族的子弟封为各个旧领地的统治者，实际上就是将冲突的领地披上亲族温情的外衣，以亲族做异地的首领来为一个大地域匡定秩序。并以种种礼仪手段强化诸侯与天子的和睦隶属的关系，在社会意义上，就是强化以天子为象征中心的各诸侯、各领地间的和睦关系。

这种建立大共同体的制度安排的后果如何，需从每个诸侯国内和各诸侯国之间这两方面来分析。诸侯国中显然有着两种以上的文化，但分封国较少因内部的文化差异而破裂，相反都先后完成了内部的整合。这自然意味从血缘向地缘的渗透。当然远不是血缘群体的退出。被分封的统治者深入到土人居多的封地，自然保持着自群之内的密切联系。但诸侯国内的不同族群显然已能够相安无事。另一方面，各诸侯国的统治者虽然是血亲，其和睦的臣属关系却并未持久。二百余年后又是春秋多战事了。封建制，即大共同体，将无数小部落间的战争转化成诸侯国间的战争。其收益是显然的：减少了战争的频次。封建诸侯国间战争的解决，要么是在打打停停中寻找均衡，要么是建立更大的共同体。

"封建制度的本意是为了军事与政治的目的。"（许倬云，1994：162）与之对立的中央集权制同样是这样。中央集权制国家的出现比封建制稍晚，二者共历了相当长的历史时期。集权制是比封建制更大的共同体。它要以封建制为先导，却不是一切封建都会走向集权。因为后者还依赖若干语言、文化、宗教等认同媒介的具备。人类历史上最典型的中央集权制在中国。秦王嬴政结束了封建制，开启了长达两千余年的中央集权制。中央集权制与封建制有巨大差异，但也继承了周代封建制的很多特征。郡县替代了诸侯国，官僚替代了分封，而宗法制依旧。血缘、地域与文化，一同成为编织群体结构的三大因素。陈寅恪在其《唐代政治史述论稿》中所言："北朝汉人胡人之分别，不论其血统，只视其所受之教化"；产生隋唐两代帝王的"关陇集团本融合胡汉"——都证明了当时文化与地缘在造就认同性上已超过血缘。

六、领地、信任与三大社会制度

人类同很多动物一样，生存的策略是结成群体，以成员间合作对付生存的压力。群体需要一个边界，边界帮助群体获得其有限性，使其成员们在其中相互识别，频繁交往，进而获得信任，开始合作。边界还造就了"敌友情结"，靠着外部的压力，造就内部的信任和团结。清晰的边界是信任、合作，乃至群体本身存在的前提。最初的边界必是天然的产物，或为血缘，或为地貌，或为二者而一。战争与交换，使人类走出了封闭的血统，重组群体与领地，重铸和发展信任，并着手解决群体间的冲突。

自封建制度建立伊始，制度创造者就对信任给予了空前的重视。这很好理解。血缘群体中有着天然的信任纽带，无须人为的强调和制造。当人类的社会生活不得不走出血缘时，才发现信任和友情即使天然存在也是不够用的，必须着手制造。西周的文字记载中有大批封臣对天子的誓言，出土的西周文物中有大量的"信物"——圭、瑁、瓒、符，都说明了那是一个始造信任的时代。

封建、帝国、资本是人类最伟大的三项制度创作。封建制帮助人类从血缘走向地缘，它的等级和边界是建立在血缘、领地这些天然特征之上，它靠着亲缘、领地、等级这三种界线将社会成员划分在不同的群体中，并制定了群体间的臣属关系，在更大范围内建立了秩序。帝国在相当程度上继承了封建制的遗产——宗法、疆界。与此同时，官僚系统的再生产要求它造就一个人类历史上最庞大的非人格的制度系统——科举制，它把对熟人的信任在相当程度上转化为对学历与考核的信任。但是中国古代的集权制受其自身能力的制约，它不想也不能破坏基层社会中的领地和领地上相当程度的自治。对传统领地及其秩序的最大摧毁来自两大势力：采取全权制的现代帝国和资本主义。现代的全权制靠着现代技术手段将其政治理想和计划深入到基层，以行政单位取代和摧毁了自然过程中形成的领地、界线、私人所有权和自治。资本主义则帮助人类大大地超越天然的标志，从熟悉的人格关系全面地走向匿名的非人格的关系。

领地（无论是封建制还是集权的帝国）式的定居生存方式，曾经受到游牧生存方式的猛烈冲击。但是游牧文明无法最终摧毁领地文明。它要么是在军事胜利的表象下，屈从乃至同化于领地文明；要么是在短暂的征服和掠夺后继续奔波，将被征服地重新让位给领地（或曰农业）文明。它之所以不是一种稳定的生存策略，在于它无力为它统治的社会中的无数小群体造就种种清晰的界线，使这些小群体产生信任、合作，并相安无事。相比之下，游牧文明是较小的破坏力量。现代全权制是更大的破坏力量，它有自己的制度设计。但是因为剥夺了私人占有权和自治权，它的"单位制"与领地的逻辑貌合神离，与人类的本性大相异趣，注定是一次短暂、失败的试验。如马克思和熊彼特说，资本主义才是最大的破坏力量。在三百年前，它彻底地摧毁了封建领地。今天正以市场全球化冲击着民族国家间的神圣的界线。极可能它依旧是胜者，日程一定在以加速度推进。它之所以能胜利，是因为它携带了新的信任系统，一种非人格的制度系统；它甚至创造了自己新的领地方式——公司。它的破坏力与创造力都是空前的，我们已经见到的很可能只是冰山露出水面的部分。对它尚未释放的巨大的潜能，我们还没有足够的乐观根据。

第 21 章

两种进化：生物与文化

一、复制与变化

本节讨论的是：文化系统中的复制与变化，生物系统中的复制与变化，以及两个系统的对比。对这个题目，两个领域中拥有各自的词汇，生物学通常不叫复制叫遗传，不叫变化叫变异；与之对应的东西，在文化领域中，叫模仿与创新。这里用一个新的词汇来表达这种共性，就是"复制"，生物在复制自身，文化也在复制自身；另一个词汇是"变化"，生物的世界不断产生变异，文化的领域不断进行创新。

先讲遗传与变异。遗传与变异在我们讲达尔文的自然选择时简单地提到过。相当数量的遗传中产生一定的变异。绝大多数遗传当然没有发生变异。因为没有变异，物种才能保有其稳定性。但与此同时，物种在遗传中一直以极小比例产生变异。发生变异的比例有多大？双倍体（两性）变异比率要稍微大于单倍体（同性）。双倍体变异的比例大概是每从事10万到1000万次遗传，可能发生一次变异。有这样一个命题，"没有忠实的复制"，复制难免走样，复制多了必然走样，但比例很低。比如人类在平均100万次复制中才出现一例变异。变异的次数多少可以从两个意义上来理解：一个是变异的比例越大，变异的次数就越多；再一个就是群体规模越大，复制次数就越多，产生的变异也就越多。产生变异的比例大小可以称为内源变化的大小。内源变化通常是比较小的，十万分之一至一千万分之一。威廉斯认为，如果内源变化太大，就很难有任何积累性的效果。（威廉斯，1962：87）这话怎么讲？就是说变异的比例小一点，倒有可能有积累性的效果，如果变化率太大，反而没有积累性效果。环境的变化是既定的，比如环境变得寒冷，适应的鸟类可以生存，不适应的不行。变异过多，意味着适应的类型也将很多，比如从一种原型鸟变异出体质耐寒的鸟、羽毛更厚的鸟、随季节迁徙的候鸟，等等。结果就没有了方向性，就不能使变异者具有一定的规模，凝固成一定的性状。相反，内源变化小一点，产生的变异少，其中的一种非常适应，就可能代表一种方向。多方向即没方向，多中心即无中心。适应的种类过多，就没有方向了。概言之，物种在遗传上有很大的稳定性，与此同时还一直产生着变异，而变异的比例不会太大。

　　人类与其他物种在进化上有很大的不同，乃至可以说人类"离轨"了。离轨的结果是人类在物种上比动物更稳定。这不是说人类在遗传中不发生变异，而是说对环境适应较弱的人类成员不会被自然选择淘汰。换句话说在面对人类这个自然界里唯一的特殊的物种时，自然选择失效了，它不能把能力较弱一些的人淘汰出局。我们每一个人无论各个方面，性能强还是弱，跑得快还是慢，智力高还是低，体形胖还是瘦，灵活性好还是差，基本上都不会淘汰出局。尽管我们通过遗传还会产生新的基因，没有用，变异只是自然选择的前提，前提存在不等于选择发生了。原因很清楚，科技的进步，生活条件的改善，温饱的无忧，医疗条件的普及，等等，决定人类不会再经受"适者生存"的剪刀的筛选。人类整个群体基本上都有了保障，都能够存活。因此可以说，人类作为一个物种比以前更稳定了。

　　无独有偶，复制与变化不独属于生物的世界。生物当中有这样一个特殊的物种——人类，它产生的文化竟然和生物界的这一特征极其相似，也有复制与变化，就是模仿与创新。如果没有这种性质，人类的文化决不是今天的这个样子。文化是生命创造出的一种新的现象，这一现象与生命本身所具有的现象极其相似。它的扩展有赖于它的复制，就是模仿，而它又不是一成不变的扩大、膨胀，它也在更新和变异，像生命一样，只是速度更快。所不同的是这个选择不是自然选择，而是人为的选择。很多社会成员、很多民族，愿意选择一种新的技术、一种新的制度、一种新的文化，都属于人为的选择。这种选择使得某些文化占了上风，对应地某些文化居于下风，甚至慢慢地被淘汰了。这就是复制（即模仿）以及在此基础上出现的一定概率的变化。二者相辅相成，使得文化不断演进着。前面说了物种是稳定的。与物种相比，文化是不稳定的，更喜爱变化的。而就文化自身来说，在时间维度上存在着过去的文化、近现代的文化、当代的文化。比较而言，显然是以前的文化更稳定，现在的文化更不稳定，更多变。

　　生命的繁衍与文化的扩大都依赖同样的东西——复制。哪个基因更有生命力，意味着它的复制效率更高，有更多的后代；

哪个文化更有力量，意味着这种文化被更多的人、更多的民族模仿，模仿的重要就在于此。被广泛模仿的文化就成为优势文化，进而能在世界上占支配地位，或是最起码有一定优势。文化在空间和时间内被大规模地模仿，就成了习俗，成了传统，成了一种文化模式。

文化的模仿在很大程度上依赖于文化产品的复制。一些文化媒介的复制帮助了文化的扩散，使之被更多的人了解，被更多的人学习。这种载体的发达就能够直接促进文化模仿的大规模展开。中国古代文明恰巧在这一方面长时期处于领先地位，从而造就了中国古代社会的发达、繁荣。领先的那种东西就是长期充当文化载体的纸和印刷术。在古代，中华民族在造纸和印刷术这两方面的领先，直接决定了我们的文化产品复制的程度高。我在自己的一项研究中得到这样一个推论：文化复制上的领先决定了文化上的领先。这就像生命体的复制，复制多意味着这一物种的繁荣。

这里还有一点重要的内涵需要把握，即复制多不仅意味着量的增加，也意味着质的提高。以下是对这一道理的阐述。先讲一组数字。前面说中国古代文化在造纸术和印刷术这两个方面领先，这种领先最终怎么在数字上体现呢？对西方世界来说，1450 年是非常重要的一年，也可以说是人类文明史上的一个里程碑。1450 年西方出了一个叫古登堡的人，发明了印刷术。1450 年成为一个分水岭，在此前后中西文化的发达程度判然有别。1450 年前整个欧洲（从远古时代开始）曾经有过的图书的种数是 3 万种（因为没有印刷术，当然都是手抄本了）。根据中国文献学家的统计，1438 年之前中国古代一共拥有图书的种类是 4 万种。这两个时间大致接近，在此以前，中国拥有的书籍总量比整个欧洲还多三分之一。当 1450 年西方人发明了印刷术以后，情况大变。过了 150 年，到 1600 年，西方拥有的图书是 125 万种，与之对应中国当时拥有图书是 1.4 万种。这期间西方拥有书的种数是中国的 89 倍。再往后走，从 1600 年到 1900 年共 300 年时间，西方的图书种类是 1125 万种，中国的图书种类是 12.6 万种，刚巧和上面一样也是差 89 倍。所以我在一篇文章中曾经说，1840 年西方的炮舰开始敲开中国的大门，其实国力的此消彼长早已被 1450 年开始的文化的此消彼长决定了，早已被文化复制的速度决定了。（郑也夫，1992）前面讲到是复制的效率，这里说的却是图书的种数，好像说的不是一个事情。的确在这里调整了一个概念，因为手头无法找到忠实意义上的图书的册数。那么种类与册数是什么关系？印刷术是提高印刷册数的，为什么有了印刷术图书种类增多了？这暗含着一个道理，当一种文化开始大规模复制的时候，与此伴随的一定是创新也在增加。书的册数与种类中，册数是更忠实的复制，种类则可能意味着有创新，尤其是种类的批量增长。而创新和复制是密切关联的，复制是创新的基础。当有了大规模复制的机制时，创新的增长也将是显然可以看到的。将文化与物种对比，可以看到，物种复制 10 万次时可能有一个新的基因出现，已有的图书不断复制就会激发新书的产生，文化产品复制到一定数量时就会出现新的东西。这就是模仿与创新的关系。

二、文化与本能的关系

我们先从进化的角度去认识文化与本能的性质。生物学上的进化是先天的获得性被自然选择的结果。而文化的进化是后天获得性经人为选择的结果。拉马克提出"用进废退"，认为后天获得性可以继承，这样分析生物的世界是站不住脚的。后天获得性不能继承，因为后天的劳作与学习改变的是体细胞而不是生殖细胞，是身体而不是基因，而遗传靠基因。但将拉马克的理论放在文化上就对头了。文化就是一种后天获得性，文化同体质完全不是一回事，文化是可以继承的，是可以传递的。

我们接下来讨论文化与本能的关系。文化与本能都努力去控制对方。先说本能对文化的控制。实际上在相当长的时间内，本能一直对文化产生着约束和控制。本能没有给文化太多的自由，人们的本能约束着人们的文化选择。爱德华·威尔逊说，本能适中地掌握着文化对它的依赖。二者的这种关系导致了有些文化选择胜过了其他的文化选择，在实践中更容易被人们选择，另一些文化不大被人们选择。举两个例子来说明本能限制了人们对文化的选择。

一个例子是各个民族（在古代各个民族是生活在相互隔绝的状态）在原始时代都产生了对近亲通婚的禁忌。这种禁忌应该是一种文化，它却产生于几乎所有民族。这说明，首先是人们的本能促进了文化上的这一选择，而后出现的副产品帮助锁定了这一文化选择。这一副产品就是我们后来认识到了这种选择的另一优势，即人种进化上的优势，近亲通婚会造成人种退化。最初是什么样的一种东西促进了这种文化选择？应该是不

300

同民族当中所共同拥有的一种本能。很多人类学家对此作了探讨，他们认为这种禁忌实际上是与本能相符合的，文化的力量不过是进一步强化了这种东西。这种本能就是从小在一块儿长大的异性之间其实不易产生吸引力；相反，不是在一个地方长大的异性之间更容易具有较强烈的吸引力。实际上，从禁忌上追根问底，可以看出的是文化与本能的连接，而不是对立。再举一个例子来看，就是"大锅饭"制度的失败。这个例子就发生在当代，我们知道这个例子从根到梢的全过程。一种制度的选择也可以称为一种文化的选择。我们曾经坚定地选择了这样一种制度。经过近半个世纪的实践，我们不得不放弃。为什么？在浅层次，是因为效率低。说到根本，在其不合人性。什么叫不合人性？也就是不符合人的本能。人类不适合在家庭之外同其他人一起吃大锅饭，一起搞核算，这样很快就会把食物全部吃光。相反，在一个家庭里，就可以精打细算。前面讲了，无条件的利他只能发生在近亲当中，而没有血缘关系的人之间的利他只有互惠。一种分配制度、一种合作制度，违背了人的本性，最终会受到惩罚的。这种制度选择因为其效率低下，在同作出其他文化选择的民族、国家、地区的对比中，一定落后，一定会在竞争中失败，最终不得不放弃这种选择。这两个例子可以说明，本能在一定程度上约束、控制着文化选择。

当然，事情还有另一面，就是文化一直在企图超越环境和超越肉身。这种企图和努力首先体现在超越环境上面，而后体现在超越肉身上面。体现在环境上，很好理解，人们开始控制环境，进而改造环境。比如我们驯化动物植物，我们兴修水利。这些东西都可以视为控制环境、改造环境。而与人类这些伟大举动相对应的动物的行为是适应环境。动物在努力地适应环境，在一只看不见的手"自然选择"的操纵下，不断地变异出新的基因，以具有一定宽度的身体性能的系列谱，来应对自然的变化，适者生存下去。新的适者就是靠着拥有老的物种成员不具备的一点微妙的差异和优势来适应变化，它靠的是自己的身体。而人类早就走出了这种忠实地遵循身体的属性去适应环境。人类要控制环境、改造环境，而且已经获得了巨大的成就。

在其之后，就不仅仅是控制、改造环境了，就要开始控制、改造自身了。和面对环境的时候先控制后改造一样，对自身也是先控制后改造。这有很多例证可以举，最明显的例证就是用避孕药、节育手段来控制自身的生育。人类很早就开始了控制自身的努力。控制生育应该是比较晚近的事情，在对身体其他方面控制来得更早。这可以找到很多例证。改造自身中，应该说小的举动也早就有过，大的举动刚刚开始，就要跨过门槛了，即不仅要改造自身，比如说变性，而且怀有更大的雄心壮志准备改造人类，改造后代，改造人类的基因，彻底改变人类的属性。毫无疑问，这是一个极大的野心。这个野心用一句话来概括，就是"人类要做上帝"。宗教告诉我们，上帝创造了人类。现在人类要让上帝出局，自己再造人类。

开始了对自身改造，就面临这样一个问题，有界限吗？没有界限的改造行吗？放手大干行吗？恐怕不行。恐怕改造还是要有界限的。什么是界限？界限就是伦理，就是标准。当人类中的某些先进分子，他们代表着先进的生产力，当他们用手术刀和试管着手改造人类的时候，毫无疑问全体人类立刻乱了营，开始了激烈的争论。这种争论实质上是伦理上的争论。自然划分为两大阵营，一部分人支持某种尝试，另一部分人反对。这种争论本身就是在尝试建立一种新的伦理。而这种新伦理的建立，毫无疑问有着巨大的困难。难点在两个方面，一方面在理论上，另一方面在实践中。

理论上的难点在于什么地方呢？人类有一个基因库，每一个人有 46 个染色体，23 个从父亲那儿继承，23 个从母亲那儿继承，每一个人的基因是在整个人类基因库之中的。如果改造基因，改造人类，实际上就是克服一些基因，消灭一些基因，因为这些基因有很坏的作用；还要去促进一些基因，进而再造出一些所谓好的基因，能让我们强健、聪明、长寿的基因。这样问题来了，什么叫好基因？能为你身体带来什么样变化的基因是好基因？我们能裁定它吗？我们有上帝那么大本领去裁定什么是好、什么是坏吗？实际上，从远古一直到今天，在不同的历史阶段中，我们人类是拿自己身体中的不同特征去适应环境的。比如在今天的社会中，某些人成功了，这只是拿某些标准来考验、衡量和选择的，说这些成功者一切都好肯定是不准确的。今天导致成功的素质推到 5000 年前、10000 年前，能够让一个人在当时的社会中赫然居于同辈之上吗？能让他成为优秀的猎人、酋长、部落首领吗？未必行。使一个原始人在同辈中居于前列的因素，可能与今天使你成为同辈中的先进分子的素质大不相同。原始人成功的素质可能是机敏，现代人成功的素质则是沉思，是思考。作为一个好猎人，喜欢长考是不行的，要能当机立断；而现在作为一个好学者，要善于长时间的思考。5000 年前、10000 年前被人们敬仰的优秀品质、优秀能力，在今天来说就不是了。我们只是历史长流中一个瞬间之中的偶然产物，我们能够裁定在未来什么样的素质更适应环境吗？我们能够知道什么是更优秀的品质吗？为什么现在产生了代沟？所谓代沟就是你认为是好的东西，你的儿女们嗤之以鼻。一个父亲与儿女为什么会产生代际的冲突？根本原因是社会在巨变，巨变之中两代人的价值观不一样了。古代社会里没有代沟，那时候父亲与儿子的冲突跟父亲与其兄弟的冲突是一样的，有利益的冲突，有见解的分歧，唯独没有代沟，两代人没有不同的价值观。代际冲突中有种种内容。在审美领域当中最鲜明反映代沟的是流行歌曲。而代沟最深层次的分歧是价值观。比如父辈认为吃苦耐劳是很好的素质，但下一代不接受，偏偏认为会享受是很好的素质。两代人的时间对于基因的进化来说，太短暂。当发明家要创造出一种理想的基因的时候，这实际上意味着他要把他认为好的因素繁荣、光大，要影响到十代百代的人。这不是一种狂妄吗？你怎么知道十代百代之后的人类还与你认同？你怎么敢有信心让十代百代以后的人们都说，21世纪初叶的先辈真是伟大，使我们变成了这个样子？智商在那时的社会中是被人崇尚的、高度适应的素质吗？实际上，改造人类是一种最大的专制。以前这些事情是大自然做的，大自然在偶然中完成的。而今天有人要执掌这个权柄。这是理论上的难点，我们没法为未来量体裁衣。

在实践中，难点则首先在于这不是一个学术问题，而是政治问题。比如说优生学认为提高智商意味着人种的进化。有一个办法可以提高智商，就是只允许现在世界上的6%的人可以生儿育女，剩下的94%的人不能生儿育女，因为他们智商不够，他们只能保有性活动，无权留下后代。只要照着这个方法做，下一代智商保证提高到平均 130 以上。这在实践中就成了政治问题。这是基本权利的冲突。很多人不能答应，不能坐视自己出局。再比如现在国际社会面临的一个问题：核扩散。于是有些国家同意，某个国家来扮演国际警察，看管住核武器，不要再制造、再扩散了。这警察当得非常之累，还遭到很多国家、许多人士的反对。我拥护一个看管核武器的警察，因为我畏惧核武器的扩散。首先我同意，警察身上有很多坏毛病，权力惯坏了他们。这就像作为一个市民我们经常骂警察，但如果把警察取消了，我们每一个人都不答应，警察取消了社会就乱套了，尽管警察有很多毛病。所以，我认为有核警察比没核警察好，但我知道当核警察很累很累。而担当"克隆警察"，就是看管住全世界的实验室，看管住全世界优秀的生物学家不要搞克隆，比"核警察"还要累。因为目前全世界能制造核武器的地方比较少，而渴望和可能做克隆实验的地方太多了。目前世界上支持制造核武器的人（不好统计）总的来说是少数。当克隆警察的困难非常非常大。虽然在目前的世界舆论中，反对克隆似乎占了上风，但我预料事情会朝着相反的方向转化，支持克隆的人会与时俱进、与日俱增。因为种种因素，前面讲到了人们生育率普遍下降。环境的污染，二英的出现，男性的精子含量史无前例地下降，而且还会继续下降，越来越多的男性没有了生育能力。所以，我觉得在未来的时间里，越来越多的人会由于主观、客观的原因而告别生育，越来越多的人会举手拥护克隆。这个克隆警察很难当。尽管很多人从学术上论述了克隆是多么糟糕的事情，克隆将破坏生物的多样性，破坏人体的多样性，使人类的谱系越来越狭窄，这是违背物种进化中最基本的原则的。但是社会实践不是学术讨论，它是一个政治与利益的问题。

综上所述，鉴于理论和实践上的难点，改造人类的界限问题将无标准可言。

三、人的本质

人是一种动物，但是是一种特殊的动物。人是掌握了文化的动物，人是一种文化动物。人的本质就是他已经没有了传统意义上的本质。什么叫传统意义上的本质？就是一个动物的本质，比如猪的本质属性，虎的本质属性。人没有这样一种本质属性。人的性质、性能、性状与时俱进，变动不居。所以法国存在主义哲学家让 - 保罗·萨特的一句话曾风靡一时："存在先于本质。"人的本质就是人出生时没有本质，他的存在先于他的本质，他的本质从哪里来？萨特说是后天注入的。人天生没有什么本领，全靠后天的学习，无论是学计算机，学会计。道德在很大程度上也是后天决定的。一个人成为罪犯，还是成为国家领导人，不是先天决定的，而是后天决定的。放在历史长河里看，以动物的本质看待人，以他的生理结构、他的性能来看待他，发现他不断变化。原来他是一种陆生动物，后来他能入水、上天。本质属性都变了，大变了。所以说，人没有传统意义上的本质。

学者们给人类下过不计其数的定义，我觉得这些定义之间没有什么冲突，定义不同是因为视角不同。我觉得最有人类学（不是狭隘的人类学）味道的是这样一个定义：人是具有可能性的动物。我最欣赏这个定义。动物没有较大的可能性，动物只有必然性，只要环境没有大的变迁，它就一定能发育出祖先的性能、品质，那是必然的。这跟一个胶卷进入显影液一样，是前定的，拍的什么东西就洗出什么东西。什么样的动物胚胎就发育成什么样的动物。而人是有可能性的。如果给人以必然性，很可能过后他会超越它。在这个定义的基础上进一步推论：人是自我决定的动物。动物是血统决定、基因决定，而人即将开始彻底地自我决定：改造基因。动物可以不为自己的行为负责，要上帝和它的基因负责。狼残暴地对待羊，自己概不负责。而人要为自己的行为负责。人不仅骚扰四邻需要负责，关键是人开始骚扰自身了，开始自决了。为什么罪犯18岁以上才判刑？因为小孩没有自决能力，大人已经有了自决能力。问题在于人类没法对自己的行为负责，问题在于人类尚且找不出一个伦理、一个标准。

人类前所未有地面临着一种状况，就是离开了进化的轨道。离轨之后就面临巨大的风险。什么叫风险？风险与危险含义不同，危险通常指已知的不安全，而风险指未知的不安全。对已知的事情我们清楚有几种可能，比如开车就有出事的可能。而风险通常与未知的灾难结合在一起，不是同预料之中的一些困难结合在一起的。因为人离轨了，人不断地进入到未知的领域当中，乃至人们最后彻底地进入到未知的领域当中。基因工程正式开始之日，就是我们彻底进入未知领域之时，也就是我们彻底地蹈入风险之际。处于这么一种状况，我们在性质上、性格上必然会发生变化。我们在性格上已经或者即将发生的变化之一就是增加了反思性。为什么增加了反思性？因为你的生存方式和前辈、祖先不大一样了。祖先的经验、教条不能继续指导，我们不能依照教条，如果自己不再反思反思，那怎么办？如果你的生存方式与祖先一样，你可以遵循祖法，遵循惯例，不需要时时事事面临决策，没有太多错误可犯。而现在不行，现在你常常要面临决策，常常面临新的问题，于是你常常犯错误，损失惨重，痛心不已。怎么办？于是增加了反思性。这是性格的变化，但这是环境使然，形势使然，这不是一个人性格的变化，而是整个物种性格的变化，必然如此。不是说谁愿意反思，谁热爱反思。除了学者以反思为业之外，越来越多的人也热衷于反思，人类已无可救药。

　　下一个我们所面临的特殊的处境就是，我们陷入了前所未有的不一致。以前我们在重大原则问题上偶尔产生分歧，而现在在诸多的问题上，从大事到小事，都陷入了不一致。我们已经无法再找到父辈、祖先们所享受到的那种令人羡慕的一致。那种一致没有了，有的是巨大的不一致。短期内谁也战胜不了谁，谁也休想说服谁，这情形就发生在我们身边周围。可以预料的明天，不一致将更大，回避不开。比如可以看到两个同性恋开始过上日子了，可以看到周围的一些人改性了，不久以后又看到有人克隆出他自己来。在这些事情上到哪儿去找一致呢？我们将陷入巨大的纷乱、不一致之中。不管愿意不愿意，我们反思的性格慢慢在增长，同时又与一个习惯结下了不解之缘，这个习惯就是争论。以前的不一致是偶尔产生的，不是永远追着我们，以后的不一致性将永远追着我们。以前的讨论、争论偶尔发生，有人类就有争论，争论是推动人类发展的一个最重要的手段和媒介。以后的争论将极其频繁，我们将陷入无

308

穷的争论中。原因在于新的东西出笼得太多、太快，还没有凝固成一种方式。没有一种想法、标准、方式占据上风，使人们的心理在相当长的一段时期内风平浪静，使多数人处在这一准则、标准、价值观指导下。现在和未来不是这样，新的东西出现得太快。就像书的出版，新书实在太多了。虽然有的"新"是假冒，但货真价实的新也确实太多了。这是我们无法摆脱、将频繁地陷入永无休止的争论的根本原因。

*参*考*书*目

(注: "/"号前为原著出版年, "/"号后为中译本出版年)

阿尔德里奇 S. 2000/2002: 看见红色 感觉蓝色, 生活·读书·新知三联书店

艾克曼 /2003: 情绪的解析, 南海出版公司

艾克斯罗德 R. 1984/1996: 对策中的制胜之道, 上海人民出版社

埃特考夫 1999/2000: 漂亮者生存, 中国友谊出版公司

奥菲克 2001/2004: 第二天性: 人类进化的经济起源, 中国社会科学出版社

巴斯 /2004: 进化心理学, 华东师范大学出版社

拜尔茨 K. 1993/2000: 基因伦理学, 华夏出版社

贝塔朗菲 L. 1952/1999: 生命问题, 商务印书馆

伯恩斯 2005/2009: 好满足, 上海译文出版社

柏格森 1924/2005: 笑, 北京出版社

伯纳姆 2000/2003: 欲望之源, 中信出版社

波普 1961/1987: 历史主义的贫困, 社会科学文献出版社

布兰德 P., 扬西 P. 1995/1998: 疼痛——无人想要的礼物, 东方出版社

布劳 1964/1988: 社会生活中的交换与权力, 华夏出版社

戴蒙德 J. 1992/2004: 第三种猩猩, 海南出版社

——— 1997A/1998: 性趣探秘, 上海科技出版社

——— 1997B/2000: 枪炮、病菌和钢铁, 上海译文出版社

达马西奥 1994/2007: 笛卡儿的错误, 教育科学出版社

——— 1999/2007: 感受发生的一切: 意识产生中的身体和情绪, 教育科学出版社

道金斯 R. 1976/1998: 自私的基因, 吉林人民出版社

迪尔凯姆 E. 1893/1933: 社会分工论, 商务印书馆

福尔迈 G. 1973/1994: 进化认识论, 武汉大学出版社

弗兰克 R. 1998/2002: 奢侈病, 中国友谊出版公司

——— 2006: 一夫一妻制和市场婚姻, 纽约时报3月16日, 参考消息, 3月19日

福山 F. 1999/2002: 大分裂, 中国社会科学出版社

———— 2002/2002：后人类未来：基因工程的人类浩劫，时报文化出版公司

福特 C.　1996/2001：说谎：你所不知道的一切，新华出版社

方舟子　2001：叩问生命，天津教育出版社

弗伊 M.　1986/1988：社会生物学，社会科学文献出版社

格莱希，等　2000/2001：生命数据，贵州科技出版社

葛兰汀，约翰逊　/2005：我们为什么不说话——以自闭者的奥秘解码动物行为之谜，华东师
　范大学出版社

格林菲尔德 S.　/1998：人脑之谜，上海科学技术出版社

格斯登 R.　1995/1999：欺骗时间，上海科技教育出版社

古尔德 S.　1977/1997：自达尔文以来，生活·读书·新知三联书店

———— 1996/2001：生命的壮阔，生活·读书·新知三联书店

哈耶克　1988/2000：致命的自负，中国社会科学出版社

亨特　1997/1999：心理学的故事，海南出版社

黄有光　2000：经济与快乐，东北财经大学出版社

吉尔德 G.　1981/1985：财富与贫困，上海译文出版社

卡斯特　2001/2003：无聊与兴趣，上海人民出版社

凯恩斯　1932/1997：预言与劝说，江苏人民出版社

柯克伍德 T.　1999/2001：人生几何——人的衰老、防老和用生，上海科学技术出版社

柯特莱特　2001/2002：上瘾五百年，立绪文化事业有限公司

克拉克 W.　1999/2001：衰老问题探秘，复旦大学出版社

克罗宁 H.　1991/2000：蚂蚁与孔雀，上海科学技术出版社

拉姆斯登 C.，威尔逊 E.　1983/1990：普罗米修斯之火，生活·读书·新知三联书店

赖希霍尔夫 J.　1999/2001：蓝色的星球：人与生态，百家出版社

赖特 R.　1994/2002：道德的动物，上海科学技术出版社

———— 2000/2003：非零年代，上海世纪出版公司

赖特 W.　1998/2000：基因的力量，江苏人民出版社

理查森　1999/2004：智力的形成，生活·读书·新知三联书店

里德利　1993/2002：红桃皇后：性与人性的演化，四川人民出版社

———— 1996/2004：美德的起源：人类本能与协作的进化，中央编译出版社

———— 1999/2003：基因组：人种自传 23 章，北京理工大学出版社

——— 2003/2005：先天，后天：基因，经验，及什么使我们成为人，北京理工大学出版社

利基 R. /1995：人类的起源，上海科学技术出版社

罗素 1930/2003：幸福之路，陕西师范大学出版社

——— 1955/1981：西方哲学史，商务印书馆

洛伦兹 K. 1966/1987：攻击与人性，作家出版社

洛耶 2000/2004：达尔文：爱的理论，社会科学文献出版社

马古利斯 L.，萨根 K. /2001：我的另一半，江西教育出版社

迈尔 E. 1988/1992：生物学哲学，辽宁教育出版社

——— 1991/2003：很长的论点——达尔文与现代进化思想的产生，上海科学技术出版社

麦克康门斯 1978/1984：什么是生态学，江苏科学技术出版社

麦肯齐，鲍尔，弗迪 1998/2000：生态学，科学出版社

米德 M. 1928/1988：萨摩亚人的成年，浙江人民出版社

——— 1935/1988：三个原始部落的性别与气质，浙江人民出版社

莫兰 E. /1999：迷失的范式：人性研究，北京大学出版社

尼斯，威廉斯 1994/1998：我们为什么生病，湖南科学技术出版社

莫瑞斯 D. 1971/1988：裸猿，光明日报出版社

诺埃尔 E. 1979/2000：今日达尔文主义，北京大学出版社

欧皮特 1994：进步：一个概念的兴衰，中国社会科学季刊，总第 8 期

帕克 R. /1987：城市社会学，华夏出版社

平克 S. 1994/1998：语言本能，商周出版公司

普拉格 /1999：快乐由心发出，天下远见出版股份有限公司

齐科 1997/2007：第二次达尔文革命：用进化论解释人类学习的过程，华东师范大学出版社

齐美尔 /2001：时尚的哲学，文化艺术出版社

契克森米哈赖 1990/1993：快乐，从心开始，天下文化出版股份有限公司

乔姆斯基 N. 1968/1989：语言与心理，华夏出版社

——— /1992：乔姆斯基语言哲学文选，商务印书馆

容克 R. /1966：比一千个太阳还亮：原子科学家的故事，中国工业出版社

塞利格曼 2002/2003：真实的快乐，远流出版事业股份公司

——— 1990/1998：学习乐观，新华出版社

尚玉昌（编著） /1998：行为生态学，北京大学出版社

叔本华 　/2006：爱与生活的苦恼，光明日报出版社

舒尔茨 D. 　1975/1981：现代心理学史，人民教育出版社

斯蒂恩 G. 　1996/2001：DNA 和命运，上海科学技术出版社

斯泰福 R. 　1996/2001：达尔文与进化论，百花文艺出版社

塔尔德 　/1992：模仿的规律，现代社会心理学名著菁华，南京大学出版社

梯利 F. 　1913/1987：伦理学概论，中国人民大学出版社

———— 　/1979：西方哲学史，商务印书馆

托马斯 L. 　1974/1996：水母与蜗牛，湖南科学技术出版社

魏德 N.（编） 　2001：进化先锋哺乳动物，长春出版社

———— 　/2001：非动的家族：鸟，长春出版社

威尔 　2001/2005：类人猿和寿司大师，上海科学技术出版社

瓦尔 　2005/2007：人类的猿性，上海科技文献出版社

威尔逊 E. 　1971/2007：昆虫的社会，重庆出版社

———— 　1975/2008：社会生物学——新的综合，北京理工大学出版社

———— 　1978/1988：人类的本性，福建人民出版社

———— 　1994/2000：大自然的猎人，上海科学技术出版社

———— 　1996/2004：生物多样性，湖南科学技术出版社

———— 　1998/2002：论契合，生活·读书·新知三联书店

———— 　2002/2003：生命的未来，上海人民出版社

———— 　2006/2008：造物，拯救地球生灵的呼吁，上海世纪出版集团

维尔热里 　1997/2003：论痛苦——追寻失去的意义，浙江人民出版社

维果斯基 L. 　1934/1997：思维与语言，浙江教育出版社

威廉斯 G. 　1962/2001：适应与自然选择，上海科学技术出版社

———— 　/1998：谁是造物主，上海科学技术出版社

沃克诺克 G. 　/1990：道德的目的，彼彻姆编著，哲学的伦理学，中国社会科学出版社

沃森 J. 　1968/2001：双螺旋，生活·读书·新知三联书店

沃特斯，唐纳德 　1994/1999：自然的经济体系：生态思想史，商务印书馆

西蒙 H. 　/1989：现代决策理论的基石，北京经济学院出版社

萧伯纳 　1902/1982：人与超人，诺贝尔文学奖全集（15 卷），远景出版事业有限公司

熊彼特 　1949/1999：大步进入社会主义，资本主义、社会主义与民主，商务印书馆

许倬云 1994: 西周史, 生活·读书·新知三联书店

薛定谔 1944/2005: 生命是什么, 湖南科学技术出版社

伊梅尔曼 K. 1980/1990: 行为学导论, 南开大学出版社

佚名文章 /2003: 解读快乐, 参考消息, 12-8 (15)

佚名文章 /2009: 人类与类人猿笑声同根同源, 参考消息, 6-6 (7)

伊斯特布鲁克 2003/2005: 美国人何以如此郁闷, 中国商务出版社

约翰斯顿 V. 1999/2002: 情感之源: 关于人类情绪的科学, 上海科学技术出版社

郑也夫 1992: 从书籍出版看国势兴衰, 科技导报, 第 11 期

—— 2002: 城市社会学, 中国城市出版社

—— 2007: 后物欲时代的来临, 世纪出版集团

Ardrey, Robert 1967: *The Territorial Imperative*, William Clowes and Sons, Limited,London.

—— 1976: *Hunting Hypothesis*, McClelland and Stewart Ltd.

Bateson, Patrick 1988: "The Biological Evolution of Cooperation and Trust", in Diego Gambetta(ed.),*Trust: Making and Breaking Cooperative Relations*,Balil Black well Ltd.,New York.

Bentham, Jeremy 1970: *An Introduction to the Principles of Morals and Legislation*, edited by J.H. Burns and H.L.A. Hart. [monograph] London ;New York : Methuen.

Boyd, Robert & Richerson ,Peter 1991: *Culture and Evolutionary Process*,Chicago University Press.

Easterlin,Richard A. 2003: Explaining Happiness,Social Sciences,www.pnas.org/ content/ full/100/12/11176

Ridley ,Matt 1996: *The Origins of Virtue*,Penguin Books Ltd.,England.

Sigmund, Karl 1993: *Games of Life : Explorations in Ecology, Evolution, and Behaviour*,Oxford University Press.

Smith ,Maynard 1972: *On Evolution*, Edinburgh:Edinburgh University Press.

Trivers,R.L. 1985: *Social Evolution*,Menlos Park,Calif: Benjamin/Cummings Publishing Company,Inc..

—— 1971: "The evolution of reciprocal altruism", Quarterly Review of Biology .

Scitovsky,Tibor 1976/1992: *The Joyless Economy*, Oxford University Press.

—— 1986: *Human desire and Ecunomic Satisfaction*,Wheatsheaf Books Ltd.

图书在版编目（CIP）数据

神似祖先 / 郑也夫著. 一上海：上海三联书店，
2022.7
ISBN 978-7-5426-7634-4

Ⅰ.①神… Ⅱ.①郑… Ⅲ.①社会人类学—研究
Ⅳ.①C912.4

中国版本图书馆CIP数据核字(2021)第246350号

神似祖先

著　　者 / 郑也夫
责任编辑 / 徐建新
特约编辑 / 张　亓
装帧设计 / 一本好书
扉页题字 / 郑也夫
监　　制 / 姚　军
责任校对 / 王凌霄

出版发行 / 上海三联书店
　　　　　（200030）中国上海市漕溪北路331号A座6楼
邮购电话 / 021-22895540
邮　　箱 / sdxsanlian@sina.com
印　　刷 / 上海惠敦印务科技有限公司

版　　次 / 2022年7月第1版
印　　次 / 2022年7月第1次印刷
开　　本 / 890mm×1240mm 1/32
字　　数 / 216千字
印　　张 / 10.125
书　　号 / ISBN 978-7-5426-7634-4/C·618
定　　价 / 48.00元

敬启读者，如发现本书有印装质量问题，请与印刷厂联系021-63779028